Wandern im Winter
Allgäuer Alpen

50 Wander- und Schneeschuhtouren

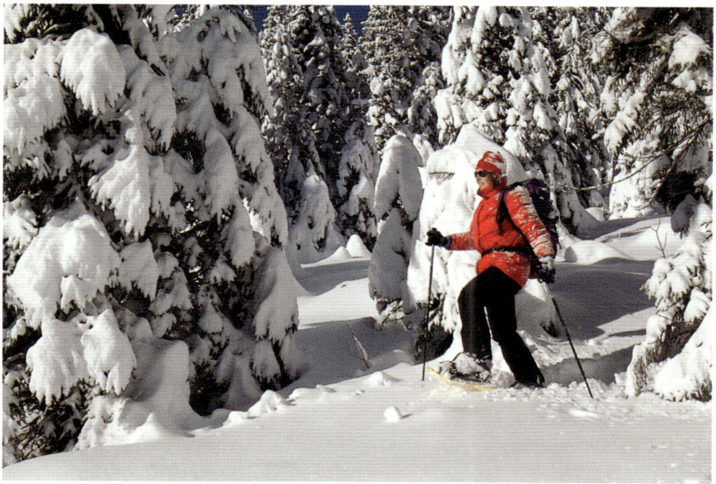

Herbert Mayr

ROTHER
BERGVERLAG

Vorwort

Ringsum harmonische Landschaftsformen in prickelnder Höhenluft, Alltagsgeräusche durch dicke Flockenteppiche angenehm gedämpft. Winterwandern und Schneeschuhgehen wecken starke Gefühle, verfeinern die Sinne. Zwei nah verwandte, entspannende Freizeitaktivitäten, die sich zunehmender Beliebtheit erfreuen. Welche Region könnte sich dazu besser eignen als die anmutigen, überwiegend waldfreien Berghänge der Allgäuer Alpen?
Den Winter neu erleben im Naturpark Nagelfluhkette zwischen Immenstadt und Balderschwang oder rund um Bad Hindelang sowie inmitten der vielförmigen Oberstdorfer Hochgebirgswelt, einem Natura 2000-Gebiet, im schneesicheren Kleinwalsertal oder dem gipfelreichen Tannheimer Tal, ein bisschen auch hineinspitzeln ins Naturschutzgebiet Ammergauer Berge und ins Lechtal. Egal ob Freunde geräumter Forst- und Alpwege sowie gewalzter Winterwanderwege oder Schneeschuhgeher im weglosen Gelände. So oder so, der Körper bleibt in jedem Fall auch während der kalten Jahreszeit in Form.
Beschaulich durch verwandelte Waldeinsamkeit und traumhafte Bergtäler zu wärmenden Einkehrstationen. Hier vereinzelte Wildspuren, dort gluckert ein nahezu erstarrter Bach. Ein andermal sportlich auf einen lockenden Schneegipfel stapfen. Und bergab vielleicht auf flitzenden Kufen den Fahrtwind um die Ohren spüren. Die seit 7000 Jahren bei indigenen Völkern Nordamerikas, Trappern und Jägern der Jungsteinzeit bekannten Riesensohlen ermöglichen es uns, dort zu gehen, wo wir wollen. Sich frei entfalten können, weit abseits von bevölkerten Skipisten und Langlaufloipen. Selbstverständlich immer mit dem nötigen Respekt der winterlichen Tierwelt und der weißen Gefahr gegenüber. Diese 50 gewissenhaft ausgekundschafteten, nahezu alle mit öffentlichen Verkehrsmitteln erreichbaren Halbtages- und Tagestouren, ergänzt durch viele ansprechende Varianten, bieten eine überzeugende Auswahl für jeden Geschmack.
Viel Spaß dabei!

Unterthingau, im Dezember 2023 Herbert Mayr

Inhalt

Allgemeine Hinweise

Anforderungen

Unter diesem Schlagwort finden Sie bei jeder Tour detaillierte Angaben. Damit die Anforderungen auch auf einen Blick einzuschätzen sind, tragen die Vorschläge verschiedene Farbmarkierungen.

Erfahrungsgemäß ist es allerdings selbst bei Sommertouren nicht ganz einfach, diese in drei Schwierigkeitsklassen zu zwängen. Umso unsicherer wird dieses System im Falle von winterlichen Unternehmungen. Deutlich gehen die Vorstellungen der unterschiedlich geübten und konditionierten Wanderer auseinander. Was den einen wie ein Kinderspiel erscheint, kann anderen tatsächlich ernsthafte Probleme bereiten.

Zu sehr hängen die Anforderungen auch von den aktuellen Schnee- und Wetterverhältnissen sowie von der Ausrüstung ab. Schnell kann eine harmlose Wanderung in eine ernsthafte Unternehmung ausarten, wenn beispielsweise plötzlich eintretender Nebel die Sicht behindert oder Schneegestöber und Wind die eben noch sicher leitende Spur verwischen. Sogar Spazierwege werden bei großflächiger Vereisung und unzureichender Ausrüstung gelegentlich zum unvergesslichen Albtraum.

Umgekehrt mögen aber auch als schwierig eingestufte Routen während schneearmer Wochen dank einer viel angenehmeren Orientierung und einem leichteren und schnelleren Vorwärtskommen deutlich einfacher ausfallen. Man sollte also immer davon ausgehen, dass sich die Schwierigkeitsangabe für eine Tour auf durchschnittliche Bedingungen bezieht.

▶ Leicht

Hierbei handelt es sich um meist geräumte und im Allgemeinen gut bezeichnete, aber in der Regel nicht gestreute, maximal mittelsteile Wege ohne ausgesetzte Abschnitte, die kaum Bergerfahrung erfordern. Auch kleine weglose Etappen können beinhaltet sein. Entweder besteht keine Lawinengefahr oder es gilt, kurzzeitig gemeindlich gekennzeichnete Sperrzonen zu beachten. Wichtig ist in jedem Fall eine der Jahreszeit angemessene Ausrüstung wie festes Schuhwerk, Teleskopstöcke, Gamaschen und für eventuell hart gefrorenen Schnee Leichtsteigeisen (Grödel). Bei vereisten Fahrwegen können Schuhketten nützlich sein.

Es kann sich manche harmlose »blaue« Wanderung bei einem raschen Wetterumschwung (verwehte und zugeschneite Spuren oder schlechte Sichtverhältnisse) in eine »rote« oder in Extremfällen sogar in eine »schwarze« Tour verwandeln.

▶ Mittel

Diese in der Regel gut bis ausreichend bezeichneten Routen setzen sich aus teilweise geräumten, oft auch ungespurten Wegen und längeren weglosen, kurzzeitig auch steilen Aufstiegen zusammen. Sie erfordern ein gewisses Maß an Kondition und Orientierungssinn. Kleine ausgesetzte Passagen verlangen Vorsicht und Trittsicherheit. Für lange Touren sollte man die mitgeführte Verpflegung, vor allem Getränke, nicht zu knapp kalkulieren. Zeitweise gilt es, eine bestehende mäßige Lawinengefahr zu beachten, der man in den meisten Fällen bei überlegter Routenwahl aus dem Weg gehen kann.

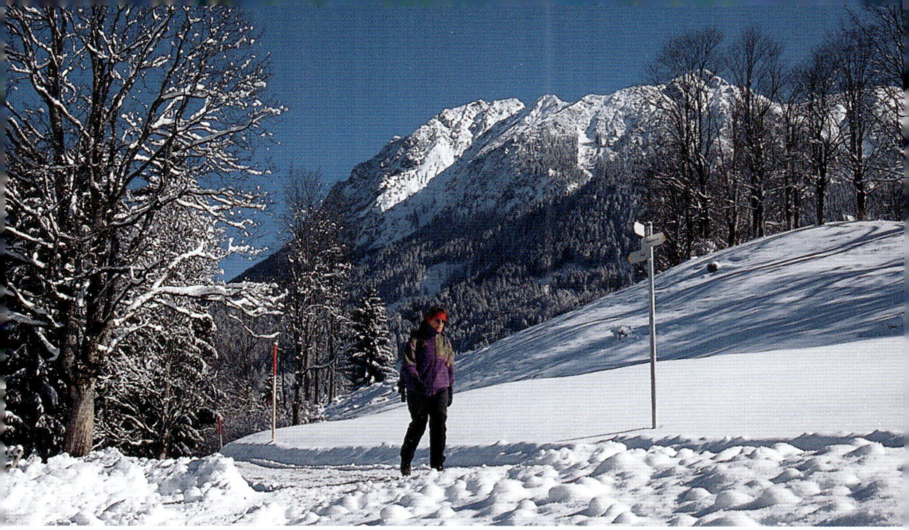

Gepflegter Oberstdorfer Winterwanderweg mit Rubihorn.

▸ **Schwierig**
In dieser Kategorie finden Sie Touren mit langen weglosen, oftmals ungespurten Etappen und mitunter anstrengenden Steilanstiegen, für die eine große Ausdauer und ein geschultes Orientierungsvermögen notwendig sind. Ausgesetzte und abschüssige, überwechtete und felsdurchsetzte Abschnitte verlangen eine besondere Umsicht, vollkommene Trittsicherheit und eine solide bergsteigerische Erfahrung im winterlichen Hochgebirge. Manche Tourenbereiche können gelegentlich auch von größeren Lawinen bedroht sein (zuvor Lawinenlagebericht studieren, vollständige Lawinenausrüstung mitführen!).
Gewöhnlich ist der erste Teil einer »schwarzen« Route nur leicht oder mittelschwer (Hinweise unter »Anforderungen« bei der jeweiligen Tour) und kann somit ein reizvolles Etappenziel bieten.

Gehzeiten

Die Zeitangaben sind zwar reichlich bemessen, enthalten jedoch nur die reine Gehzeit. Als Faustregel wurden für geräumte Wege oder zumindest gespurte Routen pro Stunde etwa 300 Höhenmeter im Aufstieg und gute 400 Höhenmeter im Abstieg sowie für ungespurte Aufstiege rund 250 Höhenmeter veranschlagt. Auf ebenen Abschnitten darf man im geräumten oder gespurten Zustand etwa von dreieinhalb Kilometern pro Stunde, im ungespurten Zustand von rund drei Kilometern ausgehen. Sämtliche Angaben gelten ähnlich wie schon bei den Schwierigkeitsgraden als grobe Richtwerte für durchschnittliche Verhältnisse. Sie können sich bei schlechten Bedingungen deutlich erhöhen.

Anfahrt

▸ **Bus und Bahn:** Die Ausgangsorte zu den einzelnen Wanderungen sind fast ausnahmslos mit dem Bus (eventuell eingeschränkter Fahrplan) und der Bahn, nur in ganz wenigen Fällen mit akzeptablem Zusatzaufwand zu Fuß von einer nahe gelegenen Bushaltestelle erreichbar.

▶ **Auto:** Die Anfahrt in das vorgestellte Gebiet erfolgt aus dem Stuttgarter Raum auf der A 7 über Memmingen und Kempten, aus dem Münchner Raum auf der B 12 über Kaufbeuren und Kempten bzw. auf der B 17 über Schongau, Füssen.

Kinder

Auf winterlichen Fußwanderungen sollte man Kinder nicht überschätzen. Ob sie fürs Schneeschuhwandern zu begeistern sind, wird man erst mal im näheren (möglichst spannenden) Umfeld des Wohnortes testen. Ernsthafte, längere Stapfereien sind erst dem frühen Jugendalter zuzumuten, falls der Nachwuchs überhaupt Interesse bekundet. Für Rodelbahnen, vorzugsweise mit Einkehrmöglichkeit, kann man Kinder am ehesten erwärmen. Langweiliges Hatschen auf einem breiten Forstweg wird zwar häufig praktiziert, kann aber früher oder später einen generellen Widerwillen gegen Familienausflüge auslösen.

Die Kleinen entwickeln auf einer Tour meist frühzeitig ihre Fantasie. Entscheidend ist, ob man als Erwachsener bereitwillig darauf eingeht, auf das Wanderziel verzichtet und sich zum Bauen von Schneemännern, Rutschen und Burgen oder aber zum Entdecken abenteuerlicher Bäche und Tobel entschließt. Für eine weite Aussicht oder einen »tollen« Gipfel werden sich die Sprösslinge am allerwenigsten einsetzen wollen. Auf Vorschläge, die sich für Familien mit Kindern eignen, wird in der Kurzinfo näher eingegangen.

Wenn Kinder den Weg bestimmen dürfen, kommt Freude auf.

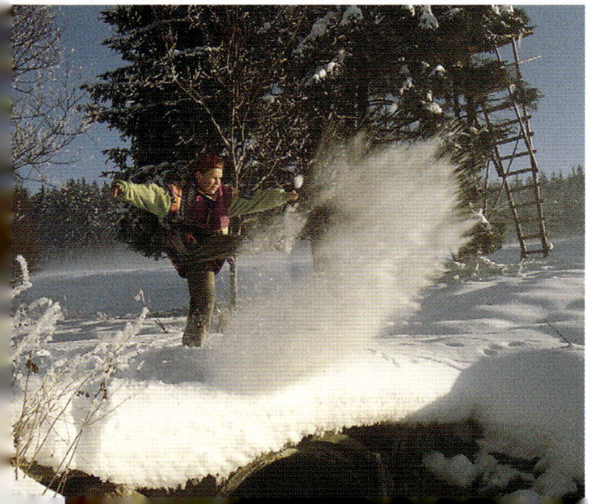

Karten

Jeder Wandervorschlag beinhaltet einen Kartenausschnitt mit Routeneintrag im Maßstab 1:50.000 (zwei Touren 1:75.000). Zur besseren Übersicht empfehlen sich die Wanderkarten von Freytag & Berndt (WK 351, WK 352, WK 364). Detaillierte Informationen zum Gelände inklusive naturverträglicher Winterrouten sowie zu den Wildschutz- und Wald-Wild-Schongebieten lassen sich den unübertroffenen Alpenvereinskarten BY1 bis BY6 im Maßstab 1:25.000 entnehmen (für die gesamten Allgäuer Alpen erhältlich).

Tipps für Bergwanderer

▶ Vor Anbruch der Tour Wettervorhersage und Lawinenlagebericht einholen. Zu Hause bzw. im Quartier das geplante Tourenziel angeben.

▶ Fahrverbote auf Straßen und Wegen gelten für alle. Rücksichtsvoll parken, keine Privatplätze benützen oder um Erlaubnis bitten.

▶ Gegenseitige Rücksichtnahme sollte auch am Berg selbstverständlich sein. Deshalb legen zuvorkommende Fußgänger ebenso eine eigene Spur an wie Schneeschuhwanderer, auch wenn dies schwer fällt. Es ist für Skitouren- und Schneeschuhgeher ebenso lästig, in einer von Bergschuhen zerstampften Rinne zu gehen wie mit Skiern in einer ausgeweiteten Bahn ohne Seitenführung.

▶ Steigern Sie sich, wenn Sie nicht schon genügend Schneeschuhtechnik, Erfahrung und Ausdauer gesammelt haben, von den leichteren und kürzeren zu den anspruchsvolleren und längeren Touren. So lernt man die unterschiedlichen Verhältnisse besser einzuschätzen.

▶ Nicht stur ein Ziel verfolgen, manchmal kann ein rechtzeitiger Abbruch (etwa bei großer Schneehöhe) gewinnbringender sein als falscher Ehrgeiz. Beachten Sie, dass man im Schnee sehr viel früher an seine Leistungsgrenzen stößt. Der Weg sollte im Winter noch viel mehr das Ziel sein als im Sommer.

▶ Trotz Routenbeschreibung sollte man öfter die Örtlichkeit mit der Karte vergleichen und den Höhenmesser an markanten Punkten nachstellen bzw. nach den GPX-Tracks wandern.

▶ Unterwegs die Wetterentwicklung beobachten. Brechen Sie bei einsetzendem Nebel eine weglose Tour sofort ab. Vor allem im überwechteten oder schrofigen Gelände kann es schnell lebensgefährlich werden.

▶ Passen Sie auf Rodelabfahrten Ihr Tempo stets den Gegebenheiten an und achten Sie immer auf Fußgänger. Verzichten Sie bei Vereisung auf den Einsatz des Schlittens.

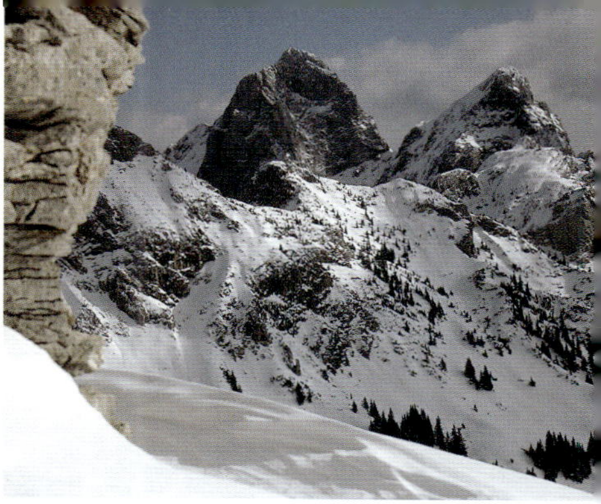

Das Tannheimer Parade-Gipfelpaar Gimpel und Rote Flüh.

▶ Beachten Sie ausnahmslos Lawinensperrungen und Hinweistafeln am Rand von Wildschutzgebieten sowie vom DAV empfohlene umweltfreundliche Routen.

▶ Man vermeide unnötigen Lärm.

▶ Denken Sie an den frühen Einbruch der Dunkelheit im Hochwinter.

▶ Abfall wieder mit ins Tal nehmen und dies nicht gedankenlos anderen überlassen.

▶ Alpines Notsignal: sechsmal pro Minute akustisches oder optisches Signal (Rufen, Pfeifen, Winken, Blinken mit Taschenlampe) und dies in Abständen von einer Minute so lange, bis eine Antwort (Signal dreimal pro Minute) erfolgt.

GPS-Daten und Koordinaten der Ausgangspunkte

Auf **gps.rother.de** stehen zu diesem Wanderbuch GPS-Tracks und die Koordinaten der Ausgangspunkte zum kostenlosen Download bereit. Dieser QR-Code führt direkt zum Download.
6. Auflage, Passwort: 302906xrt
Die GPS-Tracks können in die **Rother App** importiert werden. In der App kann man unterwegs stets sehen, wo man gerade ist und wo es langgeht. **Anleitungen dazu: rother.de/gps**. Trotz sorgfältiger Prüfung können wir Fehler und zwischenzeitliche Veränderungen nicht ausschließen. Verlassen Sie sich für die Orientierung niemals einzig und allein auf die GPS-Daten, sondern beurteilen Sie die Verhältnisse vor Ort.

Ausrüstung

Schuhe

Große Bedeutung kommt bei kaltem Winterwetter den Schuhen zu. Wer als Bergwanderer im Sommer solide wasserdichte Bergstiefel mit einem mehr als knöchelhohen Schaft und griffiger Profilgummisohle (möglichst Vibram) verwendet, hat bereits auch für Schneetouren genau die richtige Wahl getroffen. Leichte Trekkingschuhe oder gar weiche Winter-Modestiefel mögen auf geräumten Wanderwegen und im hügeligen Alpenvorland in Ordnung sein. Wer allerdings an Bergtouren in unberührtem Gelände denkt, wird an falscher Fußbekleidung keine große Freude haben. Um vor allem bei festgebackenem Schnee an Steilhängen einen sicheren Tritt zu bieten, benötigt ein Bergschuh unbedingt eine harte Sohle und hervorragenden seitlichen Halt. Es gibt auch Modelle mit geteilter Sohlenversteifung, die leichter abrollen. Wichtig ist beim wasserdichten Lederschuh eine regelmäßige Wachspflege. Auch Lederstiefel ohne Goretex tun ihre Dienste, wenn sie nach Gebrauch ausreichend gefettet werden.

Gamaschen

Wer sich nicht mit nassen Füßen rumärgern möchte, der packt für Winterwanderungen (falls nicht in Tourenhose integriert) Gamaschen ein. Das wichtigste Qualitätsmerkmal ist eine unter dem Schuh hindurch verlaufende Riemenbefestigung, mit der man diese »Schneeabweiser« vor dem ständigen Hochschieben bewahren kann. Ein reines Gummizug- oder Schnürsystem taugt trotz zusätzlicher Einhakmöglichkeit allenfalls für leichte Ausflüge bei geringer Schneelage.

Leichtsteigeisen / Grödel

Grödel oder Leichtsteigeisen, die man an jeden Bergschuh anpassen kann, gehören sicherheitshalber zur winterlichen Standardausrüstung. Man kann niemals wissen, ob nicht selbst auf einfachen Wanderungen vereiste Passagen zu erwarten sind. Auch bei hartschneebedeckten steilen Abschnitten kommt es hin und wieder vor, dass man die Schneeschuhe gegen Leichtsteigeisen auswechseln muss. Wichtig ist eine funktionstüchtige Fersenriemenbindung. Für kleine Touren auf Winterwanderwegen genügen auch mit einem Gummizug zu befestigende Schuhketten.

Schneeschuhe

Dank ihrer im Vergleich zum Bergschuh deutlich vergrößerten Auflagefläche versinkt man mit Schneeschuhen weit weniger tief in der weißen Pracht. Über die verschiedenen Modelle braucht man sich keine großen Gedanken zu machen, die meisten scheiden für alpine Unternehmungen von vornherein aus. So zum Beispiel die altbekannten Holzrahmenmodelle der indigenen Völker Nordamerikas und Trapper mit Haut-, Sehnen- oder Ledernetz und simpler Bindung. Ebenso wie diese Nostalgiker sind moderne Alurahmen-Modelle mit Kunststoff-Bespannung und etwas schwammigem Halt oder gar Miniteller mit wackeliger Gummibindung nur fürs Hügelland geeignet.
Wer von Anfang an vorhat, unterschiedlich schwierige Bergtouren zu unternehmen, der greift vorzugsweise zu einem ausgereiften Vollkunststoff-Typ mit Harschkralle und Spikes, einer stabilen, der Schuhgrö-

ße anzupassenden Sohlenplatte und einem zuverlässigen, leicht regulierbaren Kunststoffriemen-Bindungssystem sowie einer Steighilfe für steileres Gelände. Die Sohlenplatte ist über ein Scharnier mit dem »Unterteller« verbunden. So kann man den Fuß natürlich abwinkeln und muss den Schneeschuh nicht von Schritt zu Schritt tragen, sondern zieht ihn mit erhobener Spitze nach. Mit dieser Anschaffung kann man eigentlich nichts falsch machen und ist für jegliche Geländeart, auch für Hangquerungen bis zu einer bestimmten Neigung, aufs Beste gerüstet. Man darf sich allerdings selbst bei diesem Typ an Steilhängen, die man frontal anpackt, keine Wunder erwarten. Wo die Grenzen des Schneeschuhgehens liegen, wird man unweigerlich sehr bald in Erfahrung bringen.
Manche Modelle gibt es in verschiedenen Größen, aus denen eine dem Körpergewicht sowie dem Einsatz entsprechend ausgewählt wird. Auffallend ist in diesem Zusammenhang, dass vor allem zarten Damen scheinbar immer wieder zu schmale Schneeschuhe empfohlen werden, um Gewicht zu sparen. Das Resultat zeigt sich in einer größeren Einsinktiefe und einem somit zwangsweise frühzeitigen Ermüden. Wer also ein paar Gramm mehr in Kauf nimmt, kommt ganz klar lockerer ans Ziel, auch wenn's nicht ganz so schick aussehen mag.

Stöcke

Wer statt Skistöcken Wanderstöcke benützt, sollte zuvor nicht das Auswechseln der kleinen Sommerteller gegen die größeren Winterteller vergessen. Auf ein Dämpfungssystem kann man für Wintertouren getrost verzichten, weniger aber auf das

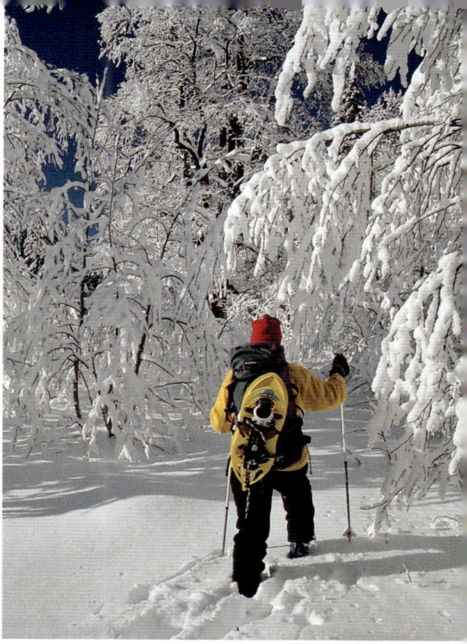

Achten Sie beim Kauf des Rucksacks auf eine Befestigungsmöglichkeit für die Schneeschuhe.

Teleskop-Prinzip. Gerade wenn die Talwege noch oder schon wieder schneefrei sind, verstaut man die zusammengeschobenen Dinger doch lieber im Rucksack.

Bekleidung

Bekanntlich haben früher Bergsteiger sogar winterliche Erstbegehungen ausschließlich in grober Schafwolle und schwerem Loden durchgeführt. Doch nicht selten trug die unzureichende, feuchte Bekleidung mit zu schlimmen Bergtragödien bei. Auch auf verhältnismäßig harmlosen Touren können Kälte, Nässe und Wind, vor allem wenn die drei Wetterfaktoren in Kombination auftreten, bei falscher Bekleidung rasch zu einer Unterkühlung führen. Abhilfe schaffen ausgereifte, leichte und schnell trocknende Funktionsmaterialien aus Kunstfaser, im Mehr-

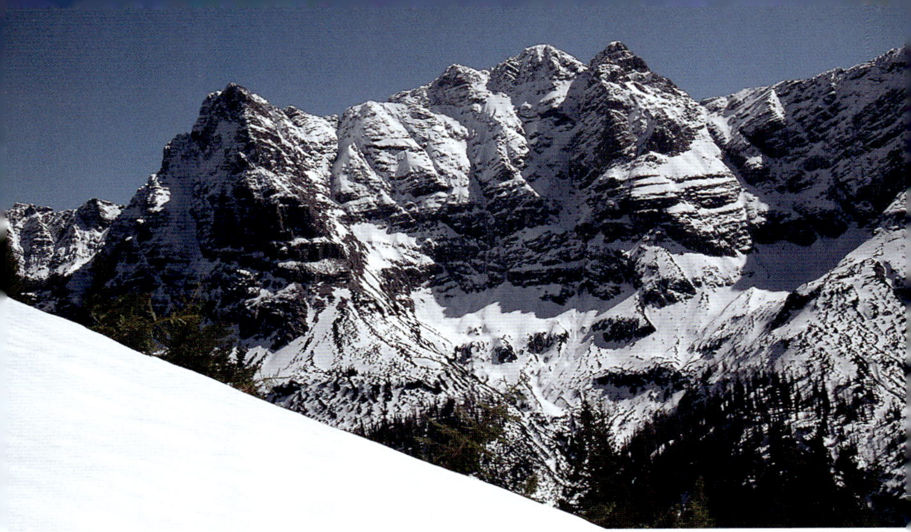

Unterschiedliche Erlebniswelten über dem Hornbachtal, einem Lech-Seitental.

schichtprinzip angewendet, der Anorak und die Berghose wind- und wasserdicht (zumindest aber wasserabweisend) sowie atmungsaktiv. Das Wohlbefinden unterwegs sollte einem eine fachliche Beratung in einem Sportgeschäft wert sein.

Sonstiges

Bei der Wahl des Rucksacks achte man insbesondere auf die Möglichkeit einer Schneeschuhbefestigung, aber auch auf gute Luftzirkulation am Rücken und gut gepolsterte Gurte. Ein Rucksack, der direkt am Körper anliegt und somit den wichtigen Schweißtransport verhindert, unterstützt frühzeitigen Leistungsabfall. Die Kunst beim Packen heißt: Worauf kann ich verzichten?

Eine Rettungsdecke, besser noch ein Biwaksack, verhindert die Auskühlung bei einer Verletzung.

Zu einer Lawinenausrüstung gehören neben einem Lawinen-Verschütteten-Suchgerät (LVS) eine Sonde für die Punktortung (neuerdings in manchen Stöcken integriert) sowie eine Lawinenschaufel. Alles zusammen macht nur Sinn, wenn man damit geschickt und flink umgehen kann, da meist lediglich Minuten für die Rettung zur Verfügung stehen. Empfehlenswert ist ein Kurs beim Alpenverein oder einer Bergschule.

Auch bei bedecktem Himmel darf man nicht auf einen wirksamen UV-Schutz (Creme, Lippenstift und Brille) verzichten.

Höhenmesser und Kompass oder ein GPS-Gerät bzw. eine entsprechende App auf dem Smartphone können gute Dienste leisten.

Wegen der kurzen Wintertage, aber auch für den Notfall (alpines Notsignal) sollte man eine Stirnlampe mit Ersatzakkus nicht vergessen.

Wasserdichte atmungsaktive Handschuhe, Mütze und Stirnband aus Fleece und mit Windstopper-Material verarbeitet, kalorienreiche Nahrung und eine Trinkflasche mit Isotasche oder eine Thermosflasche und ein Erste-Hilfe-Set, ein Multifunktions-Taschenmesser und ein Handy runden die durchdachte Ausrüstung ab.

Gefahren

Subjektive und objektive Gefahren

Gefährliche Situationen entstehen beim Bergwandern meist durch das Zusammentreffen von subjektiven und objektiven Gefahren. Subjektive Gefahren können durch Unwissenheit (schützt bekanntlich vor Strafe nicht), Leichtsinn (mangelnde Ausrüstung oder Draufgängertum), zu wenig Sicherheit oder unzureichendes Training ausgelöst werden. Man sollte stets bemüht sein, die subjektiven Gefahren mit entsprechendem Verhalten, insbesondere durch die Fähigkeit gesunder Selbstkritik, auf ein Minimum zu reduzieren.

Objektive, von den Naturgesetzen bestimmte Gefahren, entstehen durch Wind und Lawinen, Nebel und Kälte, Gewitter und Steinschlag. Sie lassen sich selbst mit bester Ausrüstung, einer guten Beobachtungsgabe und jahrzehntelanger Erfahrung nur auf ein gewisses Maß beschränken. Vor allem schneeglatte oder vereiste Fahrbahnen (heimtückisch bei Neuschneeüberzug), hart gefrorener Schnee im Steilgelände, aber auch von Bächen unterspülte Schneebrücken bergen oft unterschätzte Gefahren.

Schneearten

Die unterschiedliche Beschaffenheit des Schnees hängt grundsätzlich nicht von der Jahreszeit ab. Im Prinzip kann während des gesamten Winters in jedem Monat, abgesehen von Sulz, jede Schneeart anzutreffen sein. Ähnliches gilt natürlich auch für die Schneemenge. Insbesondere bis in große Höhenlagen ausgeaperte Südhänge kann es mehrmals im Hochwinter geben.

Pulverschnee, der sich meist nur im flachen Gelände sowie in nord- bis ostseitigen Lagen länger hält und oft von einer zischenden Raureifschicht bedeckt wird (»g'führiger« Schnee), bereitet zweifellos den meisten Spaß beim Schneeschuhgehen. Außer er deckt, bei meist größerer Lawinengefahr, in rauen Mengen die Landschaft zu, dann zermürben steilere Hänge schon nach kurzen Wühlstrecken. Am besten wartet man nach anhaltenden Schneefällen mindestens zwei, drei Tage, bis sich der schwer zu spurende Flockenteppich einigermaßen gesetzt hat und sich zudem die Lawinengefahr entschärft hat. Oder man beschränkt sich auf kleine Ausflüge. Bereits einen Tag nach einem deutlichen Schneezuwachs sinkt man

Hochalpines Tiefschneegelände: Widderstein vom Aufstieg zum Gamsfuß.

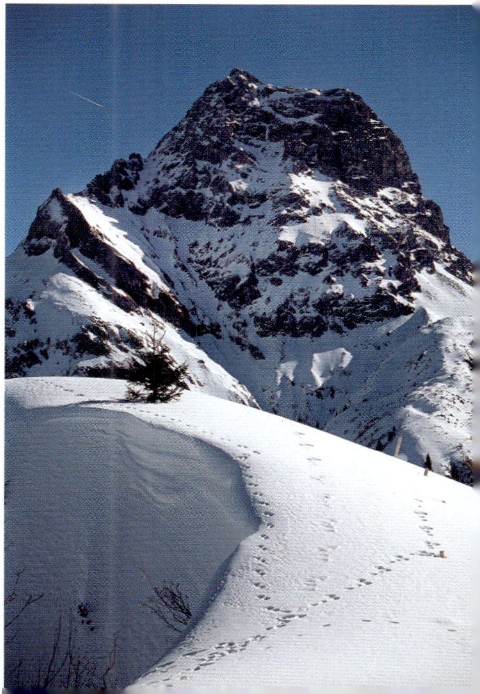

schon spürbar weniger tief ein. Lockerer Pulverschnee verdeckt allerdings auch Mulden und Löcher, in die man unvermutet durchsacken kann.

Feuchtflockiger Pappschnee verlangt im flachen Terrain deutlich mehr Engagement als leichter Pulverschnee. Im Steilgelände kann er im Vergleich zum »Wühlschnee« den Vorteil eines solideren Auftretens bringen, solange er nicht zu »stollen« beginnt. Dann ist sowieso Hopfen und Malz verloren und je nach der noch verbleibenden Schlussetappe vielleicht ein Rückzug klüger.

Schmilzt die oberste Pulverschicht bei Sonneneinstrahlung, hoher Lufttemperatur oder Regen, so entsteht Harsch. Er ist erst mal kein Problem. Wenn diese Deckschicht aber während der Nacht gefriert, trifft man anderntags Bruchharsch an, die für Schneeschuhtouren nervigste Qualität. Durch das ständige Einbrechen in die weichere nächst tiefere Schicht und das Hängenbleiben mit der Schneeschuhspitze am Krustenrand arbeitet man sich bei dieser vorwiegend von Ost über Süd bis West auftretenden Schneeart in kürzester Zeit auf.

Unterwegs im schneesicheren Rohrmooser Tal.

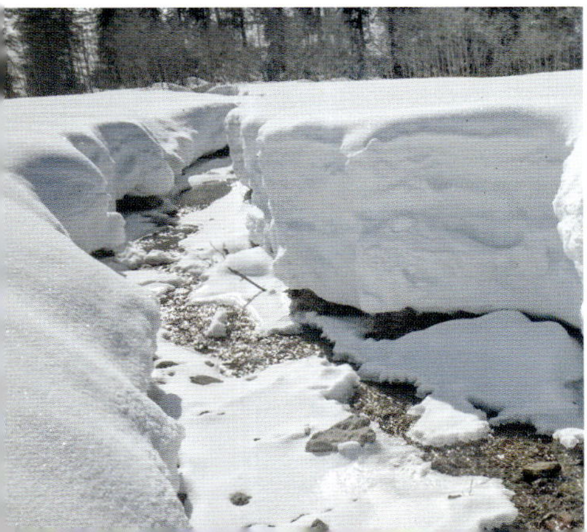

Bei wiederholtem Tauen und wechselweisem nächtlichem Gefrieren bildet sich ein widerstandsfähiger Schmelzharsch mit groben Kristallen. Dieser trägt die Schneeschuhe zwar wunderbar. Wenn der Schmelzharsch aber nicht vollständig aufgetaut, wird die eisige Deckschicht trotz des nun hervorragenden Greifens der Harschkrallen und Spikes im steileren Terrain wegen der Abrutschgefahr gefährlich. Man entscheidet sich dann besser für die »bissigeren« Leichtsteigeisen. Noch gefährlicher wird's, wenn Neuschnee eine eisige Harschschicht verdeckt und der Wanderer ahnungslos abgleitet.

Hält der Wechselprozess langzeitig an, entwickelt sich Firn. Die Festigkeit der Schneedecke erreicht ihren Höhepunkt. Es herrschen dann im Allgemeinen auch sichere Verhältnisse

Bei fortschreitendem Spätwinter, in manchen Jahren auch schon zuvor, schafft die zunehmende Wärmeentwicklung Sulzschnee, einen tiefgründigen, schweren Nassschnee. Dieser verdirbt gewöhnlich endgültig den Spaß am Schneeschuhgehen. Pressschnee, ein Werk der Stürme, bereitet so lange keine Probleme, bis er mit seiner hart verfestigten Oberfläche an Steilhängen keinen genügenden Halt mehr bietet. In diesem Fall sind wie schon beim bockharten Schmelzharsch Grödel angesagt.

Lawinen

Den umgehängten »Piepser« bezeichnen manche Technik-Fetischisten auf der Suche nach dem Jederzeit-Fun, ohne jegliche Ahnung von winterlichen Gefahren, als Lawinenwarngerät. Dabei hilft das sogenannte Lawinen-Verschütteten-Suchgerät, so traurig dies klingt, seinem

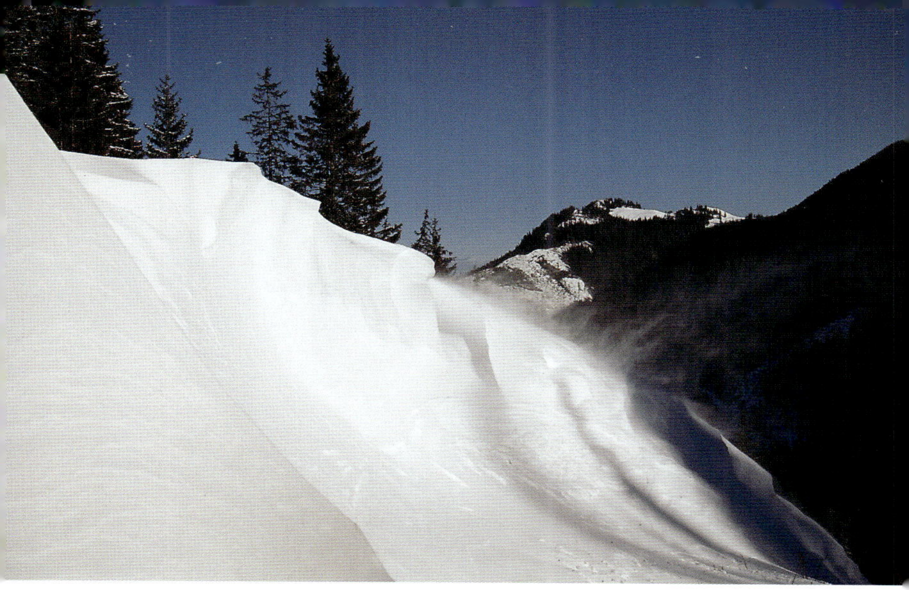

Spiel der Stürme mit Blick zur Alpspitze bei Nesselwang.

Namen entsprechend lediglich beim Bergen – nicht selten toter – Tourengeher. Warnen kann es vor rein gar nichts. In glücklichen Ausnahmen vermag es Leben zu retten, aber dies bis auf Einzelfälle leider nur während der ersten Minuten nach dem Unglücksfall. Bereits nach einer halben Stunde sind die Überlebenschancen vernichtend klein.

Routiniert umgehen können mit ihrer Sicherheitsausrüstung nach einer Untersuchung der Universität Innsbruck, bestätigt durch die Erfahrungen der Allgäuer Bergwacht, gerade mal 17 Prozent der Skitourengeher. Die in der Minderzahl befindlichen Schneeschuhgänger sind dabei noch nicht berücksichtigt. Ein Viertel der Befragten konnte mit dem Gerät praktisch überhaupt nichts anfangen, hat aber mit der doch recht kostspieligen Anschaffung immerhin freundlicherweise die Wirtschaft angekurbelt. Kurios wird es dann, wenn man zwar ein LVS-Gerät, aber keine Schaufel dabei hat oder wie Extremfälle schon gezeigt haben, sich zwei Tourenpartner aus Kostengründen eine einzige Schaufel »teilen«. Verzeihung, aber spricht man sich in diesem Falle vor der Tour ab, wer voraussichtlich verschüttet werden mag?

Die Kunst, auf Wintertouren – salopp ausgedrückt – zu überleben, ist nicht die Fähigkeit, sich oder andere schnellstmöglich aus der Lawine zu befreien. Die einzig realistische Versicherung ist das möglichst verlässliche Erkennen und daraus resultierende Meiden des lawinengefährdeten Geländes: Im Zweifelsfall für das Leben! Dann kann man sich einen Lawinen-Airbag sparen.

Sich rechtzeitig Wissen anzueignen heißt also die Devise. Dazu hat man die Wahl, entweder einen Lawinenkurs zu besuchen, sich erfahrenen Tourenpartnern anzuschließen oder man führt sich die von Profis bearbeitete, einschlägige Literatur zu Gemüte. Gott sei Dank darf man die früher oftmals trocken theoretisch

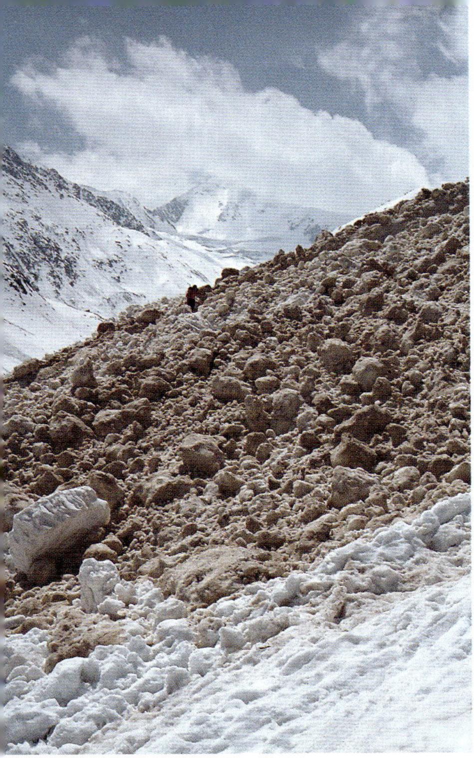

Noch einmal Glück gehabt: unberechenbarer Grundlawinenabgang.

abgehandelten und gelegentlich mit gefährlichem Halbwissen angereicherten Fachwerke heute in den Regalen verstauben lassen.
Unter den neueren Lawinenbüchern darf besonders auf »Lawinen: Verstehen – Vermeiden – Praxistipps« von Eike Roth (erschienen im Rother Bergverlag) hingewiesen werden.
Die Verhältnisse wirklich zuverlässig beurteilen zu können, verlangt aber neben der Theorie eine gehörige Portion Tourenpraxis sowie eine lückenlose Kenntnis des regionalen Schneedeckenaufbaus während der vergangenen Wochen. Restlosen Aufschluss über zonale, also einen ganz bestimmten Hang betreffende Gefahren vermag natürlich immer nur eine eingehende Rutschkeiluntersuchung zu gewähren. Der Lawinenlagebericht kann niemals grünes Licht für jede einzelne Steilfläche geben.
Hier näher auf wichtige Einzelheiten eingehen zu wollen, würde den Rahmen dieser Tourensammlung deutlich sprengen. Um die Zusammenhänge verstehen zu können, sind nicht nur die verschiedenen Lawinenarten von Bedeutung. Entscheidend ist das Wissen um die unterschiedliche Beschaffenheit des Schnees und die Schnee-Metamorphose, das Wissen um die Auswirkungen der Geländeart und des Untergrundes, der Hangrichtungen, aber auch des Wetterablaufs, der Jahreszeit, schließlich das Wissen um die Alarmzeichen, die menschlichen Schwächen, das richtige Risikomanagement … Wie entsteht gefährlicher Schwimmschnee, wie untersucht man ein Schneeprofil, was sind die verschiedenen Auslösungsarten von Schneebrettern, Lockerschnee- und Grundlawinen?
All diese fundamentalen Fragen auf knappem Platz anschaulich darstellen zu wollen, könnte sich nur in Unzulänglichkeiten äußern. Oberflächliche Sachkenntnis ist beim Thema Lawinen aber ebenso gefährlich wie gar keine. Bei einer den aktuellen Verhältnissen angepassten Tourenauswahl sowie bei vernünftiger Spuranlage lässt sich die Lawinengefahr in jedem Fall auf ein Minimum beschränken.
Und über noch etwas sollte man sich klar sein: Auch wenn Gemeinden Winterwanderwege geöffnet halten, muss dennoch mit einem Restrisiko gerechnet werden, wie zum Beispiel der Abgang einer großen Lawine im Spätwinter 2005 bei Warnstufe 1 im Hintersteiner Tal bei Bad Hindelang gezeigt hat.

Europäische Lawinengefahrenskala

Der täglich neu herausgegebene Lawinenlagebericht (LLB) informiert uns nicht nur zuverlässig über die momentane Gefahrenstufe. Er bezieht seine vielfältigen Daten aus Beobachtungsstationen und einem automatischen Messnetz und geht über die Landesgrenzen hinaus auf die derzeitigen Schneeverhältnisse ein. Seine Zusatzinformationen betreffen: Neuschnee, Wind, Temperatur, Schneedeckenaufbau, Wetteraussichten, Gefahrenstellen (Meereshöhe, Hangrichtung, Hangform), Auslöse- und Lawinenart. So ist der Lagebericht unser grundlegendes Planungshilfsmittel.

▶ **Stufe 1, gering:** Tourenbedingungen allgemein sicher. Die Schneedecke ist im Großen und Ganzen gut verfestigt und stabil. Eine Auslösung ist in der Regel nur bei großer Zusatzbelastung an vereinzelten Steilhängen möglich. Spontan sind nur kleinere Rutsche zu erwarten.

▶ **Stufe 2, mäßig:** Lokale Gefahrenstellen, ansonsten günstige Tourenbedingungen. Die Schneedecke ist an einigen Steilhängen sowie möglicherweise in triebschneegefüllten Rinnen und Mulden auf der Windschattenseite nur mäßig verfestigt. Ein Auslösen ist insbesondere bei großer Zusatzbelastung möglich. Größere spontane Lawinen sind nicht zu erwarten.

▶ **Stufe 3, erheblich:** Vielerorts Störanfälligkeit, Tourenmöglichkeiten eingeschränkt. Die Schneedecke ist vor allem an vielen Steilhängen, aber auch manchen mittelsteilen Hanglagen nur mäßig bis schwach verfestigt. Eine Auslösung ist bereits bei geringer Zusatzbelastung möglich. Spontan sind vereinzelt auch große Lawinen denkbar. Schneeschuhtouren verlangen meistens große Kondition und sollten sich auf das mäßig- bis mittelsteile, von Bergflanken deutlich entfernte Wald- und Alpgelände beschränken. Im Zweifelsfall rechtzeitig umkehren. Eventuell Wegesperrungen.

▶ **Stufe 4, groß:** Vielerorts große Störanfälligkeit, Tourenmöglichkeiten sehr stark eingeschränkt. Die meisten Steilhänge sind nur schwach verfestigt. Eine Auslösung ist an fast allen Steilhängen sowie an vielen mittelsteilen Hanglagen bereits bei geringer Zusatzbelastung wahrscheinlich. Spontan sind viele mittelgroße, mehrfach auch große Lawinen zu erwarten. Kleinere Schneeschuhwanderungen im oft grundlosen, kräftezehrenden Neuschnee sind nur noch an maximal mäßig steilen Hängen des Vorgebirges zu verantworten. Meist sind mehrere Winterwanderwege gesperrt.

▶ **Stufe 5, sehr groß:** Touren allgemein nicht möglich. Die Schneedecke ist weitgehend schwach verfestigt und instabil. Spontan sind zahlreiche große Lawinen, auch schon in mäßig steilem Gelände zu erwarten.

Wechten

Wechten bilden sich als oft weit ausladende Triebschneeansammlungen, vorzugsweise auf Gipfeln, an Graten und auf Kämmen sowie an Geländekanten in Richtung der Windschattenseite. Auch auf kleineren Vorbergen gilt es diese trügerischen Unterhöhlungen, die unvermutet abbrechen und den Wanderer in die Tiefe reißen können, zu beachten. Das Ausmaß eines Wechtendaches ist nicht immer einzuschätzen. Wichtig ist deshalb ein großzügiger Abstand. Besonders gefährlich sind Wechten bei Nebel und im dichten Schneetreiben.

Natur und Umwelt

Manfred Scheuermann
(DAV, Ressort Naturschutz und Kartografie)

Sensible Tier- und Pflanzenwelt

Wildtiere haben sich den schwierigen Bedingungen des Winters im Hochgebirge angepasst: Um Energie zu sparen, beschränken sie ihre Aktivitäten auf ein Minimum und halten sich nur dort auf, wo sie genügend Nahrung finden, vor ihren natürlichen Feinden sicher sind und die große Kälte überstehen.

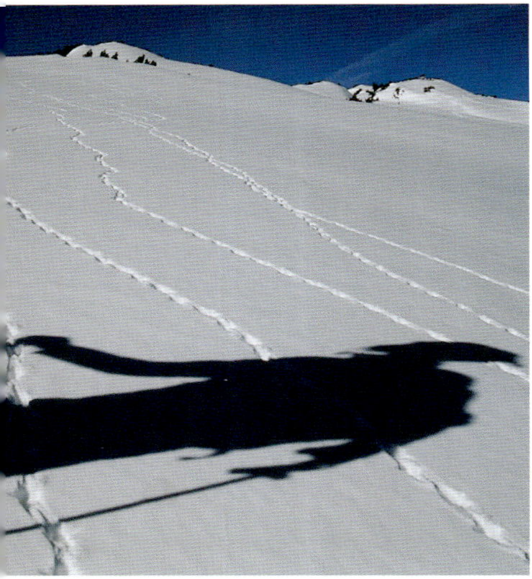

Schneehuhnspuren – hier heißt es sensibel sein und der Tierwelt den Vorrang einräumen.

Raufußhühner

Gute Überlebenskünstler sind die Raufußhühner, von denen es bei uns vier Arten gibt. Birk- und Schneehühner leben an der Waldgrenze und darüber. Das Birkhuhn bevorzugt einzelne Baumgruppen, Latschen- und Erlenbestände, das Alpenschneehuhn felsdurchsetzte Hänge und Kare in den höheren Lagen. Rücken und Grate, die von Ost nach West verlaufen, eignen sich für das Überwintern beider Tierarten besonders gut. Auf den Nordseiten mit lockerem Pulverschnee suchen die Tiere Schutz in selbst angelegten Schneehöhlen. Darin sinkt die Lufttemperatur durch die Körperwärme auch bei extremer Kälte kaum unter den Gefrierpunkt. Morgens und abends verlassen die Hühner diese Höhlen für kurze Zeit, um Nahrung – Gräser, Blätter von Zwergsträuchern, Nadeln – aufzunehmen. Diese finden sie entlang des nahen, meist freigewehten Kammverlaufs oder auf der Südseite, wo Zwergsträucher durch die dünne Schneedecke ragen beziehungsweise ausgeapert sind. Auer- und Haselhühner, die beiden anderen Arten von Raufußhühnern, haben ähnliche Anpassungsmechanismen entwickelt. Ihr Lebensraum sind die Bergwälder. Haselhühner überwintern in dichteren Waldgebieten, Auerhühner in lichten und naturnahen Altbeständen, die sich oft auch zum Schneeschuhgehen eignen.

Kommt ein Winter- oder Schneeschuhwanderer den Schneehöhlen oder anderen Verstecken der Raufußhühner zu nahe, suchen die Tiere panikartig das Weite und kehren manchmal erst Stunden später in ihre optimalen Lebensräume zurück. Bei der Flucht verbrauchen sie sehr viel Energie, die im Winter nur begrenzt zu ersetzen ist. Damit sie flugtauglich bleiben, können sich Raufußhühner keine großen Reserven anfressen. Häufige Störungen führen zur Schwächung der Tiere bis hin zum Tod durch Verhungern.

▶ Besonders wichtig für Raufußhühner ist es, dass sie zu ihren Aktivitätszeiten Gebiete aufsuchen können, wo sie ihre Nahrung finden. Daher sollten vor allem im Hochwinter Rücken, Grate und Gipfel in Höhenlagen zwischen ca. 1600 m und 2200 m am Morgen (bis etwa 10 Uhr) und am späten Nachmittag (ab etwa 16 Uhr) störungsfrei bleiben.

Wildverbiss

Auch Gämsen, Rehe und Hirsche brauchen im Winter ihre Ruhe. Ein Reh- oder Gamsbock verbraucht z.B. beim Fliehen durch tiefen Schnee vier- bis sechsmal so viel Energie wie bei ungestörtem Stehen oder Äsen. Diesen Energieverlust gleichen die Tiere aus, indem sie vermehrt Knospen, Zweige oder Rinde meist junger Bäume abfressen. So können Verbissschäden im Bergwald, die vor allem durch überhöhte Wildbestände entstehen, noch vergrößert werden. Deshalb gilt es, Störungen möglichst zu vermeiden.

Benzinkraft: Weniger ist mehr

Ein großer Teil der Winter- und Schneeschuhwanderer reist mit dem Auto ins Gebirge. Oft werden große Strecken für relativ kurze Aufenthalte zurückgelegt. Lärm und Schadstoffemissionen durch die Autofahrt belasten Menschen, Tiere und Pflanzen, und damit auch den lebenswichtigen Schutzwald. Zudem tragen die Abgase zur Klimaerwärmung bei. Häufig sind an den Ausgangspunkten der Touren die Parkmöglichkeiten knapp, Autos der Wanderer können wichtige Zufahrten blockieren. Die Reise mit Bahn und Bus ist eine gute, umweltverträgliche Alternative, die auch andere Vorteile mit sich bringt: Man kann die Fahrtzeiten vielfältig nutzen, kommt ausgeruht und sicher ans Ziel und hat es leichter, Durchquerungen zu planen.

DAV-Gütesiegel »Natürlich auf Tour«

Das Rother Wanderbuch »Wandern im Winter Allgäuer Alpen« von Herbert Mayr wird mit dem Gütesiegel »Natürlich auf Tour« des Deutschen Alpenvereins (DAV) ausgezeichnet. Beschreibung und Darstellung der Wanderungen berücksichtigen die Routenempfehlungen des DAV-Projektes »Skibergsteigen umweltfreundlich«, das der DAV in Kooperation mit dem Bayerischen Umweltministerium für das Gesamtgebiet der Bayerischen Alpen durchgeführt hat. Das Wanderbuch enthält zudem Informationen und Verhaltenstipps für naturverträgliches Winter- und Schneeschuhwandern in der Einleitung und im Text zu den einzelnen Tourenvorschlägen. Auch die Anreisemöglichkeiten mit Bahn und Bus sind, sofern vorhanden, aufgeführt. Damit erfüllt das Wanderbuch die für die Auszeichnung erforderlichen Kriterien. Es kann naturverbundenen Wanderern als Grundlage für die Planung und Ausführung von Winterwanderungen empfohlen werden. Der DAV gratuliert dem Autor, Herbert Mayr, sowie dem Rother Bergverlag und bedankt sich für die gute Zusammenarbeit!

Deutscher Alpenverein, Ressort Naturschutz und Kartografie

Umwelttipps für Winterwanderer

Bei einer Winter- oder Schneeschuhwanderung genießen Bergsteiger die verschneite Gebirgslandschaft, sie bewegen sich aber zugleich im Lebensraum schützenswerter Pflanzen und Tiere.

Wenn sie sich dabei an die folgenden Regeln halten, können sie unterwegs sein, ohne die Natur zu gefährden:

- Markierungen und Hinweise beachten.
- Ruhezonen und Schutzgebiete für Wildtiere respektieren, Futterstellen umgehen, Lärm vermeiden.
- Lebensräume erkennen: Dem Wild nach Möglichkeit ausweichen. Wildtiere nur aus der Distanz beobachten.
- In den Lebensräumen der Wildtiere auf Gipfeln, Rücken und Graten im Hochwinter nur von 10 bis 16 Uhr unterwegs sein.
- In Waldgebieten auf Forst- und Wanderwegen bleiben. Auf keinen Fall kreuz und quer durch den Wald laufen. Nicht durch Aufforstungen und Jungwald gehen.
- Umweltschonend anreisen: Mit öffentlichen Verkehrsmitteln fahren, Fahrgemeinschaften bilden.
- Wenn doch mit dem Auto: Ausgewiesene Parkplätze benutzen, keine Zufahrten blockieren.

Weitere Informationen

Weitere Informationen zum Thema »Wintersport und Naturschutz« erhalten Sie unter folgender Adresse:

Deutscher Alpenverein e.V.
Ressort Naturschutz undn Kartografie
Anni-Albers-Straße 7
80807 München
Tel. +49 89 14003-0
Fax +49 89 14003-64
E-Mail: natur@alpenverein.de
alpenverein.de

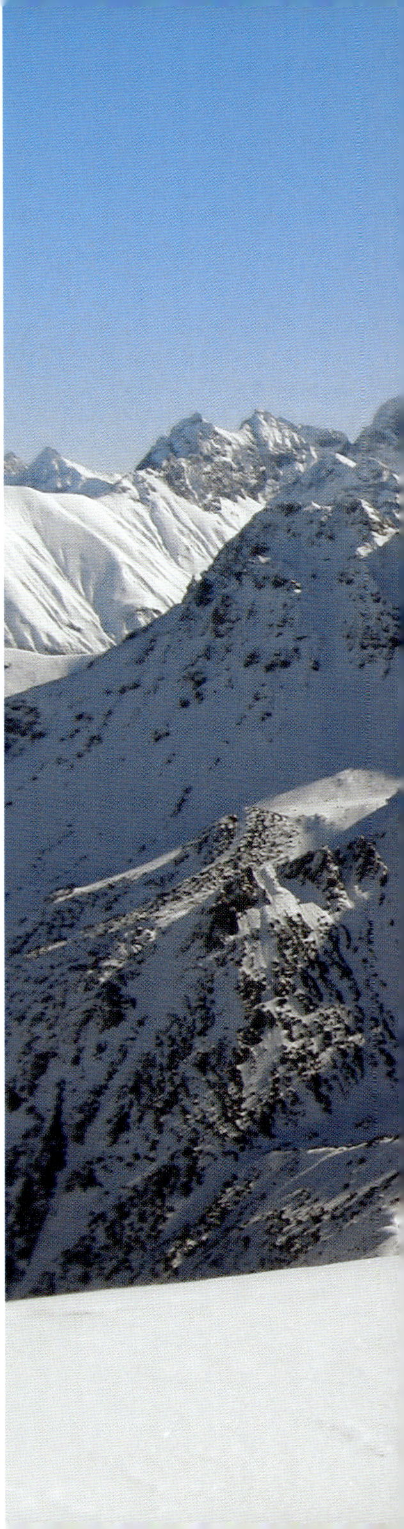

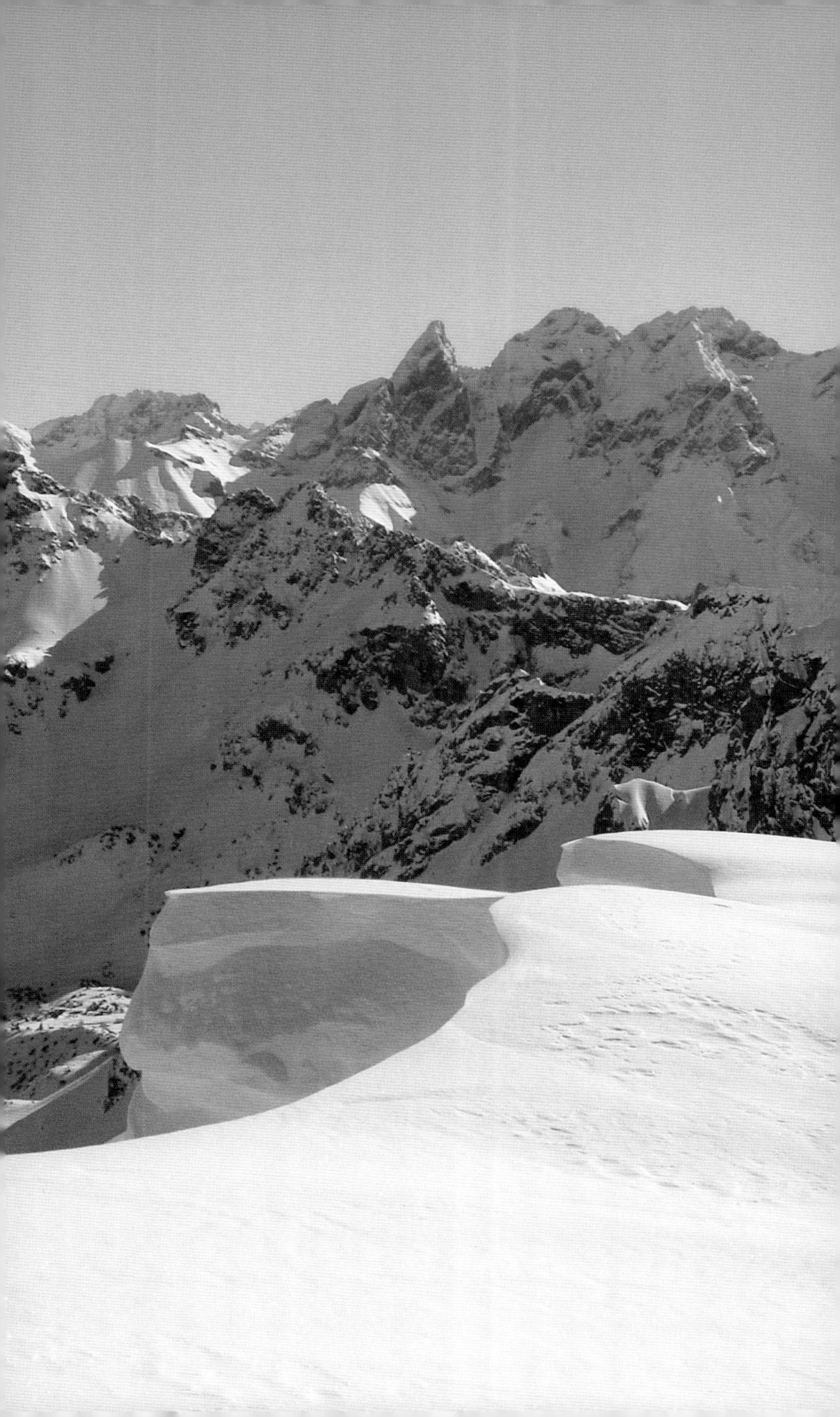

1 Eineguntkopf, 1639 m

Über Hörmoossee und Falkenhütte ★★

Leichter Schneegipfel im Westen des Naturparks Nagelfluhkette

Einer der längsten gewalzten Winterwege des Allgäus verbindet das Skigebiet der Steibiser Imbergbahn mit der Gipfelregion der Nagelfluhkette westlich des Hochgrates, an der Scheidelinie zum Bregenzer Wald. Unterwegs zum etwas versteckten höchsten Punkt des Eineguntkopfs betritt der nach kristallklarer Höhenluft süchtige Wanderer auf den längst auch im Alpenraum Mode gewordenen Tellern der Trapper und Fallensteller ein spannungsgeladenes Felsenreich der pittoresken Kleinformen.

Und was für ein festliches Zackenpanorama! Leuchtend begibt sich das Auge auf die schwärmerische Reise vom monarchisch in Erscheinung tretenden Hochvogel im Südosten über die elegant geschnittenen Charaktergestalten des Allgäuer Hauptkamms, das ebenfalls stolze Lechquellengebirge und die bescheideneren Höhen des Bregenzerwaldgebirges bis zur unverkennbaren eidgenössischen Landmarke Säntis, dem Wächter der dunstigen Senke des Alpenrheins. Auch über die Waldfurche der Weißach geht der Blick weit hinaus ins Vorland.

Nur ein paar Schritte trennen hier die heitere Hüttengeselligkeit vom ergreifenden Ernst der unberührten alpinen Schneelandschaft. Dabei verlangt dieser in der Nordwestecke der Allgäuer Berge zwischen den Taleinschnitten des Lanzenbachs und Leckenbachs aufragende Molassekopf, der »einsam über dem Gund Thronende«, erfreulicherweise nicht mal besondere Erfahrungen. Es dürfen sich also ruhig auch weniger Ambitionierte den befreienden Höhengang zutrauen. Tourenfortsetzungen auf der gelegentlich ausgesetzten und überwechteten Kammhöhe sowohl nach Osten zum etwa gleich hohen Nachbargipfel Hohenfluhalpkopf wie auch in westlicher Richtung auf den deutlich niedrigeren Falken oder gar weiter über den kitzligen Felsengrat zum Hochhäderich sind im Winter nicht empfehlenswert.

KURZINFO

Talort: Steibis, 861 m. Hoch über dem Weißachtal gelegenes Wintersportdorf, Ortsteil der Marktgemeinde Oberstaufen, Oberallgäu. Mit dem Bus von Oberstaufen erreichbar (Zug von Kempten). Tourist Information, D-87534 Oberstaufen, Tel. +49 8386 93000, oberstaufen.de.

Ausgangspunkt: Bushaltestelle an der Imbergbahn, 910 m; Parkplatz.

Gehzeit: Imberghaus – Falkenhütte 2.05 Std., Falkenhütte – Eineguntkopf 0.45 Std., Abstieg 2.25 Std.; Gesamtgehzeit 5.15 Std.

Höhenunterschied: 620 Hm.

Anforderungen: Bis zur Falkenhütte gewalzte Anliegersträßchen und Alpwege. Für den mittelsteilen Aufstieg über die Skipiste des Falkenhütte-Schleppliftes und den kurzen meist gespurten Gipfelrücken sind Schneeschuhe erforderlich.

Hangexposition: Nord bis West.

Lawinengefahr: Bei Lawinengefahr ist der letzte Wegkilometer zur Falkenhütte kurzzeitig wegen Sprengungen gesperrt.

Einkehr: Imberghaus (Tel. +49 8386 8106, imberghaus.de, geöffnet wie Bergbahn, Übernachtungsmöglichkeit), Berggasthof Hochbühl (Tel. +49 8386 8138, berggasthof-hochbuehl.de, geöff-

net wie Bergbahn, Übernachtungsmöglichkeit), Alpengasthof Hörmoos (Tel. +49 8386 8129, hoermoos.de, im Winter von Weihnachten bis Ostern geöffnet, Montag und Dienstag Ruhetag, Übernachtungsmöglichkeit, Schneeschuhverleih), Falkenhütte (Tel. +49 8386 8113, falkenhuette.de, im Winter von Weihnachten bis Ostern geöffnet, Montag Ruhetag, Übernachtungsmöglichkeit).
Seilbahn: Imbergbahn, vom 20.12. bis 21.3. 9.00–16.30 Uhr, Tel. +49 8386 8112, huendle-imberg.de.
Variante: Als Rückweg von der Falkenhütte können Schneeschuhgeher die manchmal gespurte und etwa gleich lange Route über den langen, anfangs steilen Nordhang zur Ziehenalp wählen. Nach anschließend kurzem Abstieg im Bereich eines Fahrwegs und wieder weglosem Überschreiten eines Waldbachs, westlich in Richtung Hochbühl, stößt man bei der Eineneckalp auf einen Alpweg. Dieser quert den Ablauf des Hörmoossees und mündet wenig später in den bekannten Anstiegsweg. Bei großem Neuschneezuwachs oder im Falle von starker Windverfrachtung ist an dem genannten Nordhang eine Schneebrettgefahr nicht ganz auszuschließen. Als Aufstiegsvariante anstrengend.

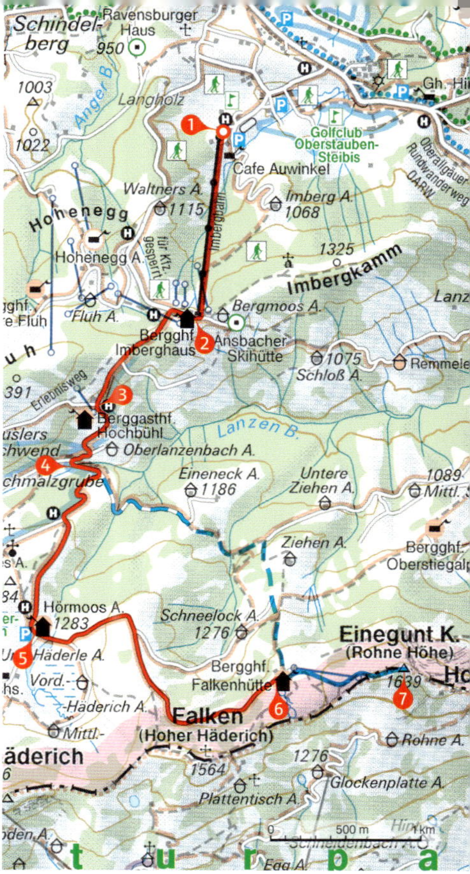

Die Gondel der Imbergbahn (Bushaltestelle) schaukelt uns von **Steibis** ❶ empor zur Bergstation beim **Imberghaus** ❷, 1218 m. Hier auf der Westschulter des Imbergkamms, wo auch die Ansbacher Skihütte steht, nimmt uns ein stets gewalztes Anliegersträßchen auf. Dieses leitet unter dem Schlepplift hindurch und über eine kleine locker bewaldete Anhöhe sanft bergab zum **Berggasthof Hochbühl** ❸, 1185 m.
Eine Serpentine fällt nun deutlicher über einen freien Hang an der etwas abseits gelegenen Oberlanzenbachalp vorbei in das vom jungen **Lanzenbach** ❹, 1120 m, eingekerbte Tälchen. Nach dessen Querung ha-

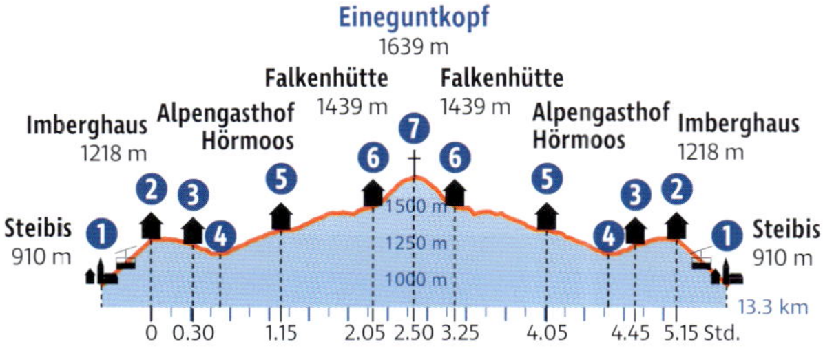

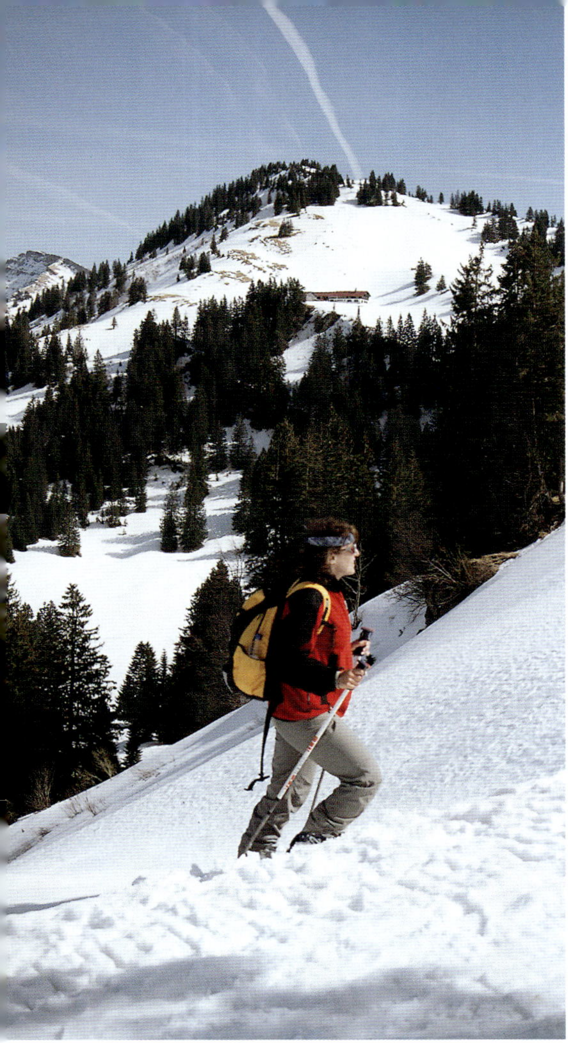

Aufstieg zur Falkenhütte am Eineguntkopf.

ben wir einen gemütlichen Gegenanstieg zum **Alpengasthof Hörmoos** ❺, 1283 m, zu absolvieren. Sein Name bezieht sich auf das unter dem Hochhäderich angrenzende Hühnermoos mit dem eisstarrenden Hörmoossee.

Der Wegweiser »Falken« dirigiert uns zu einer Loipe, deren Rand wir ein ganz kleines Stück folgen. Und schon geht's weiter auf einem gewalzten Alpweg zwischen einzelnen Fichtengruppen hindurch, gemächlich aufwärts über einen Rücken. Der Eineguntkopf hinter unserem nächsten Hüttenziel rückt immer näher. Zuletzt wandert man mit geringem Höhenverlust unter der Kälte ausströmend schattigen, gelegentlich mit bedrohlichen Schneeverfrachtungen beladenen Nordflanke des Falken-Felsgipfelchens vorbei (Lawinensprenganlage) und erreicht nach einem Schlussanstieg die **Falkenhütte** ❻, 1439 m, eine seit Generationen überaus beliebte Skihütte.

Der Gipfelaufstieg erfolgt, zum Schutz der Hausschlepplift-Abfahrt mit Schneeschuhen, anfangs am Pistenrand links der Liftanlage, nach der ersten Stütze unter dem Skiaufzug hindurch und schließlich in der kraftsparenden Abfahrtsschleife oberhalb eines Minilifts vorbei. Ab der Bergstation sind es in einer meist ausgetretenen Spur nur noch wenige Minuten über den kleinen Westrücken zur Kammhöhe und auf dieser zwischen gedrungenen Fichten auf den **Eineguntkopf** ❼. Erst der höchste Punkt (Grenzstein) ermöglicht eine lohnende Ausschau nach Osten. Zum Alpenpanorama und nach Westen hin dagegen hat man vom Beginn des »Gipfelwäldchens« eine freiere Sicht.

Der Abstieg erfolgt auf dem Anstiegsweg.

Stuiben, 1749 m

Zwischenziel Gschwender Horn

★★★

Vergessene Winterroute wieder aktuell

Oft noch im späten Frühjahr, wenn bereits das bunte Völkchen der Sonnenanbeter das frisch erblühte Alpseeufer belagert, leuchtet die Gipfelhaube des Stuiben silbern gleißend erhaben hinaus ins Alpenvorland wie ein Glücksverkünder. Die ganzjährig beliebte Aussichtswarte gilt als der älteste Allgäuer Skigipfel. Schon in frühen Jahren war auf diese Nummer drei in der Nagelfluhkette zwischen Immenstadt und Hittisau die Winterroute von Bühl am Alpsee über das Gschwender Horn bekannt, den nach dem Immenstädter Horn zweiten Gipfel im parallel zu den Nagelfluhbergen verlaufenden Prodelkamm. Der spätere Skiliftbetrieb am Gschwender Horn stahl der Modetour allerdings den Reiz. Erst als man in neuerer Zeit wegen mangelnder Rentabilität die künstliche Aufstiegshilfe wieder abmontiert hatte und für die Tourengeher einen umweltverträglichen Routenverlauf ausschilderte, gewann der Bühler Stuiben-Zugang wieder mehr Beachtung.

Im Vergleich zum klassischen, aber waldreichen Forstwegkurs von Immenstadt übers Almagmach kommt man bei diesem vielleicht schönsten Schneeschuhaufstieg in den Genuss eines faszinierenden Tiefblicks auf den schimmernden, weit ausgebreiteten Eisteppich des Alpsees, den größten natürlichen See des Allgäus. Man muss allerdings willig ein paar Gegenanstiege in Kauf nehmen und hat somit einen für die kalte Jahreszeit etwas abschreckenden Gesamthöhenunterschied vor sich. Die Größenordnung des Unternehmens sollte also vor allem bei einem an Kräften und Moral zehrenden Neuschneepaket nicht unterschätzt werden.

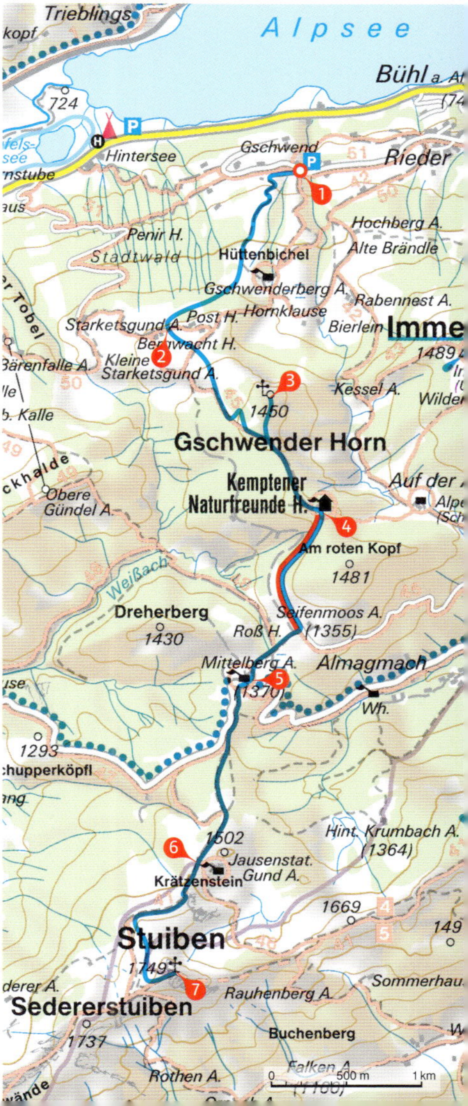

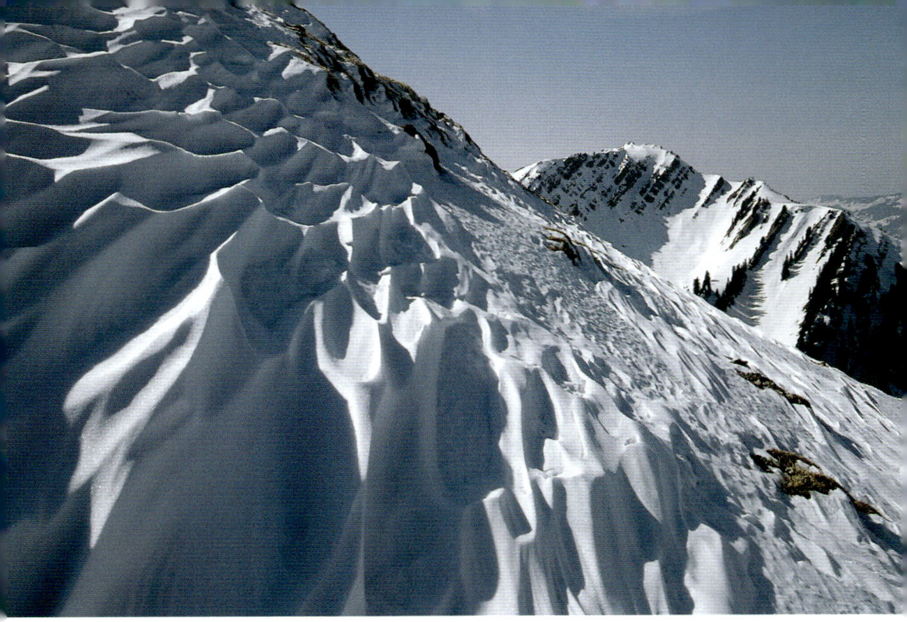

Windformationen im Schlussaufstieg, hinten der Buralpkopf.

KURZINFO

Talort: Bühl am Alpsee, 743 m. Stadtteil von Immenstadt und Luftkurort, Oberallgäu. Mit dem Bus von Immenstadt erreichbar (Zug von Kempten). Tourist Information im AlpSeeHaus, D-87509 Immenstadt, Tel. +49 8323 998877, alpsee-gruenten.de.
Ausgangspunkt: Gschwend, 850 m; Parkplatz. Zu erreichen von Bühl am Alpsee auf anfangs steiler Bergstraße über Rieder (keine Busverbindung, zu Fuß 0.30 Std. ab Bushaltestelle).
Gehzeit: Gschwend – Gschwender Horn 2.05 Std., Gschwender Horn – Kemptener Naturfreundehaus 0.20 Std., Kemptener Naturfreundehaus – Stuiben 2.00 Std., Abstieg 3.20 Std.; Gesamtgehzeit 7.45 Std.
Höhenunterschied: 1130 Hm.
Anforderungen: Für den gesamten oft gespurten Aufstieg mit mehreren Gegenanstiegen und Steilaufschwüngen sind Schneeschuhe und Ausdauer erforderlich. Im Gipfelbereich auf Wechten achten! Bei starkem Neuschneezuwachs nur bis zum Kemptener Naturfreundehaus oder zur Mittelbergalp empfehlenswert.
Hangexposition: Meist Nord bis West.
Lawinengefahr: An den Stuiben-Nordhängen sind sichere Verhältnisse erforderlich (bei ungünstigen Bedingungen eventuell Schneebrettgefahr).
Einkehr: Kemptener Naturfreundehaus (Tel. +49 8323 2123, bergbriada.de, ganzjährig außer November geöffnet, Montag Ruhetag, Übernachtungsmöglichkeit).

Wir folgen in **Gschwend** ❶ vom Landschulheim den hilfreichen Skimarkierungen in eigener Spur und halten uns im Bereich des ehemaligen Horn-Liftes über die stets freien, mittelsteilen Hänge des Hüttenbichels an der Pfefferlehütte vorbei. Nahe der Gschwenderbergalp weisen grüne Tafeln rechts schräg durch eine Lichtung. Über einem Jungwald führt die hervorragend ausgeschilderte Route zur **Starkatsgundalp** ❷, 1210 m, in manchen Karten auch Starketsgundalp geschrieben.

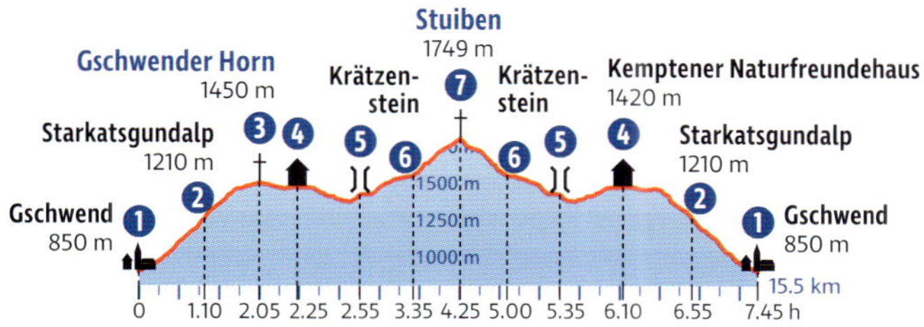

Weiter geht's über einen nordwestgerichteten Steilhang. Anschließend kommen wir durch eine nur noch mäßig ansteigende, breite Schneise unterm Gschwender Horn vorbei. Der Gipfel selbst ist von Westen wegen einer Anpflanzung nicht zugänglich. Erst aus südlicher Richtung finden wir zwischen licht stehenden Fichten hindurch den höchsten Punkt. Das **Gschwender Horn** ❸, 1450 m, beschert uns allerdings nur eine bescheidene Aussicht. Der Rundling ist also eher ein Muss für leidenschaftliche Gipfelsammler, aber nach immerhin 600 Höhenmetern Aufstieg als verschwiegenes erstes Zwischenziel selbstverständlich auch ein einladendes Brotzeitplätzchen.

Durch eine Mulde mit geringem Gegenanstieg erreichen wir bald darauf das **Kemptener Naturfreundehaus** ❹, 1420 m. Bis zuletzt lassen die Skimarkierungen keinerlei Orientierungsprobleme aufkommen. Die altbekannte Bergunterkunft bietet auch winters über eine willkommene Einkehr.

Auf einem gebahnten, leicht fallenden Forstweg können wir nun für eine Weile die Schneeschuhe am Rucksack festzurren. Bei der Seifenmoosalp geht es dann wieder im gewohnten Schlürfgang rechts hinunter in eine Wiesenmulde und daraufhin jenseits kurz hinauf bis zur **Mittelbergalp** ❺, 1370 m, auf der Passhöhe zwischen Steigbachtal und Weißachtal. Auf weiterhin meistens gespurtem Kurs hält man sich mit einem kaum nennenswerten Höhenverlust an einer Gabelung in Richtung der Alpe Gund. Nach einem krankenden Fichtenwaldflecken zieht man erst gemütlich an der genannten Alphütte und am **Krätzenstein** ❻, 1500 m, vorbei, einem einzeln stehenden Nagelfluhfelsen. Daraufhin müht man sich schräg über den völlig freien und einheizenden unteren Gipfelhang des Stuiben empor. Bei ungünstigem Deckenaufbau der weißen Pracht lauert in diesem nordgerichteten Bereich möglicherweise eine nicht zu unterschätzende Schneebrettgefahr.

Über sanfter geneigte Hanglagen streben wir der Kammhöhe der Nagelfluhkette entgegen. Zuletzt leitet der problemlose, nicht selten verblasene Südwestrücken auf den höchsten Punkt des **Stuiben** ❼. Die überwechteten Abbrüche Richtung Almagmach verlangen einen Respektabstand. Die Blickspanne reicht vom Grünten über die Tannheimer Bergspitzen und die Allgäuer Paradegipfel bis zu den Vorarlberger Felsrevieren. Draußen setzt das wellige »Unterland« seine Akzente zu den schroffen Formen.

Der Rückweg erfolgt, ohne Abstecher auf das Gschwender Horn, auf dem Hinweg.

3 Steinköpfle, 1669 m

Durch das Steigbachtal

★★

Verzwickter Hüttenaufstieg beschert einsame Gipfelfreuden

Auch wenn es zwischendurch ganz und gar nicht danach aussehen mag, so entpuppt sich der seit Urzeiten bekannte Immenstädter Skiaufstieg durchs Steigbachtal zum Steinköpfle über dem Almagmach doch noch auf überzeugende Art und Weise zu einem echten Schneeschuhspaß. Die Gipfelschau beinhaltet nicht nur die Felshörner des Tannheimer Tales und die bestechend hochalpine Runde des Oberstdorfer Talkessels, sie beglückt uns sogar noch mit dem fernen Rätikon, vor dem sich die Bergeshöhen des Bregenzerwaldes versammeln. Draußen im Norden bringen die Höhenzüge des Alpenvorlands Bewegung ins Bild und uns zu Füßen zeichnet ein von unten eben noch unscheinbarer Bachlauf verspielte Mäander ins makellose Weiß.

Die Bezeichnung Steinköpfle findet sich im Übrigen weder in Karten noch im Alpenvereinsführer. Nur bei Einheimischen und Insidern ist die nicht besonders ausgeprägte Erhebung im Nordostteil des Naturparks Nagelfluhkette mit der Höhe 1669 m zwischen den beiden bedeutenderen Nachbarn Steineberg und Stuiben unter diesem Namen bekannt. Wäre nur noch anzufügen, dass die unter einem dicken Flockenteppich begrabene Sommerroute aus dem oberen Steigbachtal zur anmutigen Alpwanne am Gipfelfuß durch unübersichtlichen Hochwald verläuft. Dieser spannende, auch mal grimmig steile Vorschlag richtet sich demnach an gut motivierte Individualisten, selbstständige Schneeschuhgeher mit Freude am Orientieren, die während eines kurzen asketischen Intermezzos nicht gleich das Handtuch werfen, sondern vielmehr dem Erwecken eines intensiven Lebensgefühls zuliebe gerne ein wenig Ganzkörpertraining mit ins Spiel bringen.

Selbst auf Waldwegen ist manchmal ein gesunder Orientierungssinn nötig.

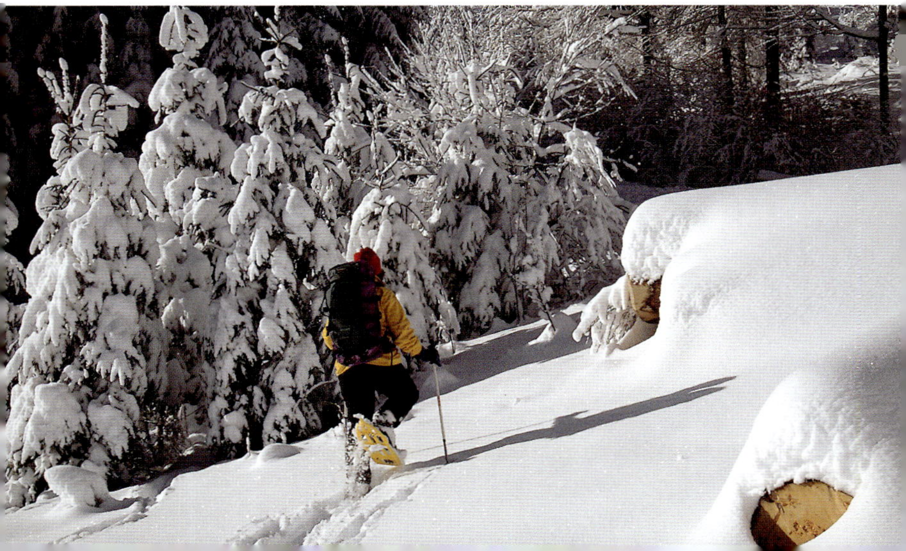

KURZINFO

Talort: Immenstadt, 728 m. Das »Städtle« an der Illertal-Öffnung, am Rand der Allgäuer Alpen, Oberallgäu. Mit dem Zug von Kempten aus erreichbar. Tourist Information, D-87509 Immenstadt, Tel. +49 8323 998877, alpsee-gruenten.de.
Ausgangspunkt: Bahnhof, 728 m; Parkplatz an der Straße Richtung Isny.
Gehzeit: Immenstadt – Schattenseite 1.30 Std., Schattenseite – Hintere Krumbachalp 1.15 Std., Hintere Krumbachalp – Steinköpfle 1.30 Std., Abstieg 3 Std.; Gesamtgehzeit 7.15 Std.
Höhenunterschied: 940 Hm.
Anforderungen: Bis zur Hölzernen Kapelle gewalzter, zur zweiten Steigbachbrücke geräumter Alpweg. Für den weiteren manchmal gespurten Aufstieg mit längeren, mitunter recht steilen Einlagen sind Schneeschuhe, Kondition und Orientierungssinn erforderlich, für den Gipfelgrat ist zudem Trittsicherheit notwendig. Bis zu den Hütten der sogenannten Schattenseite leicht.
Hangexposition: Nordost bis Nordwest.
Lawinengefahr: Eine Hangquerung während des Steilaufstiegs zur Hinteren Krumbachalp sowie der anschließende ebenfalls steile Zugang in die Einsattelung erfordern einen gut gesetzten Schneedeckenaufbau.
Kinder: Die Rodelabfahrt von der Hölzernen Kapelle ist für Kinder geeignet.
Rodel: Lohnende Rodelmöglichkeit von der Hölzernen Kapelle nach Immenstadt.

Wir halten uns vom Bahnhof in **Immenstadt** ❶ ganz kurz Richtung Zentrum und nehmen die Fußgänger-Bahnüberführung. Die Adolph-Probst-Straße leitet uns geradeaus zum Friedhof. Von der Gabelung am Ausgang des Steigbachtals folgen wir unter dem Bergrutsch vom März 2006 geradewegs dem für Skifahrer und Rodler gebahnten Alpweg durch den Wald hinauf. Die hervorragend gewalzte Bahn am abenteuerlichen Tobelbach entlang ist mit vielerlei Eisgebilden geschmückt. Bizarre Formen hervorbringende Wasserfälle und Gumpen sind im Winterschlaf erstarrt. Unter einem auffallenden und kreuzgeschmückten Felskopf mündet unsere Route in den breiteren, parallel laufenden Alpweg ein. An der Verzweigung bei der **Hölzernen Kapelle** ❷, 900 m, nehmen wir das allzeit geräumte Sträßchen Richtung Naturfreundehaus. Der steil ansteigende Tobel weitet sich zwischen Immenstädter Horn und Mittag zum flachen Hochtal. An der nächsten Gabelung wählen wir den Almagmachaufstieg. Vor uns baut sich die breite Nagelfluhflanke des Steinebergs auf. Dahinter spitzelt die deutlich alpinere Stirn des Stuiben hervor.
Beim Jagdhaus Ornach wechselt die erholsame, mittlerweile über kleine Wiesenflecken taleinwärts verlaufende Route das Ufer des Steigbachs. Bald darauf quert das Forst-

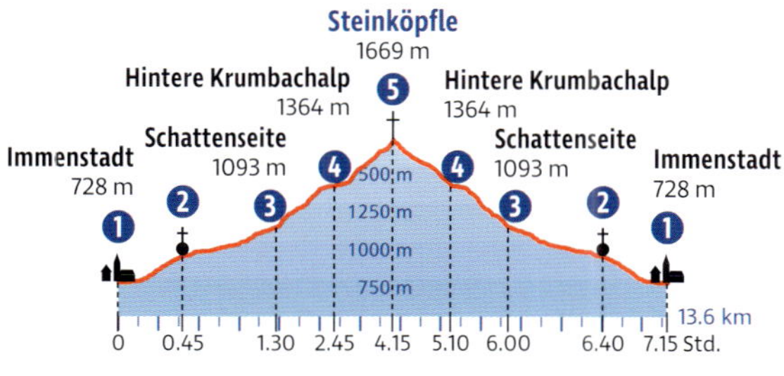

sträßchen abermals den Wasserlauf. Ab hier kommen die Schneeschuhe zum Einsatz. Wir spuren noch vor der Brücke auf dem gemütlichen Fahrweg Richtung Steineberg über eine schmale Lichtung und zu den kleinen Hütten mit dem Flurnamen **Schattenseite** ❸, 1093 m.

Kurz davor heißt es trotz des rot-weißen Markierungszeichens wenige Meter den richtigen Durchschlupf durch einen Waldstreifen finden. Wenn vor uns Skitourengeher unterwegs waren, fällt die Richtungssuche weniger schwer.

Nun halten wir uns im Bereich eines spärlich markierten, zunehmend steileren Ziehwegs schräg rechts durch den Mischwald. Wir kommen an einem stattlichen Nagelfluhblock vorbei, auf dem sich eine Gruppe »Sturkopf-Fichten« den Platz streitig macht. Wo über dem Almagmach eine Alphütte sichtbar wird, müssen wir uns kurz mit der Querung einer überaus steilen Lichtung anlegen. Sollten hier durch vorangegangene Reifperioden ungünstige Schwimmschneeschichten eingelagert sein, könnte bei Belastung möglicherweise ein Schneebrett abgehen. Trifft man Hartschnee an, sind eventuell Leichtsteigeisen den für anspruchsvolle Querungen ungeeigneten Kunststofftatzen vorzuziehen.

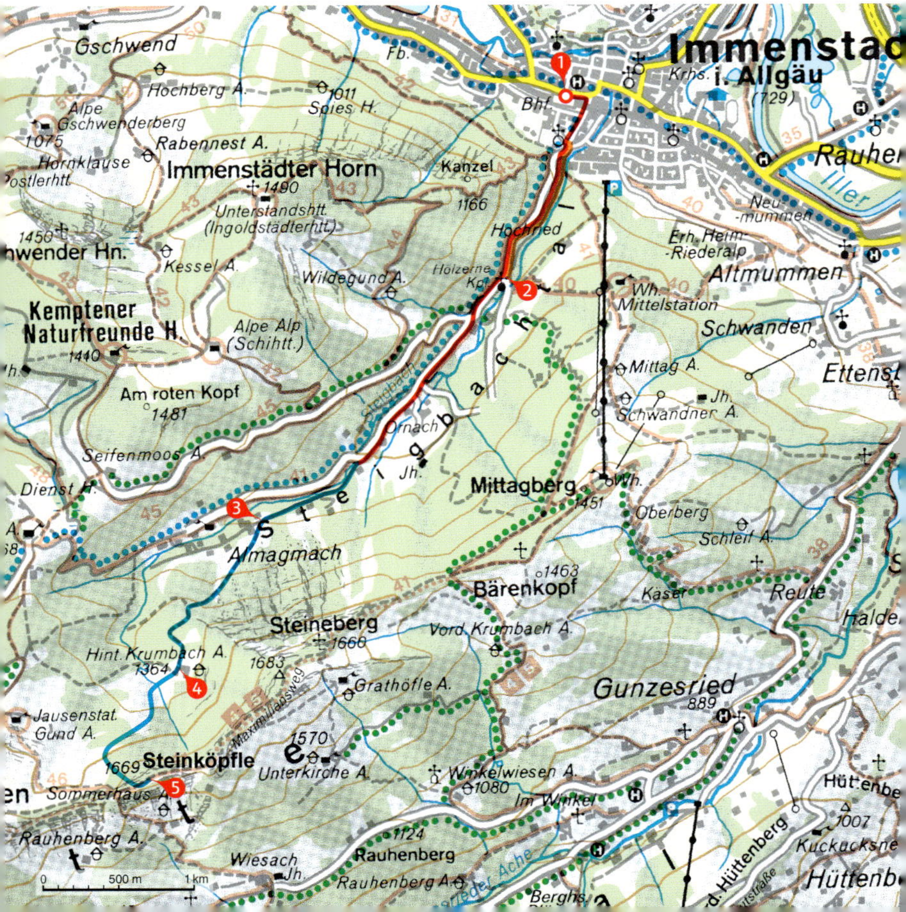

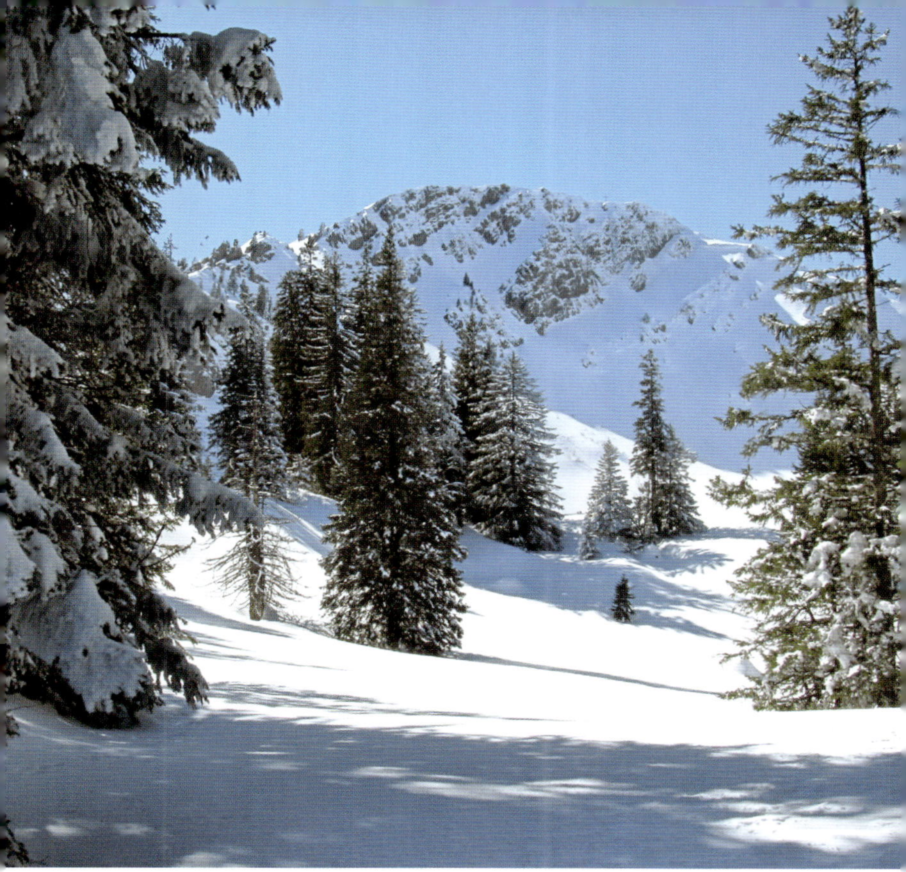

Unterwegs zum Steinköpfle in den Nagelfluhbergen zeigt sich der Stuiben.

Gleich danach die Sommerroute scharf links zwischen licht stehenden Fichten hindurch verlassend, scheint uns, über einen breiten und freien Hang emporsteigend, wieder die Sonne ins Gesicht. Auf der folgenden Anhöhe wird der Blick ins Illertal frei. Nach ganz kurzem Höhenverlust haben wir in einer Wiesenmulde die **Hintere Krumbachalp** ❹, 1364 m, erreicht. Hier drängt sich eine kleine Erholungspause auf. Unter dem felsigen Haupt unseres Gipfelziels geht es nun erneut schräg rechts und wieder anstrengend über freies Terrain zu einer Einsattelung, 1470 m. Ganz links ragt der Steineberg auf, der seinem Namen von hier aus alle Ehre macht. Im Gund, einem Weidegebiet, folgt nochmals eine kleine Flachpassage auf den Stuiben zu mit seiner rassigen Ostmulde. Vor einem schwachen Aufschwung wenden wir uns links zwischen einzelnen Fichtengruppen hindurch und mühen uns steil empor auf das felsgekrönte **Steinköpfle** ❺, 1669 m, bei besonnener Routenwahl ohne Lawinengefahr. Die letzten Meter über den schmalen Westgrat sind aber mit Umsicht zu genießen.
Der Abstieg erfolgt auf dem Anstiegsweg.

4

Rindalphorn, 1810 m

Durch das Aubachtal auf den Westgipfel

★★★

Glanzlicht der Rindalpen über frostigem Allgäuer Hochtal

Zur Winterszeit kann der Naturfreund die trotz der eingenisteten Kälte anheimelnde Ausstrahlung des Aubachtals inmitten der vielgestaltigen Vorgebirgslandschaft ganz ohne die Beeinträchtigung des Mautverkehrs genießen. Bis zum Talschluss wird man nur ab und an von ein paar Langläufern auf der das Alpsträßchen begleitenden Loipe überholt. Hinauf zum Scheidwangpass begegnet einem dann allenfalls noch der eine oder andere sportlich eingestellte Skitourengeher. Wobei sich von denen schon so mancher gefragt haben mag, ob nicht bequeme Wanderstiefel und Schneeschuhe der eher beengenden Kunststoff-Fußbekleidung und den wegen des langen Talhatschers an den Rucksack geschnallten Brettern vorzuziehen sind.

Der Pass scheidet die Bergwasser. Während der Aubach durch eines der schönsten Allgäuer Hochtäler der Iller zu eilt und deshalb die Donau nährt, unterstützt der Leckenbach die Bregenzer Ach und gehört somit zum Flusssystem des den Bodensee durchströmenden Rheins.

Szenenwechsel. Finster schaut das Rindalphorn mit seiner horizontal geschichteten, vom winterlichen Dauerschatten gezeichneten Nordflanke ins Alpenvorland hinaus. Für Schneeschuhgeher unbezwingbar, zumindest über diese abweisende Seite. Die weit weniger steile Südseite dagegen verspricht die beglückendsten Pulver-Schwelgereien über ein angenehm geneigtes Riesendach. Unser unbestrittenes Glanzlicht der Rindalpen, wie die Nagelfluhkette auch bezeichnet wird, wartet gleich mit zwei etwa gleich hohen Gipfelzielen auf. Während der felsige Hauptgipfel auf dem ausgesetzten letzten Gratstück zum Kreuz ein Ablegen der geliebten Riesentreter verlangt, ermöglicht der vorzuziehende behäbige Elefantenrücken des westlichen Zwillings ein vergnügtes Spuren.

KURZINFO

Talort: Gunzesried, 889 m. Hoch gelegener Ortsteil von Blaichach, im verkehrsberuhigten Gunzesrieder Tal, einem westlichen Iller-Seitental, Oberallgäu. Mit dem Bus von Sonthofen erreichbar (Zug von Kempten). Tourismusverein, D-87544 Gunzesried, Tel. +49 8321 6076950, gunzesried.de.

Ausgangspunkt: Bushaltestelle in Gunzesried-Säge, 930 m; Wanderparkplatz am Ortseingang.

Gehzeit: Gunzesried-Säge – Vordere Aualp 1.25 Std., Vordere Aualp – Scheidwangalp 1.05 Std., Scheidwangalp – Rindalphorn 2.10 Std., Abstieg 3.50 Std.; Gesamtgehzeit 8.30 Std.

Höhenunterschied: 880 Hm.

Anforderungen: Bis zur Vorderen Aualp meist, zur Scheidwangalp manchmal geräumtes oder gewalztes, im Winter für den öffentlichen Verkehr gesperrtes Mautsträßchen. Für den weiteren maximal mittelsteilen, aber nur gelegentlich gespurten Aufstieg sind Schneeschuhe unerlässlich. Bei viel Neuschnee sehr anstrengend, auf Gipfelwechte achten! Bis zum Talschluss leicht.

Hangexposition: Süd bis Südwest.

Lawinengefahr: Bei bedachter Routenwahl ist auf der gesamten Tour eine Lawinengefahr nahezu auszuschließen.

Los geht's an der Bushaltestelle in **Gunzesried-Säge** ❶ auf dem anfangs deutlich steigenden, in der Regel geräumten Alpsträßchen Richtung Aubachtal. Über eine Kuppe wandern wir an der Alphütte **Vorsäß I** ❷, 955 m, vorbei, einwärts in das während der Winterzeit einen beachtlichen Teil des Tages schattige Hochtal. Rechter Hand begleitet uns der reich geschartete Hauptzug der Immenstädter Nagelfluhberge. Die Steilflanken des Stuiben drängen sich, nachdem wir die Bachseite gewechselt haben, nahe an die Hütte Vorsäß II heran.

Nach **Vorsäß III** ❸, 970 m, folgt ein kleiner Anstieg durch einen Waldflecken. Zum nächsten Etappenziel **Vordere Aualp** ❹, 1040 m, unter dem Buralpkopf kann man noch eine Weile Kraft schöpfen. Jetzt erblickt man bereits den Siplingerkopf mit seiner zerfurchten Felsflanke. Diese abenteuerliche Erosionskulisse der Spießwände mit ihren entgegen der gewöhnlichen Nagelfluh-Schichtenfolge lotrecht stehenden Felstafeln sieht aus, als hätten wütende Riesen versucht, den gesamten Siplinger in möglichst viele Scheiben zu zerlegen.

Über der Hinteren Aualp baut sich die Rote Wand auf, ein beachtlicher Felsriegel mit rötlichem Ton. Vom frostigen Talschluss mit Grüntenblick ist, wenn noch keine Fahrzeuge unterwegs waren, vorbei am so-

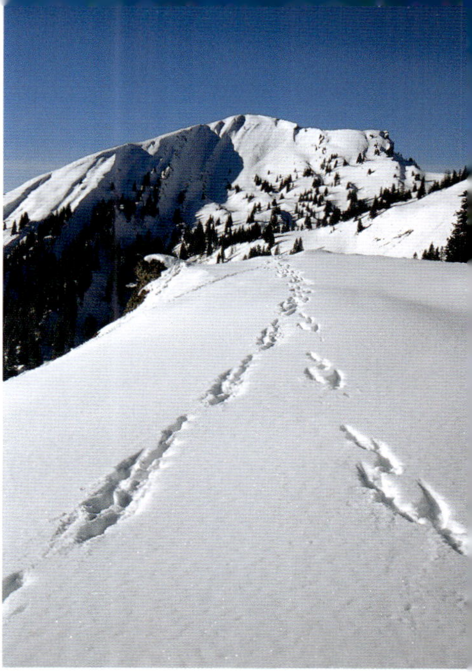

Von der Unteren Gelchenwangalp schaut man hinüber zum Hochgrat.

genannten Schneeloch hinauf zur Scheidwangalp erstmals Spurarbeit erforderlich. Dabei steht der rechtsseitig steile Bergwald der teilweise freien, mitunter auch schrofigen Flanke des Heidenkopfs gegenüber. Diese Schneeschuh-Etappe zieht sich hin. Kurz vor der **Scheidwangalp** ❺, 1317 m, auf der gleichnamigen Passhöhe (auch Scheidewang) überspannt die meist bis übers Geländer zugeschneite Aubachbrücke einen wilden Nagelfluhtobel.

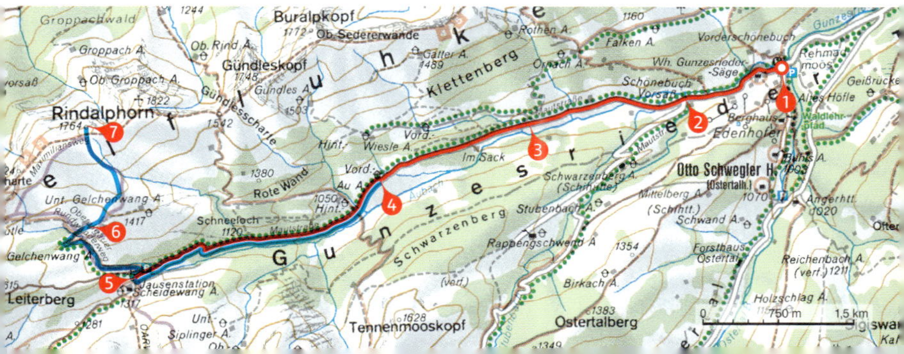

Der Wegweiser »Rindalphorn« dirigiert uns über einen deutlichen Aufschwung zu einem Absatz. Der mit vereinzelten roten Markierungen bezeichnete, nur ab und an gespurte Hüttenzugang auf einem im Allgemeinen erkennbaren Ziehweg leitet kaum steigend durch schütteren Wald an einem Tobelrand entlang. Nach kleinem Höhenverlust trägt uns abermals eine Brücke über den jungen Aubach. Es folgen zwei Kurven und eine natürliche Bachquerung, die bequemer als die Stegbenützung ausfällt.

Durch eine Alpmulde halten wir auf den breiten Hochgrat zu, bis der Weg einen kleinen Felsriegel durchtrennt. Noch eine Rechtsschleife und auf einem Steg eine letzte Überschreitung des nun winzigen Bergbachs, dann ist die **Untere Gelchenwangalp** ❻, 1414 m, erreicht. Auf einer Riesenwechte ist gerade noch der Giebel der Oberen Gelchenwangalp erkennbar. Von hier lockt auch der Hochgrat – ein andermal vielleicht …

Wir gehen nun mit Respekt zollendem Abstand den hinter der Hütte herunterziehenden, lawinenträchtigen Flanken aus dem Weg und steigen über einen kleinen, freien Hang empor zu einer steil abfallenden Bergschulter. Jenseits öffnen sich die herrlich einsamen Kare unter dem Girenkopf und Siplingerkopf. Ohne große Anstrengung genießt man jetzt an den letzten gedrungenen Fichten vorbei den allmählichen Höhengewinn über die schönsten Südhänge. Ein neues Blicksegment ruft über dem Illertal Bewunderung hervor: die Tannheimer, die Daumengruppe, die Felspyramide des Hochvogels und die reich gezackten Grate hinter Oberstdorf. Des Weiteren der geschartete Säntis und die kantigen Erscheinungen ums Große Walsertal.

Vom Aussichtskreuz bei einer unscheinbaren Einsattelung an der Baumgrenze geht man gelassen das krönende Finale an. Die bis zuletzt gemächliche Höhenstapferei zum **Rindalphorn** ❼, genauer gesagt zu dessen Westgipfel, entlockt manchen Freudenjauchzer. Imponierend baut sich der Ostgipfel auf. Der Allgäuer Hauptkamm setzt sich nun ohne Unterbrechung fort bis zu seinem eleganten Endpunkt, dem links des Heidenkopfs auftauchenden Biberkopf. Dann verlässt einen der Bestimmungseifer. Wer kennt schon all die neben dem Rätikon aufgereihten Schweizer Erhebungen? Unter uns erstreckt sich das frostklirrende, von der Sonne vergessene Weißachtal. Schier endlos breitet sich der Ober- und Westallgäuer Alpenvorlandteppich aus. Das Nebelmeer über der Bodenseesenke verschmilzt mit dem Horizont.

Der Abstieg erfolgt auf dem Anstiegsweg.

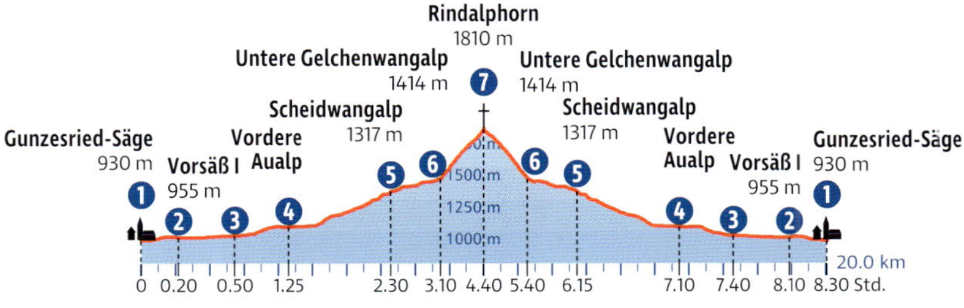

Sedererstuiben, 1737 m

Von Süden über die Gatteralp

★★

Lockender Grenzfall für Schneeschuhgänger

Die sonnseitige Flanke des Klettenbergs im mittleren Aubachtal ist schuld daran, dass der Südaufstieg zum Sedererstuiben zu den anspruchsvollsten Schneeschuh-Unternehmungen in den Allgäuer Voralpen westlich der Iller zählt. Trotz benützter Steighilfe lernt man hier unweigerlich die Grenzen des Breitspurgehens kennen. Winter für Winter zeigt dieser Steilhangschinder oft schon nach wenigen Schönwettertagen die ersten ausgeaperten Flecken. In einem solchen Fall kann man die löcherigen Teller getrost an den Rucksack hängen und der Herausforderung »unten ohne« zuleibe rücken.

Ganz ohne Schweißvergießen geht's allerdings dennoch nicht ab. Doch was tut man sich eines märchenhaften Erlebnisses lichter Höhen zuliebe nicht alles an? Und dies nimmt spätestens bei der prächtig gelegenen Gatteralp seinen unvergesslichen Verlauf. Eine mögliche Tourenerweiterung zum östlich benachbarten Stuiben ist leicht und dauert nicht lange. Die stark lawinenträchtige gesamte Südflanke zwischen beiden Gipfeln gilt es allerdings streng zu meiden. Wen überschüssige Kräfte plagen, der kann nach der ersten Abstiegsetappe bei der Gatteralp den Zusatzaufstieg zum benachbarten Buralpkopf in Erwägung ziehen. Die strahlendsten Tiefschneeträume lohnen die anstrengende Fleißaufgabe. Voraussetzung sind wohlgemerkt sichere Bedingungen.

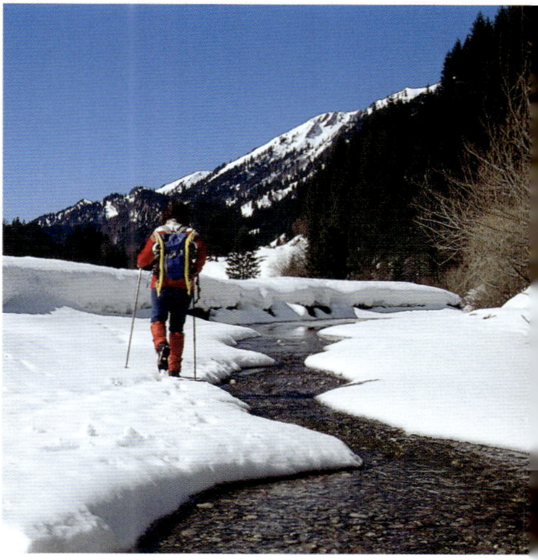

Der Aubach fließt durch eines der beliebtesten Hochtäler der Allgäuer Alpen.

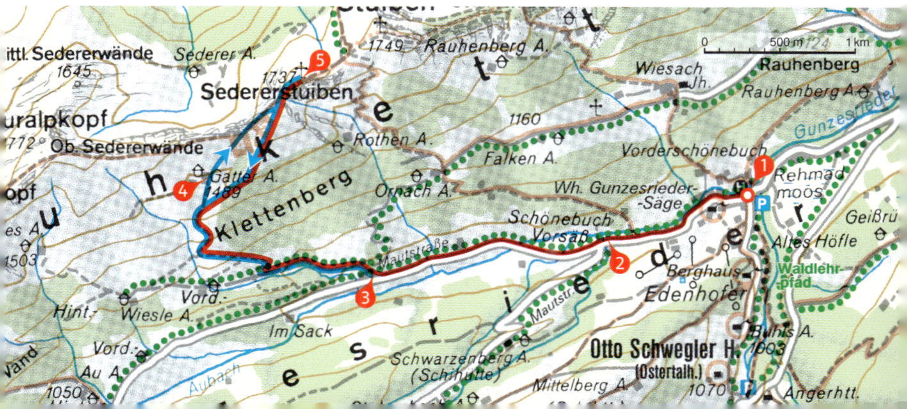

KURZINFO

Talort: Gunzesried, 889 m. Hoch gelegener Ortsteil von Blaichach, im Gunzesrieder Tal, einem westlichen Iller-Seitental, Oberallgäu. Mit dem Bus von Sonthofen erreichbar (Zug von Kempten). Tourismusverein, D-87544 Gunzesried, Tel. +49 08321 6076950, gunzesried.de.
Ausgangspunkt: Bushaltestelle in Gunzesried-Säge, 930 m; Wanderparkplatz am Ortseingang.
Gehzeit: Gunzesried-Säge – Vorsäß III 0.50 Std., Vorsäß III – Gatteralp 2.05 Std., Gatteralp – Sedererstuiben 1.00 Std., Abstieg 2.50 Std.; Gesamtgehzeit 6.45 Std.
Höhenunterschied: 810 Hm.
Anforderungen: Durch das Aubachtal meist geräumtes oder gewalztes, im Winter für den privaten Verkehr gesperrtes Mautsträßchen. Die sehr häufig von Skitourengehern vorgegebene Routenfortsetzung (anfangs auf eingefahrenem Ziehweg) verlangt über den großen Klettenberg-Steilhang (eigene Spur anlegen) zur Gatteralp und für den Alternativabstieg die überwiegende Zeit, von der Alp zum Gipfel dagegen grundsätzlich Schneeschuhe. Gute Kondition und Erfahrung in der Spuranlage sind notwendig, Vorsicht am überwechteten Gipfel! Am angenehmsten bei geringer Schneelage oder Firn. Bis Vorsäß III leicht.
Hangexposition: Süd bis Südwest.
Lawinengefahr: Nach ausgiebigen Schneefällen, bei starker Erwärmung und Durchfeuchtung muss am Riesensteilhang unter der Gatteralp mit Lawinengefahr gerechnet werden.

Los geht's an der Bushaltestelle in **Gunzesried-Säge** ❶ auf dem anfangs deutlich steigenden, in der Regel geräumten Alpsträßchen Richtung Aubachtal. Über eine Kuppe wandern wir an der Alphütte **Vorsäß I** ❷, 955 m, vorbei, einwärts in das während der Winterzeit einen beachtlichen Teil des Tages schattige Hochtal. Rechter Hand begleitet uns der reich geschartete Hauptzug der Immenstädter Nagelfluhberge. Die Steilflanken des Stuiben drängen sich, nachdem wir die Bachseite gewechselt haben, nahe an die Hütte Vorsäß II heran.
Am **Vorsäß III** ❸, 970 m, der zweiten rechtsseitig gelegenen Hütte, weist die Beschilderung »Buralpkopf« den weiteren Kurs. Man folgt dem fast immer von Skitourengehern gespurten, linksschräg verlaufenden Ziehweg durch dichten Fichtenwald bergan und ignoriert dabei eine linke Abzweigung. Vorbei an einzelnen Nagelfluhbrocken erreicht man bald den Waldrand. Bei einem markanten Ahorn verlassen wir den Weg und stapfen durch eine einladende, mit weiteren alten Ahornbäumen geschmückte Mulde.
Wir behalten im unteren Bereich des rassigen Klettenberg-Steilhangs die Richtung bei und überlisten noch vor einem Graben auf dem hier normalerweise wieder erkennbaren Ziehweg über eine weite Kehre den hohen, bei zweifelhaften Verhältnissen eventuell schneebrettgefährdeten Weidehang. Während längerer sonniger Perioden kann man hier allerdings auch fast sommerliche Verhältnisse antreffen. Unter uns breiten sich die Böden der Vorderen Wieslealp aus. Über dem Aubachtal streift der Blick die Hindelanger Berge. Direkt gegenüber ragen der Tennenmooskopf und die wilde Ostflanke des Siplingerkopfs auf, daneben die schneesicheren Nordrücken von Heiden- und Girenkopf.
Auf etwa 1400 m Höhe, am Ende der langen Steilmulde (in den Nagelfluhbergen Schlauch genannt), die sich rechts von unserem Aufstieg hinaufzieht, folgt ein Wald-

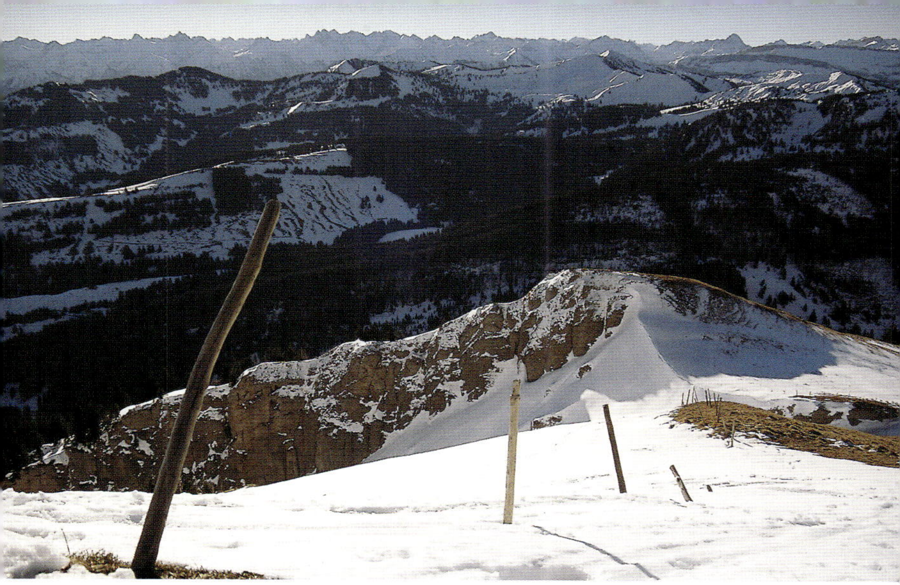

Allgäuer Hochalpen vom Sedererstuiben.

durchschlupf. Nach einem kurzen Zickzack überschreiten wir einen Bachgraben und treffen bei der **Gatteralp** ❹, 1489 m, ein. Dieses sonnenverwöhnte Zwischenziel wenig unterhalb der Oberen Sedererwände zwischen Buralpkopf und Sederer, verlockt nach dem wadenschindenden Kalorienfresser zu einer ausgiebigen Brotzeitpause.

Frischen Mutes legen wir unsere Stapfspur anschließend durch die links eines Waldfleckens lang gezogene Hochmulde empor zu einem kleinen Sattel. Nur noch ein Katzensprung ist es von dort über den kurzen Südwestrücken auf den **Sedererstuiben.** ❺ Jenseits des Aubachtals staffeln sich die teilweise bewaldeten Bergkämme bis hin zur begeisternden Gipfelfülle der Allgäuer Hochalpen.

Für den Abstieg bietet sich eine aussichtsreiche Alternative an. Wir besteigen aus dem bekannten kleinen Sattel einen winzigen Vorkopf, von dem sich ein Felsriegel in Richtung der Rothenalp erstreckt. Nun setzt der ebenfalls absolut gefahrlose, nicht selten sogar völlig frei geblasene Südwestrücken an. Dieser verschmälert sich im unteren Teil. Nahe der Gatteralp trifft man dann wieder auf die Aufstiegsspur, die zurück ins Aubachtal und hinaus nach **Gunzesried-Säge** ❶ führt.

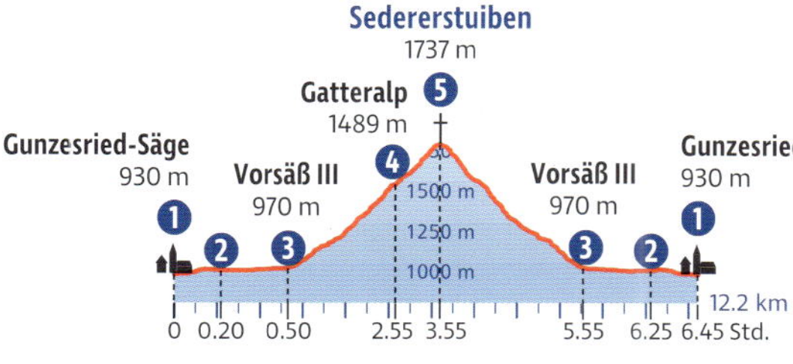

6 Rappengschwendalp, 1240 m

Rundtour über Stubenbachalp und Mittelbergalp

Auf Rodelbahnen im Herzen des Naturparks Nagelfluhkette

Wer sich einen großzügigen Überblick über die Sonnenseite der Nagelfluhberge vom Mittag bis zum Hochgrat verschaffen möchte, erlebt eine ständige Steigerung der Eindrücke auf der Gunzesrieder Rodelbahnrunde über den Ausläufer des Ostertalbergs. Der beschwingte Bummelkurs ist in seiner Art einzigartig. Gleich drei verschieden steile Bahnen für die Kufenflitzer stehen zur Auswahl. Am lohnendsten ist vielleicht die hier vorgestellte Kombination: Aufstieg über die beiden leichten Schlittenrouten und Rückweg über das spritzige Downhill ins Ostertal.

Apropos Nagelfluhberge, streng genommen dürfte man diese Molasse-Erhebungen gar nicht mehr den eigentlichen Alpen zurechnen. Nachdem der größte Teil des heutigen Alpengebietes bereits im Laufe der Kreidezeit dem Meer entwachsen war und anschließend gefaltet wurde, entwickelten sich die Nagelfluhberge sozusagen aus den Abfallprodukten jenes »Urgebirges«, hervorgerufen durch die zerberstenden Kräfte der Pressung und die unaufhörlich nagende Arbeit der Verwitterung. Mächtige, heute noch geheimnisvolle Ströme transportierten Geröll und Sand ab und bildeten auf dem Meeresgrund im Laufe von Jahrmillionen riesenhafte Schwemmfächer aus. Erst viel später, gegen Ende der Tertiärzeit, wurden aus diesem mittlerweile unter dem Eigengewicht und der Neubildung zu Konglomeraten, Mergel und Sandsteinen umgeformten Baumaterial unsere Nagelfluhberge aufgefaltet. Man spricht deshalb im Vergleich zur ungefalteten Molasse, die das Alpenvorland bestimmt, auch von Faltenmolasse.

Bequemer Weg zur Rappengschwendalp unter dem Tennenmooskopf.

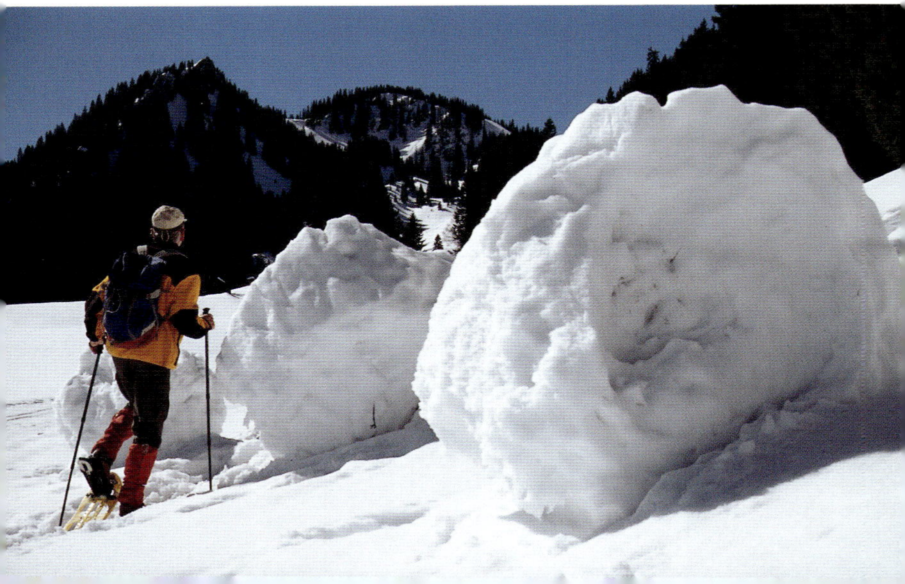

KURZINFO

Talort: Gunzesried, 889 m. Hoch gelegener Ortsteil von Blaichach, im Gunzesrieder Tal, einem westlichen Iller-Seitental, Oberallgäu. Mit dem Bus von Sonthofen erreichbar (Zug von Kempten). Tourismusverein, D-87544 Gunzesried, Tel. +49 8321 6076950, gunzesried.de.
Ausgangspunkt: Bushaltestelle in Gunzesried-Säge, 930 m; Wanderparkplatz am Ortseingang.
Gehzeit: Gunzesried-Säge – Rappengschwendalp 1.20 Std., Rappengschwendalp – Mittelbergalp 0.50 Std., Abstieg 0.50 Std.; Gesamtgehzeit 3.00 Std.
Höhenunterschied: 420 Hm.
Anforderungen: Die komplette Tour mit nur mäßig steilen Anstiegen verläuft auf gewalzten Winterwanderwegen.
Hangexposition: Nord bis Ost.
Lawinengefahr: Für die ganze Runde besteht selbst bei ungünstigsten Bedingungen keinerlei Lawinengefahr.
Einkehr: Buhlsalp (Tel. +49 8321 3733, buhls-alpe.info, ganzjährig geöffnet, Mittwoch und Donnerstag Ruhetag, Übernachtungsmöglichkeit).
Kinder: Der gesamte Tourenvorschlag mit den drei Rodelbahnen von der Rappengschwendalp und Mittelbergalp ist für Kinder geeignet.
Rodel: Es gibt Rodelbahnen von der Rappengschwendalp ins Aubachtal, von der Mittelbergalp ins Aubachtal (jeweils flacher Mittelteil) und eine rassige Rodelbahn von der Mittelbergalp zur Buhlsalp.
Variante: Als Tourenerweiterung für Schneeschuhgeher empfiehlt sich ab der Mittelbergalp die Besteigung des Bleicherhorns, 1669 m. Am Aussichtskreuz oberhalb der Hütte vorbei und die Birkachalp passierend verfolgt man den lang gezogenen, teils bewaldeten und oftmals gespurten Rücken des Ostertalbergs, 1383 m (0.45 Std.), zur Höllritzer Alp, 1440 m (0.40 Std.). Nun hält man sich über makellose Hänge auf die breite Einsattelung zwischen dem Höllritzer Eck (links) und dem Bleicherhorn zu und gelangt, erst zum Schluss etwas steiler, auf den Gipfel (2.15 Std. ab Mittelbergalp). Mittelschwer, kaum lawinengefährdet, am Gipfel Vorsicht vor Wechten!

Los geht's an der Bushaltestelle in **Gunzesried-Säge** ❶ auf dem anfangs deutlich steigenden, in der Regel geräumten Alpsträßchen Richtung Aubachtal. Über eine Kuppe wandern wir zur Alphütte **Vorsäß I** ❷, 955 m, wo uns eine Brücke über den gleich nebenan in den Aubach mündenden Stubenbach trägt. Der Wegweiser in Richtung »Alpe Rappengschwend« dirigiert uns auf eine gewalzte Rodelbahn, die zu Beginn der Trasse des tief verschneiten Mautsträßchens zur Höllritzeralp folgt. Durch einen Waldstreifen geht's jetzt gemütlich bergan. Auf der anderen Talseite reichen sich die Berge der lang gezogenen Nagelfluhkette die Hände: Gündleskopf, Buralpkopf, Sedererstuiben, Stuiben und ganz rechts der breite Kamm des Steinebergs. Nach einer Serpentine tritt auch der spitze Grünten in Erscheinung. Während des letzten Abschnitts über eine Lichtung zur **Rappengschwendalp** ❸, 1240 m, vor der Nase den doppelgipfligen Tennenmooskopf und im Hinter-

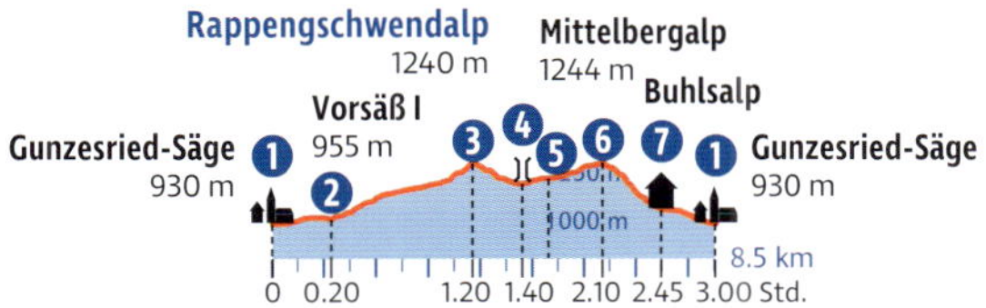

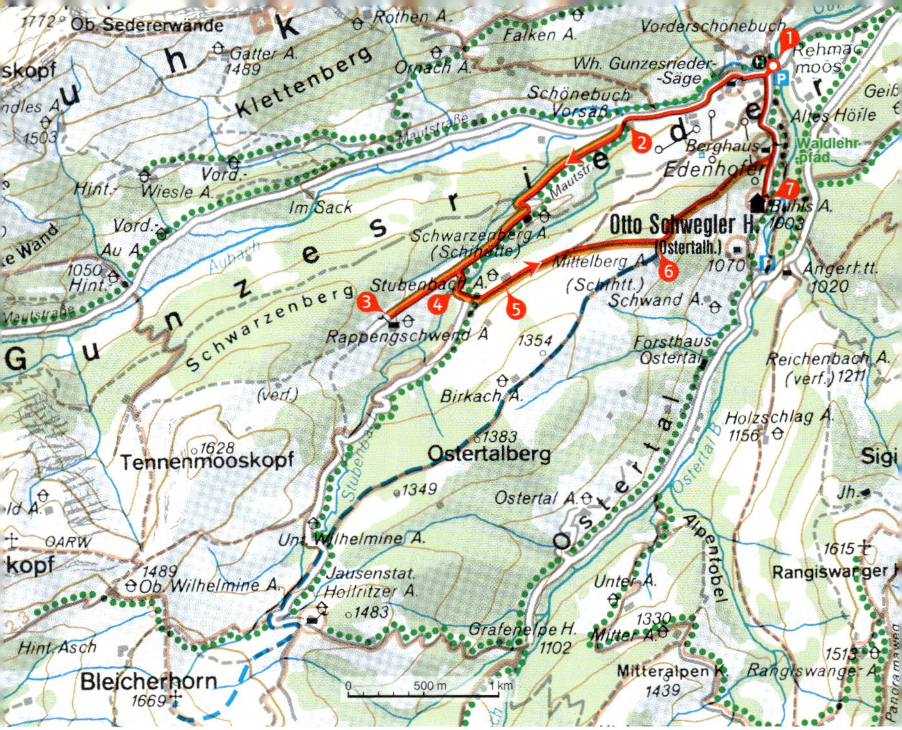

grund das gleißende Gipfelduo Höllritzer und Bleicherhorn, begleitet uns auf einem steigungslosen Zwischenstück der Tobel des Stubenbachs. Von der oberen Hütte mit winzigem Bildstock genießt man einen schönen Illertal-Tiefblick. Im Süden erstreckt sich der Ostertalberg.

Nach einer geruhsamen Rast schlendern wir zurück zur ersten Verzweigung, wo uns die Beschilderung »Alpe Mittelberg« auf eine ebenfalls gewalzte und zum Rodeln geeignete Bahn lenkt. Nach unerheblichem Höhenverlust wechseln wir auf der meistens bis zur Geländeroberkante in Schnee gepackten **Stubenbachbrücke** ❹ das Ufer des märchenhaft verkleideten Waldbachs und wandern anschließend bald völlig flach über freie Hanglagen, auf den Grünten zuhaltend, an der **Stubenbachalp** ❺, 1164 m, vorbei. Durch lichten Wald streben wir nun wieder leicht steigend mit ausgezeichneter Schau zu den eindrucksvoll nah aufgereihten Nagelfluhbergen der **Mittelbergalp** ❻, 1244 m, entgegen, wobei zum Schluss sogar noch der Hochgrat und das Rindalphorn mit ins Blickfeld rücken. Hier, am Nordostsporn des Ostertalbergs weitet sich der Ausblick auch durch das vordere Gunzesrieder Tal. In strahlender Eleganz besticht über dem Talschluss des Ostertals das Riedberger Horn, links davon der Ochsenkopf.

Als Abstieg wählen wir die nach Gunzesried ausgeschilderte, weiterhin gewalzte Bahn, die für heute dritte, ziemlich rassige Rodelmöglichkeit. Lichtungen leiten uns hinunter zum Winterwanderweg. Kurz nach rechts befindet sich die **Buhlsalp** ❼, 1003 m. Links geht es durch ein kleines Waldstück nach **Gunzesried-Säge** ❶.

Großer Ochsenkopf, 1662 m

Über die Holzschlagalp

★★

Flyschgipfel im Schatten des Riedberger Horns

Das in südwestlicher Richtung verlaufende Ostertal gehört zu jenen Allgäuer Hochtälern, die weder gegen eine Mautgebühr vom motorisierten Verkehr benützt werden dürfen noch von einem Hüttentaxi oder einem Pferdefuhrwerk befahren werden. Spaziergänger, Winterwanderer und Skitourengeher teilen sich die auch während niederschlagsreicher Perioden vom Schneepflug freigehaltene Fahrbahn. Für die einen ist dieser Weg in die große Stille bereits das Ziel, das ihnen innere Einkehr und klare Gedanken schenkt. Die anderen werden unruhig, wenn sie ihren Blick über die Waldgrenze erheben, sie verspüren dieses drängende Kribbeln. Ihr Ziel bedarf eines Gipfelkreuzes, erst dann ist ihre Sehnsucht gestillt – zumindest für diesmal. Die der Balderschwanger Seite zugewandten Hänge der eher sanft geformten Gunzesrieder Flyschberge mit ihrem weit ins Land hinaus blendend weiß leuchtenden Schmuckstück, dem Riedberger Horn, sind überwiegend mit einem Waldmantel gekleidet. Die Nordosthänge dagegen weisen dick mit weißer Pracht vermummte Alpmatten und Strauchzonen auf wie etwa am Großen Ochsenkopf. Die schattseitige Lage verspricht gewöhnlich gute Schneequalitäten, die ein gleichmäßiges Vorwärtskommen ermöglichen. So zeichnet sich dieser zwischen dem Gunzesrieder Tal und dem Riedbergpass ansprechende Aussichtsgipfel mit dem vorgelagerten Kleinen Ochsenkopf als wirklich vortreffliches Schneeschuhgelände aus.

Hinter dem Großen Ochsenkopf mit der Nordostwanne der Oberalp ragt das Riedberger Horn empor.

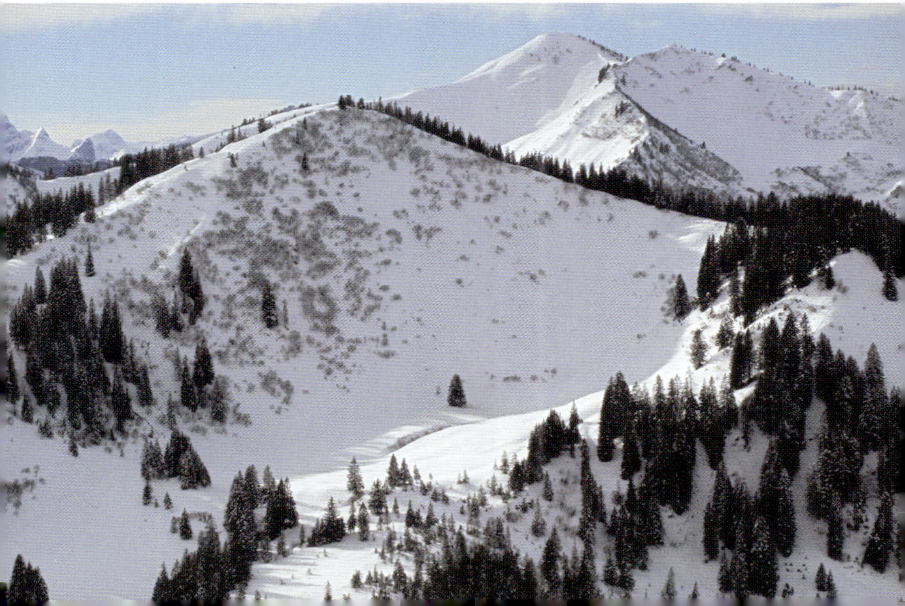

KURZINFO

Talort: Gunzesried, 889 m. Hoch gelegener Ortsteil von Blaichach, im Gunzesrieder Tal, einem westlichen Iller-Seitental, Oberallgäu. Mit dem Bus von Sonthofen erreichbar (Zug von Kempten). Tourismusverein, D-87544 Gunzesried, Tel. +49 8321 6076950, gunzesried.de.

Ausgangspunkt: Bushaltestelle in Gunzesried-Säge, 930 m; Wanderparkplatz am Ortseingang.

Gehzeit: Gunzesried-Säge – Holzschlagalp 1.10 Std., Holzschlagalp – Großer Ochsenkopf 1.50 Std., Abstieg 2.30 Std.; Gesamtgehzeit 5.30 Std.

Höhenunterschied: 750 Hm.

Anforderungen: Bis zum Ostertalparkplatz teils geräumtes, teils gewalztes Anliegersträßchen sowie kurzer Ziehweg. Für die stets gespurte Routenfortsetzung mit dem mittelsteilen Gipfelaufstieg sind Schneeschuhe erforderlich. Auf dem Gipfelrücken Wechten nicht betreten! Wildschutzgebiet Richtung Ostertal beachten (siehe AV-Karte BY 1).

Hangexposition: Bis zur Oberalp Nordwest bis West, dann Nordost.

Lawinengefahr: Von der Oberalp zum Gipfel besteht bei bedachter Routenwahl außer nach starken Schneeverfrachtungen nur geringe Lawinengefahr.

Einkehr: Buhlsalp (Tel. +49 8321 3733, buhls-alpe.info, ganzjährig geöffnet, Mittwoch und Donnerstag Ruhetag. Übernachtungsmöglichkeit).

Wir achten an der Bushaltestelle in **Gunzesried-Säge** ❶ auf den Wegweiser »Ostertal«. Nach dem letzten Haus wechselt das Anliegersträßchen in einen steilen, gewalzten Ziehweg. Bei der Stuttgarter Hütte und der Schwabenhütte, einem kleinen Holzhäuschen, verflacht sich die Route. Wir kommen zum Berghaus Diesch. Anschließend durchschreiten wir ein kleines Waldstück.

Ab der **Buhlsalp** ❷, 1003 m, hat man auf der geräumten Anliegerstraße ins Ostertal das strahlende Riedberger Horn vor der Nase. Nach einem unbedeutenden Höhenverlust gehen wir am Ostertalparkplatz über die Bachbrücke, folgen nur wenige Meter dem Zufahrtssträßchen und entdecken bei einem kleinen Zufluss eine Lichtung. Die Schneeschuhe angelegt, ist nun ein mittelsteiler, generell gespurter Hang zu einem querlaufenden Alpweg zu überwinden. Dieser bringt uns entlang der unteren Nordwesthänge des Rangiswanger Horns mit Rückblicken auf die Nagelfluhkette gemütlich steigend zur anheimelnden **Holzschlagalp** ❸, 1156 m.

Weiter geht es ohne große Anstrengung auf unser Bergziel zu. Jenseits des bewaldeten Talschlusses lockt das formengleiche Schneeschuh-Gipfelpaar Höllritzer – Bleicher Horn. Bald haben wir den Alpentobel als Begleiter und kommen nach einem Walddurchschlupf zur **Oberalp** ❹, 1386 m, in einer weiten Hochwanne. Der Gipfelaufstieg schwenkt unter der schattigen Flanke der Kammverbindung zwischen Weiherkopf

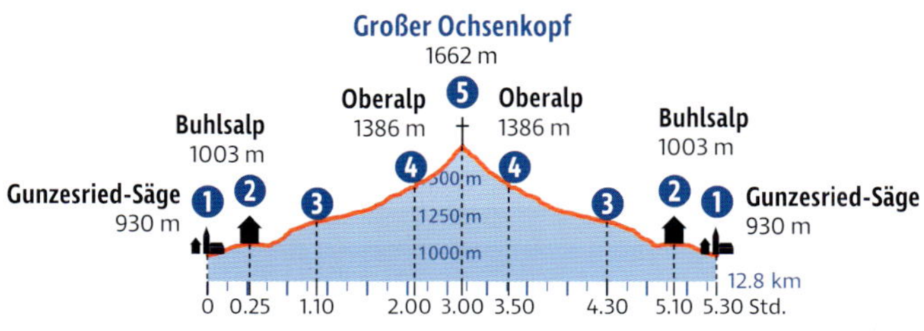

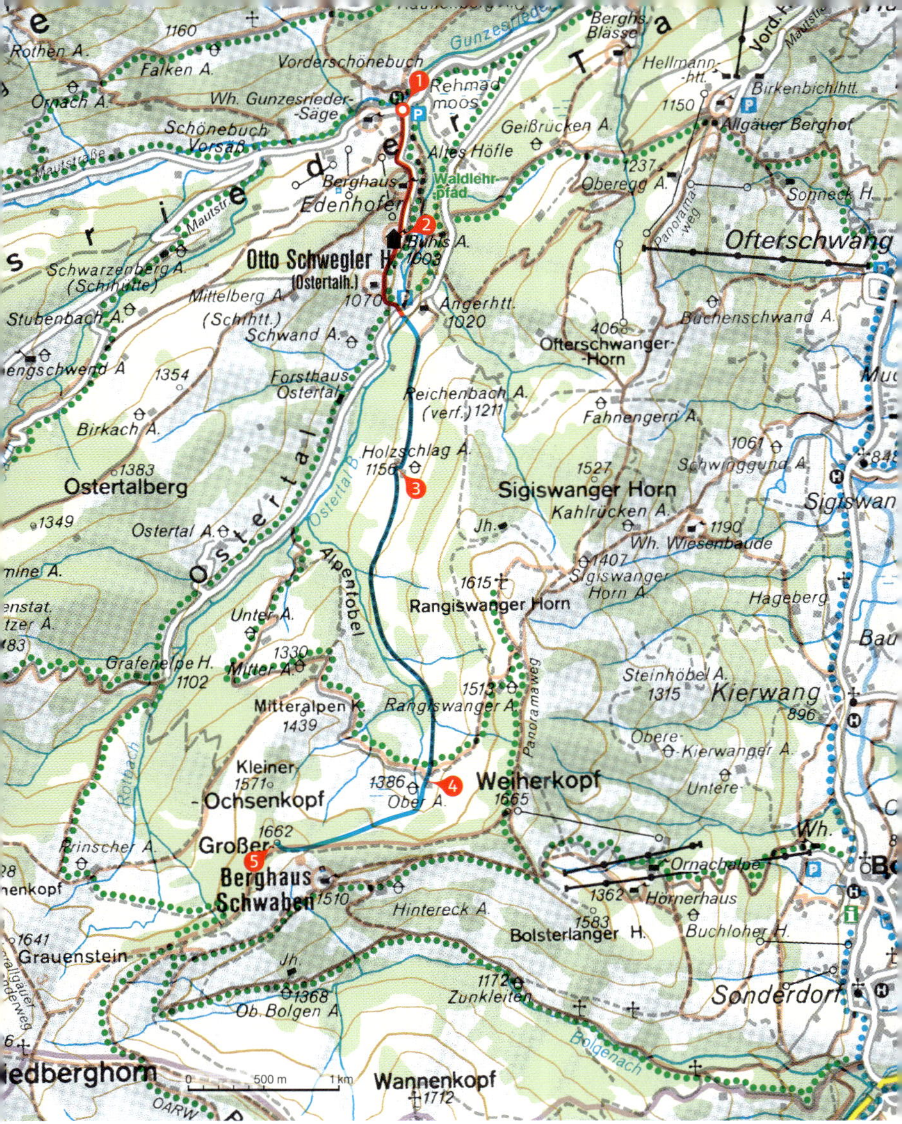

und Großem Ochsenkopf südwestlich ab. Über mittelsteile Hangpartien mit kurzzeitigen Verflachungen und kleinen Gebüschzonen gewinnt man die Kammhöhe.

Jetzt ist nur noch der letzte, etwas steilere Aufschwung zum Gipfel des **Großen Ochsenkopf** ⑤ zu bewältigen. Dann versetzen uns vor allem die über dem Oberstdorfer Talkessel aufgereihten, ernsten Allgäuer Hochalpen und der unvermutete Fernblick in die reich gestalteten Vorarlberger Gebirgsgruppen in einen wahren Höhenrausch. Besonders markant: Hochvogel, Widderstein und weit im Südwesten der Säntis.

Der Abstieg erfolgt auf dem Anstiegsweg.

8 Rangiswanger Horn, 1615 m

Aus dem Illertal

★★★

Hörnerkamm-Genusstour mit erstklassigen Tiefblicken

Mancher nach charaktervollen winterlichen Gipfelgestalten äugende Bergwanderer mag beim ersten Anblick des Rangiswanger Horns ein wenig enttäuscht dreinschauen. Ein Horn? Die dritte Erhebung des Sonthofner Hörnerkamms über dem Illertal ist alles andere als ein keckes Felsenhorn. Dennoch ist die Besteigung dieser zur kalten Jahreszeit abwechselnd mit einer dicken Pulvermütze und einer gleißenden Firnhaube blinkenden Graskuppe unbedingt zu empfehlen. Ja, ich wage sogar zu behaupten, es ist dies einer der schönsten Schneeschuhgipfel weit und breit. Der kürzeste Zugang, die nach oben hin teilweise bewaldete Route aus dem Ostertal, bietet sich eher bei Zeitknappheit an. Wer kein Freund des übertriebenen Skiabfahrtsrummels ist, der wird dem all zu oft einem aufgewühlten Kartoffelacker ähnelnden Nordwesthang lieber aus dem Weg gehen. Ohne Reue darf er dem längeren Aufstieg von den sonnigen Terrassen des kleinen Ortes Sigiswang über die verschlafenen Alphütten unter dem Sigiswanger Horn den Vorzug geben. Erfreut uns dieser doch während der gesamten Unternehmung mit einer umfassenden Aussicht, einem echten Augenschmaus. Die Reihe der stolzen Erhebungen im weiten Halbrund scheint kein Ende nehmen zu wollen.

KURZINFO

Talort: Ofterschwang, 864 m. Mitgliedsgemeinde der Verwaltungsgemeinschaft Hörnergruppe und Erholungsort auf der westlichen Illerterrasse bei Sonthofen, Oberallgäu. Mit dem Bus von Sonthofen erreichbar (Zug von Kempten). Gästeinformation, D-87527 Ofterschwang, Tel. +49 08321 82157, hoernerdoerfer.de.

Ausgangspunkt: Bushaltestelle am nördlichen Ortsrand von Sigiswang, 862 m; Parkplatz kurz danach (nicht vor den Garagen parken, Privatparkplatz).

Gehzeit: Sigiswang – Sigiswanger-Horn-Alp 2.05 Std., Sigiswanger-Horn-Alp – Rangiswanger Horn 0.55 Std., Abstieg 2.00 Std.; Gesamtgehzeit 5.00 Std.

Höhenunterschied: 750 Hm.

Anforderungen: Der Alpweg zur Kahlrückenalp wird gewöhnlich geräumt. Für die überwiegend mittelsteile Tourenfortsetzung zur Sigiswanger-Horn-Alp und den anstrengenden, aber während der meisten Zeit weiterhin gespurten Gipfelaufstieg sind Schneeschuhe erforderlich.

Hangexposition: Ost.

Lawinengefahr: Bei entsprechendem Abstand zu den Wechten am Gipfelrücken keinerlei Lawinengefahr.

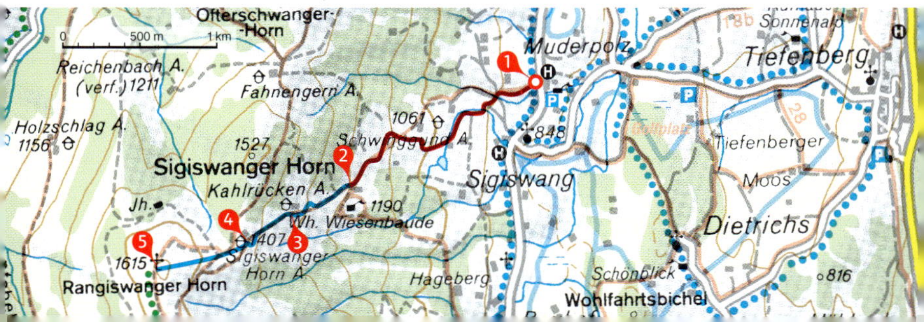

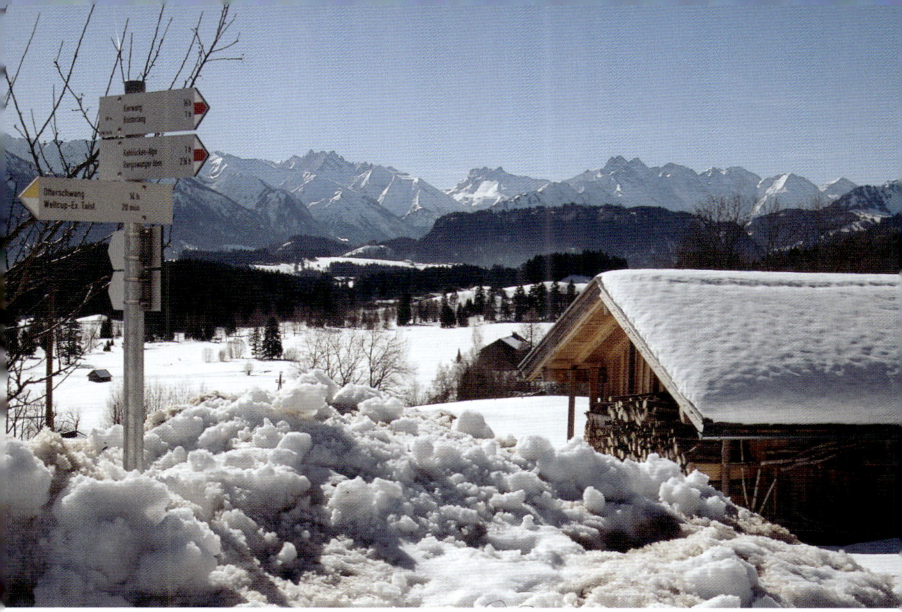

Oberstdorfer Berge von Sigiswang.

Bei der Bushaltestelle in **Sigiswang** ❶ lenkt der Wegweiser »Kahlrücken-Alpe« auf ein schmales Bergsträßchen. Bereits von Anfang an lassen einen die freien Ausblicke zu den stolzen Gipfeln der Allgäuer Hochalpen ins Schwärmen geraten. Auf dem bei einem Einzelhof ansetzenden, im Allgemeinen frei gehaltenen Alpweg achtet man, zwischen Fichtengruppen unterschiedlich steil bergan wandernd, stets auf die gewohnte Beschilderung. An der etwas abseits gelegenen Schwinggundalp vorbei gelangt man zum pompösen Evangelischen Freizeitheim **Kahlrückenalp** ❷, 1190 m, das man gleich links liegen lässt.
Nun heißt es die Schneeschuhe anlegen. Durch einen Waldstreifen und über kurzweilig bucklige, freie Hänge kommt man zur **Gschwendalp** ❸, 1310 m, wo man gerne mal eine Verschnaufpause einlegt. Schon wenig später ist man bei der **Sigiswanger-Horn-Alp** ❹, 1407 m, angelangt.

Im geräumigen Sattel zwischen Rangiswanger und Sigiswanger Horn steht ein Aussichtskreuz. Von dort erreichen wir über den steilen und teils bewaldeten Ostrücken zwar ein wenig anstrengend, jedoch ohne Schwierigkeiten das **Rangiswanger Horn** ❺. Eine besonders auffallende Figur machen von hier das Nebelhorn, der Große und Kleine Wilde, die Höfats, der über alles erhabene Große Krottenkopf sowie das kühn geschnittene Felsduo Trettachspitze und Mädelegabel. Ewig könnte man hier sitzen und schauen.
Der Abstieg erfolgt auf dem Anstiegsweg.

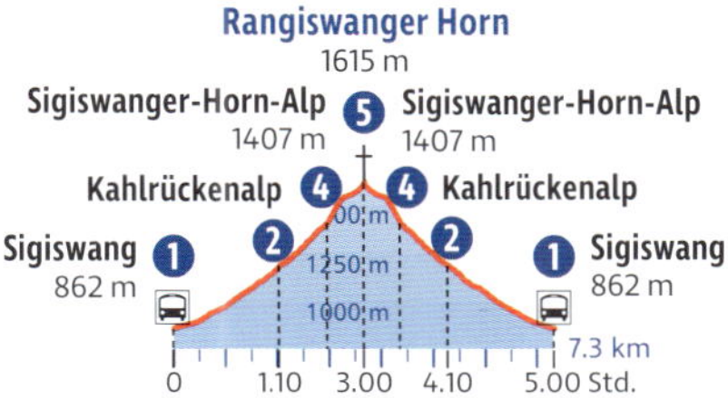

9 Girenkopf, 1683 m

Über die Spicherhaldealp

★★★

Einfache Panorama-Stapferei im »bayerischen Sibirien«

Der Girenkopf ist die letzte hohe Erhebung der am Tennenmooskopf beginnenden, zwischen Balderschwang und dem Scheidwangsattel aufragenden südlichen Nagelfluhberge. Grenzüberschreitend bis nach Hittisau erstreckt sich dieser Molassekamm. Gebietsweise zeichnet er sich durch skurrile Felsformationen aus. Auf den Girenkopf führt der einsamste der drei winterlichen Balderschwanger Südaufstiege. Erfreulicherweise machen die zum Gipfel leitenden Hanglagen einen recht harmlosen Eindruck. In diesem Idealgelände für Schneeschuhwanderer entdeckt vor allem der Freizeitsportler der leichteren Muse die Schneequalitäten des »bayerischen Sibirien«. Eine Besonderheit der mit einem außergewöhnlichen Reichtum an weißer Pracht begnadeten Tour ist das während des gesamten Aufstiegs faszinierende Gipfelpanorama von den schneidigen Tannheimer Kalkzinnen bis hin zum dunstig fernen Rätikon.

Der recht schmale Übergang zum etwa gleich hohen Heidenkopf-Westgipfel beinhaltet ein paar unangenehme Gratköpfe und kann im Winter nicht angeraten werden. Die oberhalb der Oberen Balderschwanger Alp ansetzende Südwanne dagegen ist wärmstens zu empfehlen. Auch der deutlich höhere und anspruchsvollere Siplingerkopf bietet bei sicheren Verhältnissen von Südwesten durch die Gipfelmulde eine landschaftlich recht beeindruckende Tourenerweiterung. Zuletzt sei noch vom direkten Zugang zur Spicherhaldealp abgeraten. Die auf den ersten Blick verlockenden Sonnenhänge über dem Dorf beinhalten einen unangenehmen Waldgürtel. Auch aus Rücksichtnahme auf das Wild kommt diese zudem für Schneeschuhe viel zu steile Alternative nicht in Frage.

KURZINFO

Talort: Balderschwang, 1044 m. Höchstgelegene Gemeinde Bayerns im Balderschwangertal (Verwaltungsgemeinschaft Hörnergruppe, verstreuter Erholungsort an der Grenze zu Vorarlberg, Oberallgäu. Mit dem Bus von Fischen erreichbar (Zug von Kempten). Gäste-Info, D-87538 Balderschwang, Tel. +49 8328 1056, hoernerdoerfer.de.

Ausgangspunkt: Bushaltestelle bei der Kirche, 1044 m; Parkplatz.

Gehzeit: Balderschwang – Spicherhaldealp 1.45 Std., Spicherhaldealp – Girenkopf 1.00 Std., Abstieg 2.15 Std.; Gesamtgehzeit 5.00 Std.

Höhenunterschied: 700 Hm.

Anforderungen: Bis zur Oberen Socheralp geräumter Alpweg. Für die zur Bachquerung nach der Oberen Balderschwanger Alp oft, zur Spicherhaldealp nur gelegentlich gespurte Wegfortsetzung und den mittelsteilen Gipfelaufstieg sind Schneeschuhe notwendig. Bis zur Oberen Balderschwanger Alp leicht.

Hangexposition: Südost bis Südwest.

Lawinengefahr: Bei überlegter Routenwahl besteht keine Lawinengefahr.

Kinder: Die Rodelabfahrt von der Oberen Socheralp nach Balderschwang ist für Kinder geeignet.

Rodel: Lohnende Rodelmöglichkeit auf geräumtem Alpweg von der Oberen Socheralp nach Balderschwang.

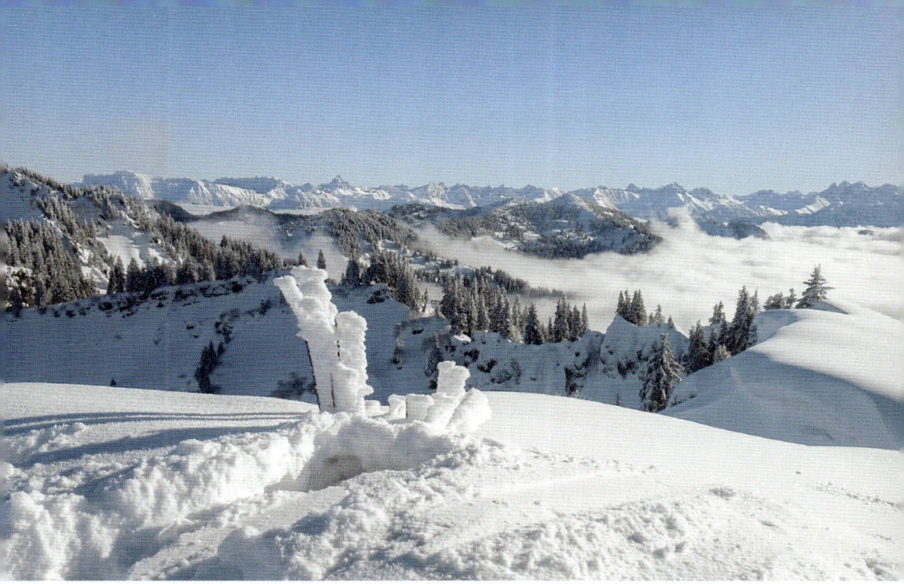

Aussicht vom Girenkopf zum Allgäuer Hauptkamm.

Von der Bushaltestelle an der Kirche von **Balderschwang** ❶ nehmen wir den Fußgängerweg neben der Straße taleinwärts. Nach dem Ortsende weist uns die Beschilderung »Girenkopf« auf einen geräumten Alpweg, der mit Blick zum Säntismassiv an der berühmten 2000-jährigen Eibe vorbeiführt. Der auf einer Alpweide stehende, doppelstämmige und sechs Meter hohe Baumveteran soll möglicherweise sogar noch weitaus älter sein. Neuere Spekulationen sprechen dagegen von Effekthascherei und gestehen dem knorrigen Zwilling allenfalls ein paar Jahrhunderte zu, was dem liebenswerten Gehölz keineswegs etwas von seiner Ausstrahlung nehmen kann.

Über dem Talschluss spitzelt bereits das Oberstdorfer Dreigestirn Trettachspitze, Mädelegabel und Hochfrottspitze hervor und erfreut uns mit seiner zackig-eleganten Erscheinung. Bald taucht die **Obere Socheralp** ❷, 1256 m, auf. Danach folgt eine ungeräumte, jedoch beinahe immer gespurte, weite Wegschleife zwischen einzelnen Fichtengruppen hindurch. Nicht mehr lange, dann erreichen wir die **Obere Balderschwanger Alp** ❸, 1360 m, die in manchen Karten fälschlicherweise als Untere Balderschwanger Alp bezeichnet wird. Über uns sorgt der schnittige Hahnenkamm des felsigen Gratkopfs für Bewunderung. Im Süden dominieren die Gottesackerwände.

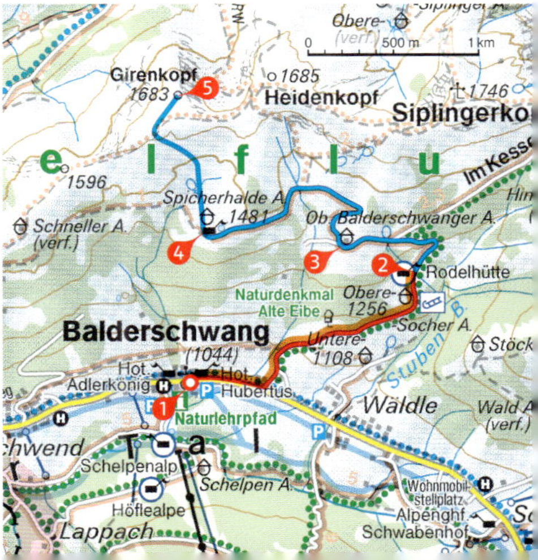

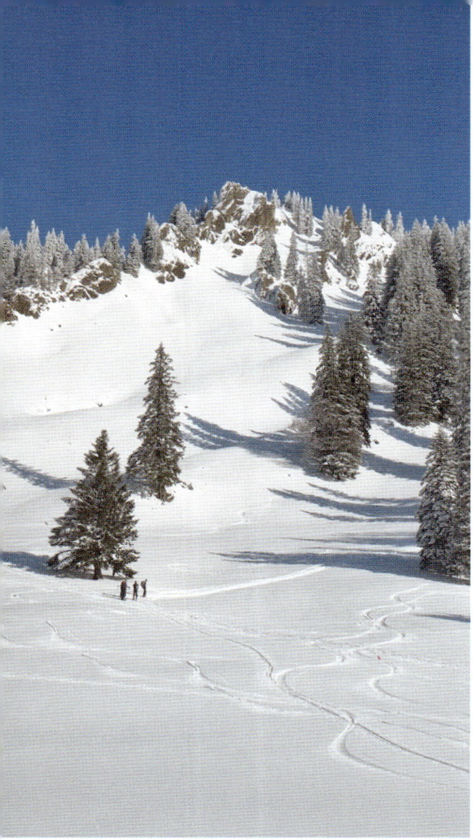

Der Gratkopf am Weg zur Spicherhaldealp.

Nach einem beschaulichen Zwischenaufenthalt geht es weiterhin mittelsteil durch eine Hochwanne und danach auf dem mit »Alpe Spicherhalde« beschilderten, eher selten von Winterwanderern begangenen Alpweg westlich über ein Bachtälchen. Nach dem kurzen Aufstieg zu einem kleinen Absatz folgt mit anregenden Tiefblicken ins Balderschwanger Tal ein Flachstück zur **Spicherhaldealp** ❹, 1478 m. Der von der abgeschiedenen Hütte gewonnene Ausblick beinhaltet zu unserer Überraschung den ganzen Allgäuer Hauptkamm, ein ganzes Regiment von charaktervollen Zweieinhalbtausendern vom Großen Krottenkopf bis zum Biberkopf. Über dem Lappachtal gruppieren sich die kantigen Vertreter des Vorarlberger Gipfelreichs.

Wir legen unsere Tatzenspur nun durch eine Senke mit seltsamen, verspielten Wechtentrichtern. Bis zur Querung eines unscheinbaren Bachlaufs unter einem markanten Felszahn muss man einen kaum nennenswerten Höhenverlust hinnehmen. Links haltend, leitet anschließend eine schmale Einsenkung an den Fuß eines bei extremen Bedingungen schneebrettgefährdeten Steilhangs. Wir ziehen dieser etwas anstrengenden Routenmöglichkeit über den obersten Westgrat den deutlich bequemeren Aufstieg stets schräg rechts der Gipfelmulde vor. Vom **Girenkopf** ❺ öffnet sich in Richtung Hittisau das Lecknertal, das die westlichen Nagelfluhberge zum Rhein hin entwässert. Auch die zwei Rätikon-Majestäten, die Schesaplana und die graziöse Zimba, schieben sich stolz ins Bild.

Der Abstieg erfolgt auf dem Anstiegsweg.

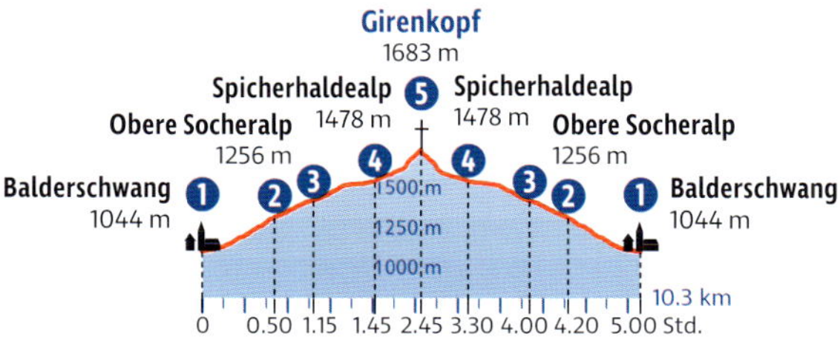

Burstkopf, 1588 m

Über die Burglhütte auf den Südgipfel

★

Vorarlberger Pulverfreuden zu versteckter Bergspitze

Der Feuerstätterkopf überragt den Burstkopf am Westrand der Allgäuer Alpen um rund 60 Meter. Er weist auch eindeutig stolzere Formen auf und er trägt obendrein einen klangvolleren und bekannteren Namen. Allerdings ist eine Besteigung der wenn auch nicht besonders hohen, so doch Respekt einflößenden Nordostflanke mit Schneeschuhen nicht jedermanns Sache. Bedeutend gemütlicher geht's da schon bei einer Tour auf die bei den Vorarlbergern bekannteren Burstköpfe über dem Lappenbachtal zu.

Hier hat man sogar im Winter die Wahl: Entweder von der Burstalpe über den reizvollen Osthang auf den harmlosen kleineren, kreuzgeschmückten Burstkopf, 1559 m, der im Übrigen auch von Norden über die Obere Burstalpe erreichbar ist, oder erst von der Burglhütte durch die anziehende Ostmulde und über den knackigen Südrücken auf den etwas höheren Bruder. Die Aussicht auf dieser ein wenig beengenden Bergspitze ist wegen der Bäume leider eingeschränkt, dafür ist die Beschaffenheit des Schnees während des verschwiegenen Gipfelaufstiegs meistens vom Feinsten. Und das wissen nicht nur die Skitourengeher zu schätzen.

KURZINFO

Talort: Balderschwang, 1044 m. Höchstgelegene Gemeinde Bayerns im Balderschwangertal (Verwaltungsgemeinschaft Hörnergruppe), verstreuter Erholungsort an der Grenze zu Vorarlberg, Oberallgäu. Mit dem Bus von Fischen erreichbar (Zug von Kempten). Gäste-Info, D-87538 Balderschwang, Tel. +49 8328 1056, hoernerdoerfer.de.

Ausgangspunkt: Bushaltestelle Ifenblick im Ortsteil Gschwend, 1060 m; Parkplatz.

Gehzeit: Gschwend – Burglhütte 2.15 Std., Burglhütte – Burstkopf 0.50 Std., Abstieg 2.10 Std.; Gesamtgehzeit 5.15 Std.

Höhenunterschied: 640 Hm.

Anforderungen: Für die gesamte, bis zur Burglhütte öfters gespurte Tour mit kurzzeitig sehr steilem Gipfelaufstieg sind Schneeschuhe erforderlich. Wenn ungespurt, etwas Spürsinn vorteilhaft.

Hangexposition: Bis zur Burglhütte Nord bis Nordost, Gipfelaufstieg Ost und Süd.

Einkehr: Burglhütte (Tel. +43 664 1322712, burglhuette.at, im Winter vom 29.12. bis Ostern geöffnet, Montag und Dienstag Ruhetag, Übernachtungsmöglichkeit).

Lawinengefahr: Bei besonnener Routenführung kann man während der gesamten Wanderung jeglicher Lawinengefahr aus dem Weg gehen.

Variante: Wer eine Rundumsicht über alles schätzt und sich einer guten Kondition erfreut, der wird vielleicht dem Feuerstätterkopf, 1645 m, den Vorzug geben. Man wechselt in diesem Fall nach der Burglhütte Richtung Hirschgund auf flachen Weideböden über einen Bachgraben und peilt noch vor der nächsten Alphütte über einen mäßig steilen Hang eine Hochmulde an. Anschließend müht man sich unter einem zeitweise schneebrettgefährdeten Steilhang anstrengender schräg rechts hinauf bis zur Kammhöhe. Ganz kurz stapft man daraufhin rechts empor zum Ostgrat (Vorsicht: Wechten nicht betreten), dem man zwischen einzelnen Fichten bis zum Gipfelkreuz folgt (1.10 Std. ab Burglhütte). Schwierig.

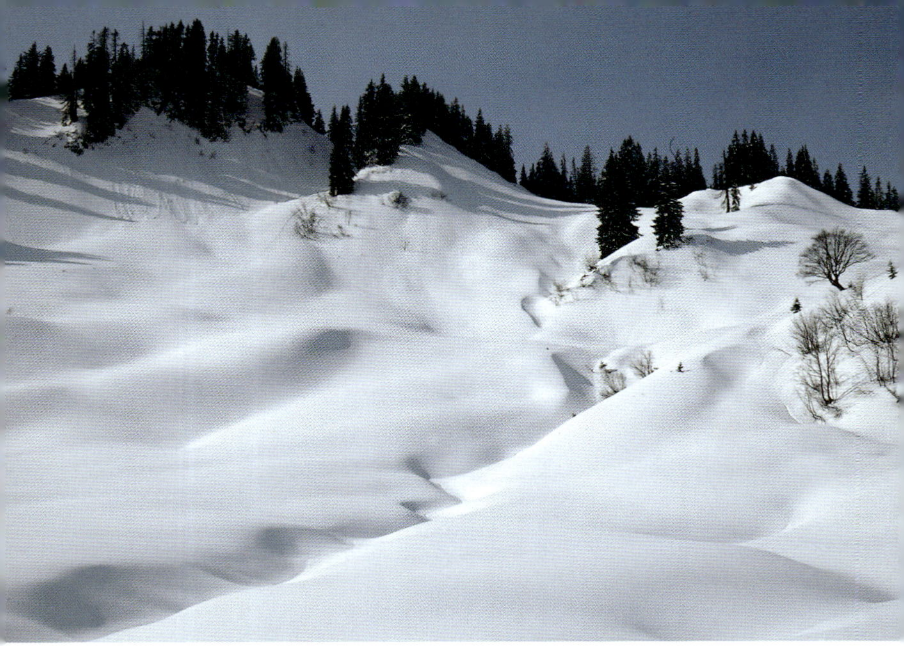

Ideales Schneeschuh-Terrain östlich des Burstkopfs.

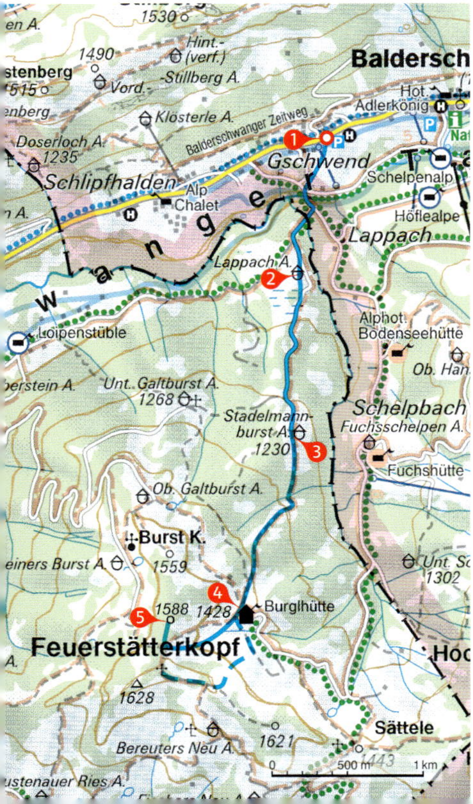

Wir schnallen in **Gschwend** ❶ an der Bushaltestelle Ifenblick die Schneeschuhe an und gehen erst mal schräg rechts über einen freien Hang hinunter zur nahen Bolgenachbrücke, 1003 m. Kurz darauf dirigiert uns der Wegweiser »Burglhütte« über die Lappenbachbrücke hinüber ins Nachbarland Vorarlberg. Im Bereich eines Alpweges spuren wir über kaum steigendes Terrain und passieren die **Liechtensteiner Hütte** ❷, 1050 m. Vor uns erheben sich die Burstköpfe.

Nun geht es über eine ganze Folge von Lichtungen gemütlich bergan. Wir legen unsere Route oberhalb an der **Burstalpe** ❸, 1230 m, vorbei flach taleinwärts und lassen uns dann durch einen Jungwaldstreifen von den rot-weißen Markierungen leiten. Bald nach einer Bachquerung beachte man im oberen Teil der freien, mittelsteilen Hänge abermals die gewohnte Bezeichnung. Wieder

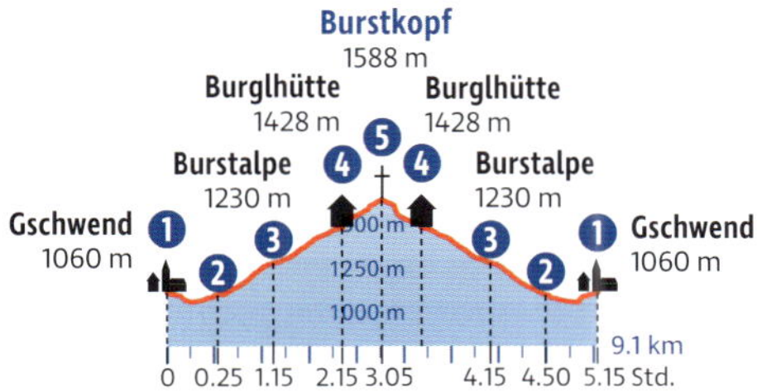

flachere Lichtungen führen uns zur **Burglhütte** ❹, 1428 m, unter dem höheren der beiden Burstköpfe.

In der breiten Mulde zwischen den grimmig dreinschauenden Nordosthängen des Feuerstätterkopfs und den ebenfalls mitunter lawinösen Osthängen des Burstkopfs ist ein hervorragend begehbarer Rücken eingelagert. Dieser leitet in aller Seelenruhe hinauf zum Sattel, 1570 m, der die beiden Gipfel voneinander trennt.

Die jetzt nur noch wenigen Meter über den ganz kurzen, aber einheizend aufsteilenden und nicht besonders geräumigen Südrücken empor zum überwiegend bewaldeten **Burstkopf** ❺ zeigen unseren biegsamen Fortbewegungsmitteln ganz klar die Grenzen ihrer Einsatzmöglichkeiten. Bei gut gesetzter Schneedecke ist ein Fußaufstieg weniger zermürbend. Nebenbei bemerkt ist dieses Tourenziel aber auch mit Skiern nur unter einem gewissen Kraftaufwand zu überlisten.

Der Abstieg erfolgt auf dem Anstiegsweg.

Der Feuerstätterkopf, ein etwas anspruchsvollerer Alternativberg, von der Burglhütte.

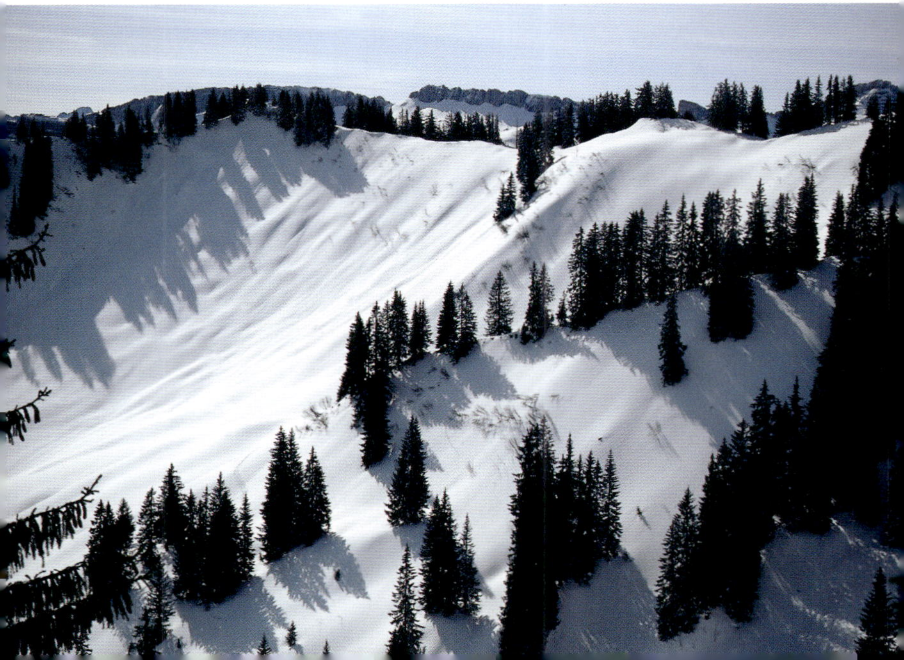

11 Piesenkopf, 1629 m

Aus dem Rohrmooser Tal

★★★

Weltabgeschiedener Winkel des Oberallgäus

In einem der wald- und wildreichsten sowie besonders während der Wintermonate stillsten Winkel des Oberallgäus verkörpert der Piesenkopf ein flussgeografisches Kuriosum. Er sitzt groß und breit genau auf der Europäischen Hauptwasserscheide Rhein – Donau. Während die ost- und südostseitig abfließenden Quellwasser über die Rohrmooser Starzlach und die Iller der Donau zuströmen, nähren die nordseitigen Wasseradern die Bolgenach und die west- bis südwestseitigen den Achbach oder Schönbach, später die Subersach und strömen somit gemeinsam über die Bregenzerach dem Rhein zu.
Und noch eine weitere Besonderheit hat unser Bergziel aufzuweisen, das im Übrigen wegen der sanft geneigten Waldhänge mit Schneeschuhen mehr Sinn macht als mit Skiern. Von keinem anderen Weg aus lässt sich die atemberaubende Architektur der Unteren Gottesackerwände so gut studieren wie während des gemächlichen Aufstiegs zum Piesenkopf. Die Ausstrahlung dieser überdimensionalen Felsbastion – fast wie eine Szene aus den kanadischen Rocky Mountains – lässt einen nicht so schnell wieder los.
Wer die Piesenkapelle besuchen möchte, sollte sich nicht von einem scheinbar leichten direkten Schlussaufstieg zum Gipfel verleiten lassen. Dieser überrascht mit einer unangenehmen Muldenquerung. Erwähnenswert ist auch die hölzerne Rohrmooser Kapelle aus dem Jahr 1587, eine der ältesten Deutschlands. Besonders originell erscheint das »Jüngste Gericht« mit seinen fantasievollen Teufelsgestalten, die jeden, der sich auf dem falschen Weg befindet, recht eindringlich warnen.

Aus dem Rohrmoostal erheben sich die Unteren Gottesackerwände.

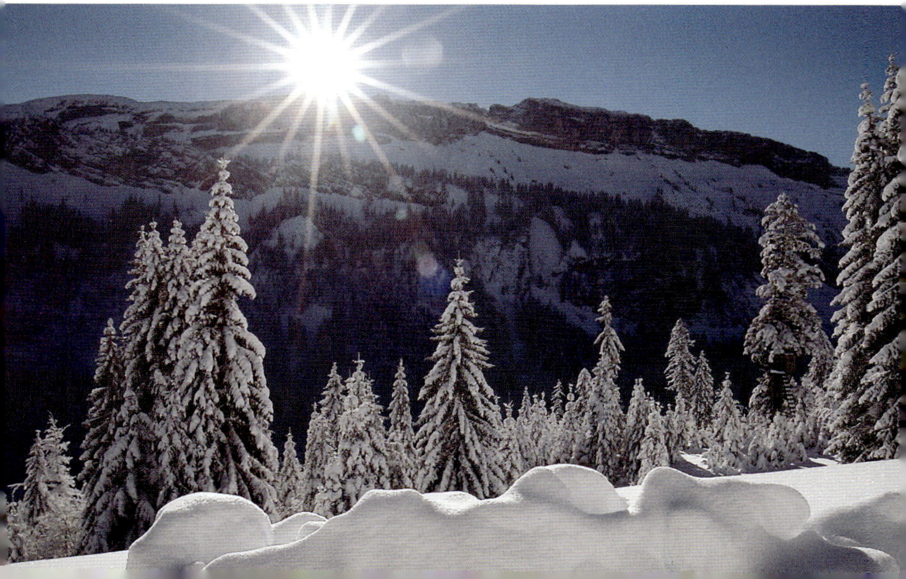

KURZINFO

Talort: Tiefenbach, 887 m. Luftkurort über dem Breitachtal (Marktgemeinde Oberstdorf), Oberallgäu. Mit dem Bus von Oberstdorf erreichbar (Zug von Kempten). Tourismus Oberstdorf, D-87561 Oberstdorf, Tel. +49 8322 7000, oberstdorf.de.
Ausgangspunkt: Rohrmoos, 1070 m; Wanderparkplatz an der Kapelle. Zu erreichen von Tiefenbach auf einer Mautstraße, keine Busverbindung (zu Fuß 2 Std.).
Gehzeit: Rohrmoos – Neue Piesenalp 2.00 Std., Neue Piesenalp – Piesenkopf 1.05 Std., Abstieg 2.25 Std.; Gesamtgehzeit 5.30 Std.
Höhenunterschied: 560 Hm.
Anforderungen: Bis zur Gabelung im Eubelewald, 1300 m, selten geräumter Alpweg. Der manchmal gespurte Weiterweg mit steilem Gipfelaufstieg ist nur mit Schneeschuhen möglich. Gipfelwechte nicht betreten! Bis zur Neuen Piesenalp leicht. Wald-Wild-Schongebiete beachten (siehe AV-Karte BY2).
Hangexposition: Südost bis Südwest.
Lawinengefahr: Bei bedachter Routenwahl besteht keine Lawinengefahr.
Variante: Will man nicht unbedingt die Riesenschleife zur Piesenalp legen, so liegt folgende, allerdings anstrengendere Abkürzungsmöglichkeit nahe: Sobald am Südwestfuß des Piesenkopfs ein Gebäude (Stadel) erkennbar wird, legt man seine Spur über freie Hänge und einen Bachgraben zu diesem empor (Zeitersparnis ca. 0.20 Std.).

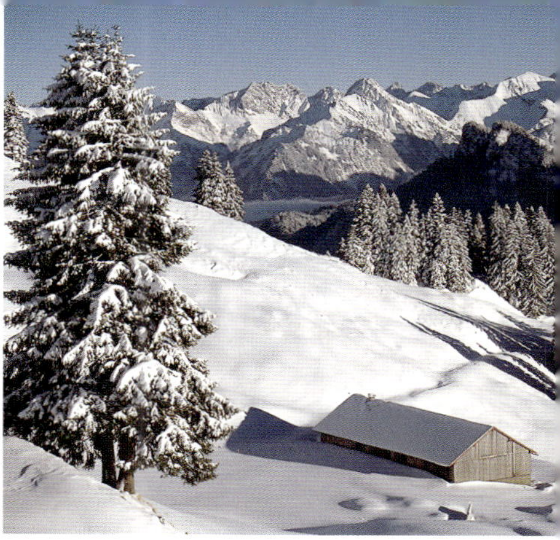

Piesenalp mit Ausschau in die Oberstdorfer Berge.

Wenn man im Hochwinter schon frühmorgens in **Rohrmoos** ❶ startet, kommt auf dem nahezu flachen, durch das schattig-frostige Hochtal zum Hörnlepass führenden Forststräßchen erst mal keine so richtige Stimmung auf. Zu klamm fühlen sich hier in über 1000 Meter Höhe die Extremitäten an, als dass man sich vorbehaltlos an der noch überraschend unberührten Bergnatur groß erfreuen könnte. Im sogenannten **Bärenloch** ❷ weist die Beschilderung »Piesen Alpe« auf einen Alpweg. Durch den Wald hinauf zum quellenreichen Sperberwinkel kommt der Frühsportler dann doch allmählich auf Betriebstemperatur. Die unterschiedlich steile, aber stets angenehm steigende Fahrbahn ist im unteren Bereich gelegentlich geräumt.

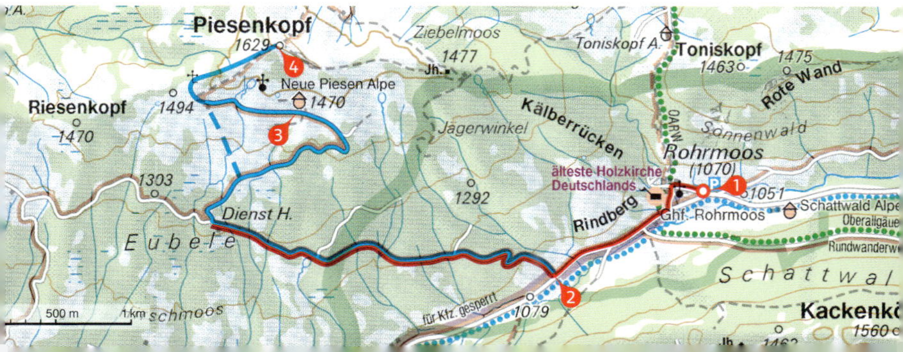

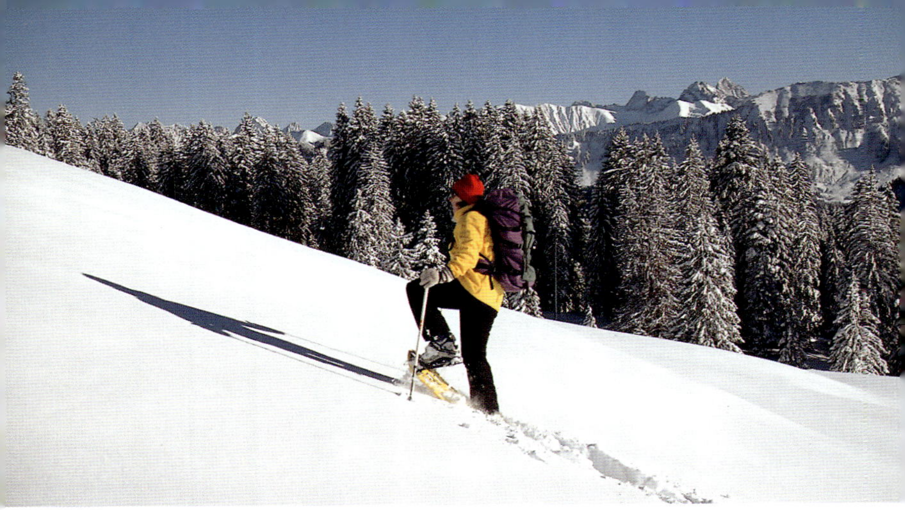

Vor der Piesenalp wird's allmählich steiler.

Die lang gezogene Felsmauer der Unteren Gottesackerwände riegelt als dramatischer Abbruch des Gottesackerplateaus mit einem schönen Faltenwurf den Talzug nach Süden hin ab. Zwei Abzweigungen rechts bleiben unberücksichtigt. Erst an der Gabelung auf 1300 m Höhe, wo es im Eubelewald (auch Aibelewald) geradeaus in ein Winter-Sperrgebiet geht, schwenken wir rechts auf eine gut erkennbare Wegtrasse ab. Spätestens hier sehen wir uns gezwungen, die Schneeschuhe anzulegen. Der Fahrweg biegt nun endlich in nordöstliche Richtung um. Nach einem Erholungsstück und ein paar letzten Windungen ist die **Neue Piesenalp ❸**, 1455 m, erreicht. Nun verstecken sich auch die durch eine Scharte geteilten Oberen Gottesackerwände nicht länger.

Der angenehmste Gipfelaufstieg verlangt jetzt erst mal einen ausholenden Bogen. Flach legen wir deshalb unter der Piesenkapelle vorbei eine Spur über die jungfräulichen, sanft geneigten Südhänge des Piesenkopfs hinüber zu einem Viehstall. Von dort sind es nur noch ein paar Minuten zu einem unbedeutenden Sattel. Weiter geht es daraufhin rechts zum Ansatz des erst noch harmlosen, im weiteren Verlauf deutlich aufschwingenden, mit einzelnen Fichten bestockten Südwestrückens. Dieser zwingt uns empor zum **Piesenkopf ❹** noch einen vollen Einsatz ab. Während des Höhersteigens rücken immer mehr die silbern schimmernden Spitzen der wie zu einer Perlenkette aufgereihten Allgäuer Hochalpen ins Blickfeld.
Der Abstieg erfolgt auf dem Anstiegsweg.

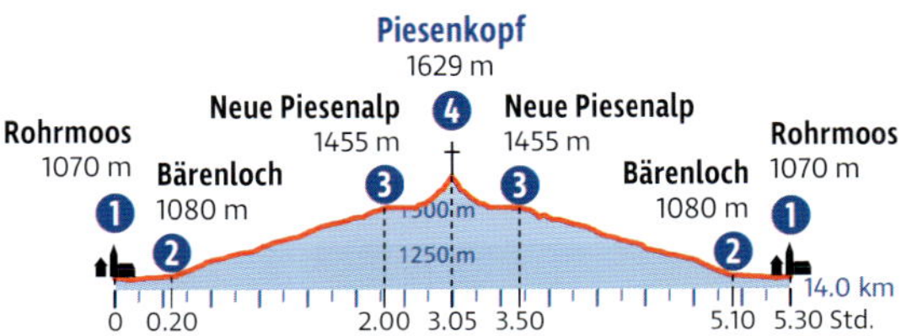

ABENTEUERLICHES TIEFENBACH

Das Hochtal von Tiefenbach nach Obermaiselstein verengt sich nördlich der Lochbachtalöffnung zum beachtlichen Felsentor des Hirschsprungs. Woher kommt der Name dieser wildromantischen Trockenklamm mit den lotrechten, glatt gewaschenen Schrattenkalkwänden? Man ahnt es schon, aus dem Reich der Sage. Ein raubgieriger Luchs soll demnach einstmals am Schwarzenberg einen Hirsch verfolgt haben. Kurz vor der klaffenden Untiefe war die früher in den Allgäuer Wäldern gefürchtete Wildkatze dem stolzen Geweihträger schon hart auf den Fersen. Da setzt dieser in seiner allerletzten Not mit einem äußerst gewagten Riesensprung über die Klamm und tauft sie somit für die Nachwelt.

Ebenfalls in der Tiefenbacher Gegend hat ein anderer Räuber wiederholt für große Unruhe gesorgt: der König der Lüfte. Ein Rohrmooser Alpbesitzer soll während zwei aufeinander folgenden Sommern den vollständigen Schafnachwuchs an den Adler verloren haben. Der mächtige Greifvogel schleppte seine Beute zum Horst an der Roten Wand östlich von Rohrmoos. Dort war es auch, wo Max von Arco-Zinneberg 1860 durch ein aufregendes Schauspiel von sich reden machte. Über eine lange Reihe zusammengebundener, abenteuerlich schwankender Leitern erklomm der Graf den unter einem abweisenden Felsendach klebenden Adlerhorst und holte sich in dem überaus waghalsigen Unterfangen die junge Brut.

Doch zurück zum Hirschsprung. Ein Stück westlich oberhalb dieser Felskerbe versteckt sich die 280 Meter tiefe Sturmannshöhle, ein geheimnisvolles Eiszeitgewölbe mit Höhlensee und Wasserfall. Über dem spaltartigen Höhlenportal erinnert eine vergoldete Gedenktafel an die Erforschung der Höhle im Jahre 1904 durch die »furchtlosen Männer« des Sturmannshöhlenvereins Obermaiselstein. Das Angenehme bei einem winterlichen Besuch ist die Tatsache, dass man sich auch nicht wärmer einpacken muss als auf einer Wanderung, da die feucht-moderige Unterwelt mit vier Grad Celsius ganzjährig gleich temperiert ist.

Etwas anderes ist im Tiefenbacher Gemeindegebiet noch recht bemerkenswert. Vom Hirschsprung bis zur heutigen Breitachklamm dehnte sich früher ein riesiger Gletschersee aus. Zuvor war das Tiefenbacher Hochtal ein Flusstal. Ganz in der Nähe, in der Obermaiselsteiner Gegend, weisen Gesteinsfunde, die vom Widderstein stammen, auf den Lauf der Breitach vor der letzten Eiszeit hin. Damals hatte sich die Ur-Breitach ihren Weg direkt durch die Enge des Hirschsprungs zur Iller hin gebahnt.

Neuschneemorgen bei Tiefenbach.

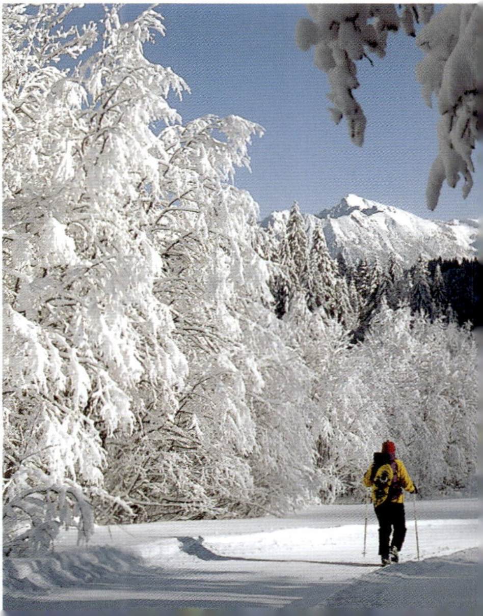

12 Obere Gundalp, 1490 m

Durch das Lochbachtal ★★

Im Reich des Helvetikums

Ein Gang durchs Lochbachtal in der Südostecke des Naturparks Nagelfluhkette entführt uns in das von Vorarlberg auf die Allgäuer Alpen übergreifende Helvetikum. Der Name dieser geologischen Formation bezieht sich auf den Begriff Helvetia. Wir befinden uns hier also – rein geologisch betrachtet – in den Westalpen. Die Bausteine sind vorwiegend verhältnismäßig resistente Kalkgesteine und weiche Mergelschichten sowie Quarzsandsteine. Die unterschiedliche Widerstandsfähigkeit der einzelnen Bestandteile hat den großen Abwechslungsreichtum der Formen zur Folge. Der schon von weitem auffallende, vor über 100 Millionen Jahren im Meer der Kreidezeit aufgebaute Schrattenkalk ist der Hauptvertreter des Allgäuer Helvetikums. Als eine der markantesten Erscheinungen dieser vormals weiter im Süden abgelagerten Erdschicht setzt sich der Besler in Szene. Ihm zu Füßen bietet die Obere Gundalp ein verhältnismäßig einfaches Tourenziel für Winterwanderer. Eine Besteigung des kältestarrenden, kühnen Felspfeilers verschiebt man jedoch besser auf den Sommer.

KURZINFO

Talort: Tiefenbach, 887 m. Luftkurort über dem Breitachtal (Marktgemeinde Oberstdorf), Oberallgäu. Mit dem Bus von Oberstdorf erreichbar (Zug von Kempten). Tourismus Oberstdorf, D-87561 Oberstdorf, Tel. +49 8322 7000, oberstdorf.de.

Ausgangspunkt: Bushaltestelle am Rathaus, 840 m; Parkplatz.

Gehzeit: Tiefenbach – Schwabenalp 2.00 Std., Schwabenalp – Obere Gundalp 1.10 Std., Rückweg 2.35 Std.; Gesamtgehzeit 5.45 Std.

Höhenunterschied: 620 Hm.

Anforderungen: Bis zum Eingang ins Lochbachtal geräumte Winterwege. Für die zur Schwabenalp oftmals, des Weiteren ab und an gespurte, nur mäßig steile Tourenfortsetzung sind Schneeschuhe erforderlich.

Hangexposition: Süd.

Lawinengefahr: Für die gesamte Route besteht keinerlei Lawinengefahr.

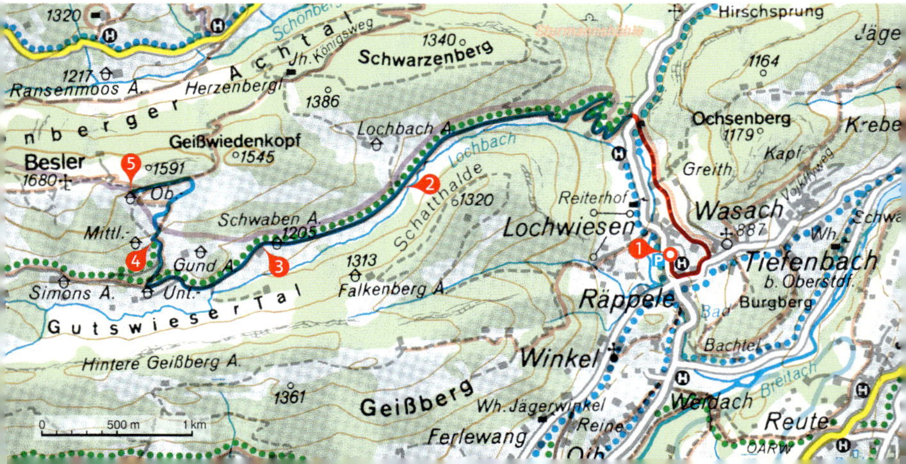

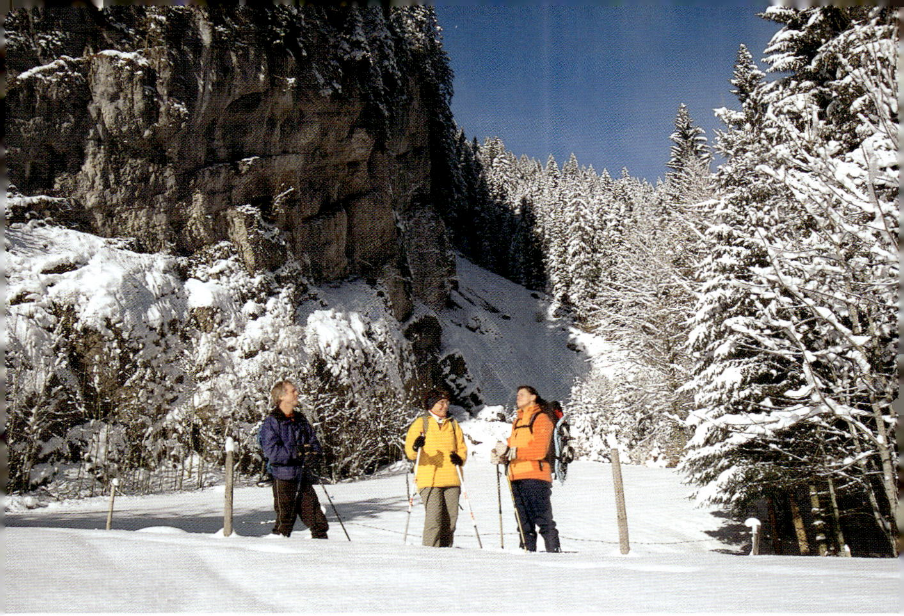

Schrattenkalk kennzeichnet den Eingang ins Lochbachtal.

Nach kurzem Talkurs beim Rathaus in **Tiefenbach** ❶ wählen wir das Sträßchen Richtung Sulzberg. An der Friedenslinde nimmt uns der stets zur Sturmannshöhle beschilderte Wiesenweg auf, ein einladender Winterwanderweg. Außerhalb des Ortsteils Lochwiesen queren wir die nach Obermaiselstein führende Kreisstraße. Jenseits beschäftigt den in Sachen Erdgeschichte Wissbegierigen ein jäh abstürzendes Schrattenkalkgemäuer. Serpentinen klettern nach dem vergnüglichen Auftakt empor zur Hängeschulter des Lochbachtals. In der Regel erleichtern auf dem zugeschneiten, aber meist gespurten Alpsträßchen Schneeschuhe das Vorwärtskommen.

Auch in den unteren Hängen des Schwarzenbergs tritt deutlich der Schrattenkalkfels zu Tage. Hier kann man eingelagerte Korallenbänke, Austern und Schalenreste finden. Die Fahrbahn steigt jetzt nur noch sanft. Man genießt sie fast im Ruhepuls. Das Ufer des Lochbachs ist mit einer dicken Flockenwulst verpackt. Bis kurz vor der **Lochbachalp** ❷, 1155 m, zeigt sich das beruhigend auf Geist und Seele Einfluss nehmende Hochtal in einem Waldmantel. Auf der Nordseite erheben sich der Geißwiedenkopf und der Schwarzenberg.

Zur Rechten säumt nun freies Terrain den beschaulichen Wanderkurs zur **Schwabenalp** ❸, 1240 m. Die Südseite des Gutswieser Tals, wie unser Talzug auch genannt wird, flankiert der Höhenzug des Geißbergs. Unter der Felsnase des Besler verlassen wir kurz vor der dritten Alphütte, der etwas unterhalb des Weges versteckten Unteren Gundalp, die Richtung Freyburger Alp führende Hauptroute und mühen uns rechtsschräg über einen kleinen, aber anstrengenden Hang zur **Mittleren Gundalp** ❹, 1385 m, einem Viehstall. Von hier tritt im Südosten plötzlich ein ungleiches

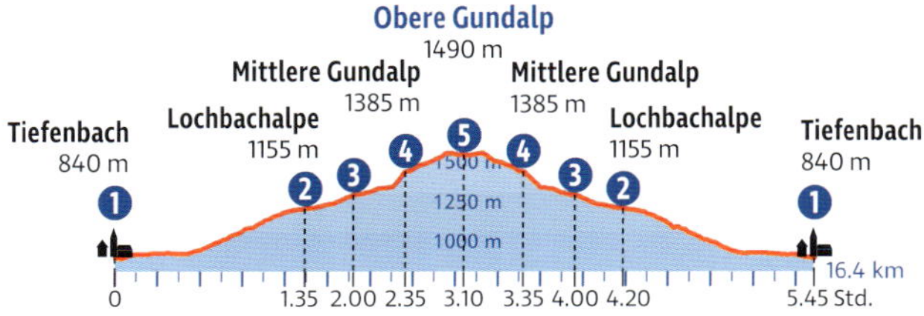

Gipfelpaar in Erscheinung: die unverwechselbare Pyramidengestalt des Hochvogels und die zerfurchte, nach stürmischem Neuschneezuwachs mit grellem Weiß gepanzerte Westflanke des Schneck.

Wer es weiterhin lieber gemütlich mag, der folgt erst nach der Unteren Gundalp dem abzweigenden Fahrweg, in den auch unsere Route bei der Mittleren Gundalp wieder einmündet und dem man nach einer Mulde am kraftsparendsten in einer weit ausholenden Schleife treu bleibt. Bald darauf erreicht man mit leichtem Höhenverlust die bereits sichtbare **Obere Gundalp** ❺.

Hier lässt man gerne ausgiebig die winterliche Hüttenruhe auf sich einwirken. Instruktiv öffnen sich die einen zarten bläulich-kalten Dunst atmenden Oberstdorfer Täler. Und über dem Kleinwalsertal prunkt der klobige Widderstein.

Der Abstieg erfolgt auf dem Anstiegsweg.

Während des Aufstiegs zur Oberen Gundalp rücken mehr und mehr die Allgäuer Hochalpen ins Blickfeld.

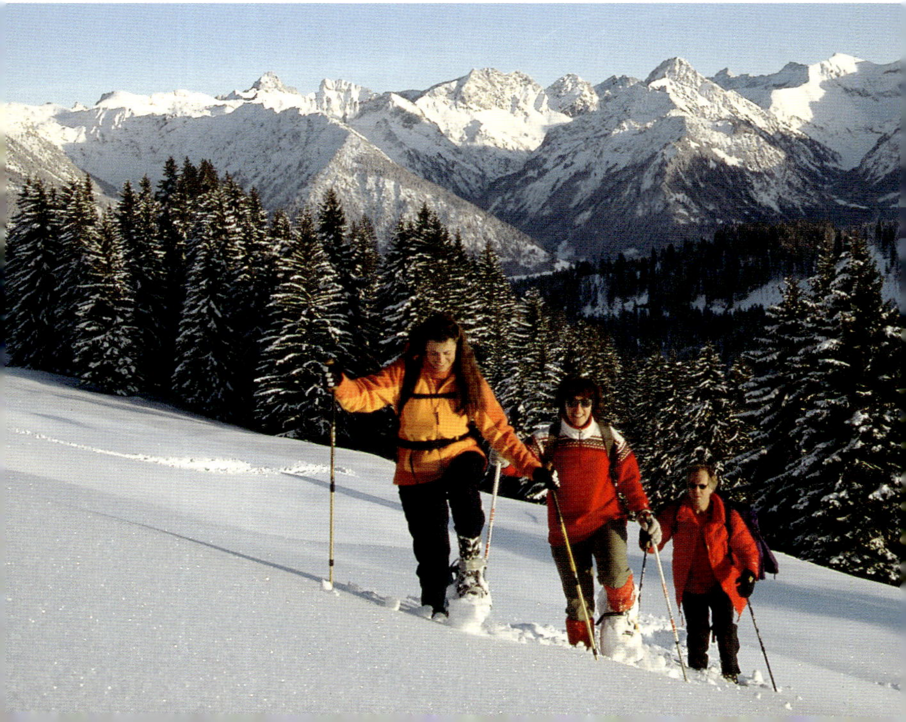

Untere Gottesackerwände, 1858 m

Von Innerschwende durch das Mahdtal ★★★

Alpenverein macht hochalpine Szenerie wieder zugänglich

Das Mahdtal trennt die beiden gigantischen Schrattenkalkriegel der Unteren und Oberen Gottesackerwände, über die das Riesenkarrenfeld des Gottesackerplateaus zum Rohrmoostal hin 900 Meter tief abstürzt. In den 1990er-Jahren war der Skitourenklassiker durchs Mahdtal wegen eines jagdlichen Sperrgebietes nicht mehr möglich. Der im Rahmen der Aktion »Skibergsteigen umweltfreundlich« vom Deutschen Alpenverein zu Beginn des dritten Jahrtausends neu eingerichtete Aufstieg von Innerschwende zum Windecksattel ist ein lobenswertes Beispiel für bereits mehrere in den Allgäuer und Bayerischen Voralpen vom DAV eingerichtete naturverträgliche Routen. Er erschließt Skifahrern und Schneeschuhgehern endlich wieder dieses einzigartige hochalpine Felsenreich. Auch das 2029 Meter hohe Toreck und die 2033 Meter hohen Oberen Gottesackerwände sind für bergerfahrene und bestens konditionierte Winterwanderer mit entsprechender Ausrüstung somit erfreulicherweise wieder zugänglich.

Der Mahdtalaufstieg führt im Bereich einer tektonischen Mulde in der Nähe des fast 100 Meter tiefen Hölllochs vorbei. Dort erinnert ein Gedenkstein an den 1936 bei einer Forschungsfahrt tödlich verunglückten Ingenieur Sepp Gerstmair. Chemische und mechanische Vorgänge im Wasser haben diesen sogenannten Karrenbrunnen oder Wasserschlinger im hochverkarstungsfähigen Schrattenkalk entstehen lassen. Der nahezu senkrechte Schacht gehört zu einem tropfsteingeschmückten Höhlensystem mit Seen und Wasserfällen, Klammen und Kaminen. Durchflossen wird diese abenteuerliche Unterwelt, zu der leider nur versierte Höhlenforscher Zugang haben, vom Hölllochbach, der erst am Talausgang das Licht der Welt erblickt und dort den Sägbach speist. Dessen plötzliche Wasserfülle ist so stark, dass man sie früher zum Betrieb einer Säge einsetzte.

KURZINFO

Talort: Riezlern, 1088 m. Wintersportdorf im Kleinwalsertal (Gemeinde Mittelberg), Vorarlberg. Mit dem Bus von Oberstdorf erreichbar (Zug von Kempten). Kleinwalsertal Tourismus, A-6992 Hirschegg, Tel. +43 5517 51140, kleinwalsertal.com.

Ausgangspunkt: Bushaltestelle in Innerschwende, 1058 m; Parkplatz am Mahdtalhaus. Zu erreichen vom Ortsanfang von Riezlern Richtung Schwende.

Gehzeit: Mahdtalhaus – Mahdtalalpe 1.50 Std., Mahdtalalpe – Untere Gottesackerwände 1.25 Std., Abstieg 2.30 Std.; Gesamtgehzeit 5.45 Std.

Höhenunterschied: 800 Hm.

Anforderungen: Für die gesamte, bis zum Windecksattel oftmals, zum Gipfel selten gespurte Tour mit längeren, teilweise sehr steilen Aufstiegen sind Schneeschuhe erforderlich. Erfahrung in der Spuranlage und Kondition notwendig.

Hangexposition: Zum Windecksattel Nordost bis Südost, Gipfelaufstieg Süd.

Lawinengefahr: Querung ins Mahdtal und Tal selbst bei extremen Bedingungen eventuell lawinengefährdet, am Schlussaufstieg zum Windecksattel zeitweise Schneebrettgefahr möglich.

Bei der Bushaltestelle in **Innerschwende** ❶ gibt eine Tafel des DAV Aufschluss über den einzig sinnvollen Tourenverlauf Richtung Mahdtal am Westrand eines Wildschutzgebietes. Als Schneeschuhwanderer legen wir selbstverständlich eine eigene Breitspur an. Das grüne DAV-Schild weist in besonders sensiblen Bereichen den besten Weg. Bereits nach dem Auftakt über einen freien Hang bietet sich von der ersten Heuhütte ein vortrefflicher Ausblick über das verstreute Ortsbild von Riezlern mit der bewaldeten Talfurche des Illerquellflusses Breitach. An den lang gezogenen, noch zur geologischen Formation des zu Flysch gehörenden Fellhornkamms reihen sich die spitze Kanzelwand, die behäbige Walser Hammerspitze und die beherrschende Hauptdolomit-Bastion Elferkopf und Zwölferkopf an. Wenig später schwenkt der »grüne Kurs« ab und lässt uns einen Steilhang empor gleich so richtig ins Schwitzen geraten. Ein kurzer Walddurchschlupf und schon jagt eine grimmige Schneise den eben etwas zur Ruhe gekommenen Puls erneut in die Höhe. Anschließend folgt man einem kleinen Waldwegabschnitt, dann beginnt das wadenschindende Spiel aufs Neue. Bei einer Anpflanzung, mittlerweile auf bayerischer Seite, lässt einen die bislang recht sportliche Aktion endlich aufatmen. Im Norden taucht das Nebelhorn auf. Während einer langen nahezu flachen Etappe durch eine letzte Schneise zeigen sich auch das Parade-Gipfelpaar Schneck und Hochvogel sowie im weiteren Verlauf das breit gedrückte Haupt des Großen Wilden und die von hier doppelgipflige Höfats. Wenig oberhalb des Hölllochs, mit einem Warnschild und einem Gedenkstein gekennzeichnet, mündet unsere Hangquerung an der **Mahdtalalpe** ❷, 1499 m, in den Sommeraufstieg durchs Mahdtal ein.

Richtung Windecksattel ziehen wir unsere Stapfspur jetzt auf die ovale Felsscheibe des Torkopfs zu. Ein Berg, dessen Antlitz man nicht so schnell wieder vergisst. Über uns erstreckt sich der Wandriegel des Torecks. Spätestens ab hier ist die Route bei widrigen Bedingungen von den beiderseitigen Talflanken möglicherweise lawinenbedroht. Nicht mehr lange, dann bleiben die letz-

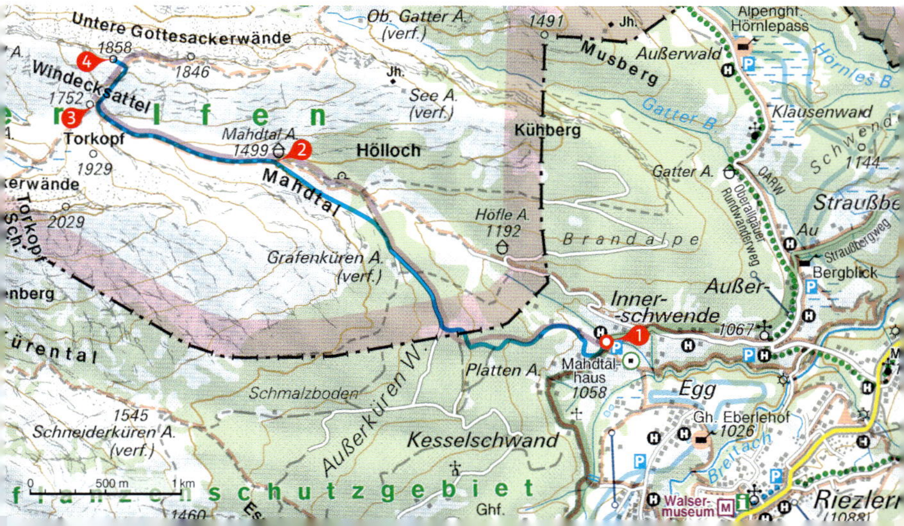

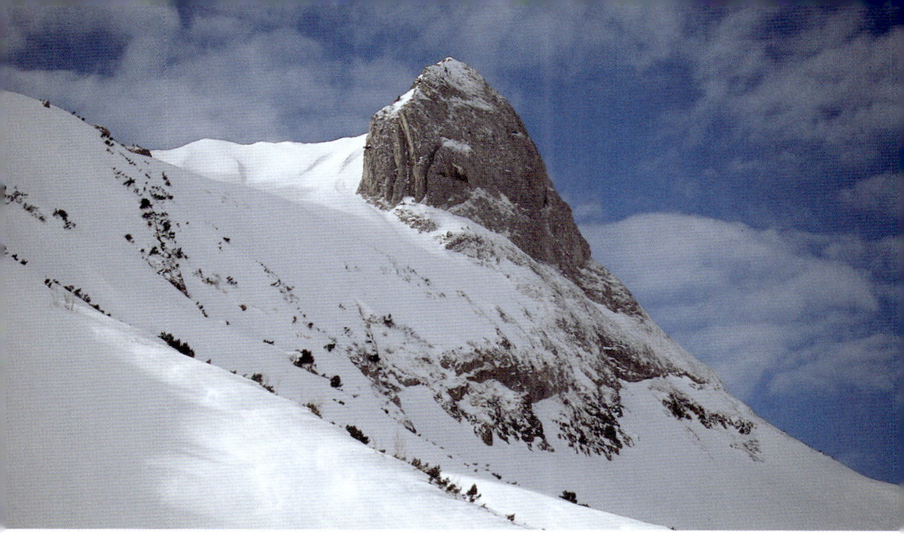

Über dem Mahdtal besticht der Torkopf.

ten Fichten hinter uns. Den knackigen Schlussaufschwung zum **Windecksattel** ❸, 1752 m, der im rechten Bereich überwechtet ist, überlistet man am besten ganz links. Dieses wahrhaftig windige Eck trägt seinen Namen zu Recht, was die schnittigen Verwehungsformen verdeutlichen. Nach großem Neuschneezuwachs oder Triebschneeablagerungen ist hier die Auslösung eines Schneebrettes nicht auszuschließen.

Zur Linken öffnet sich nun die Bresche der für Allgäuer Bergformen etwas befremdend wirkenden Oberen Gottesackerwände. Wir gehen in aller Gelassenheit, die Gegenrichtung einschlagend und zwischen Latschen möglichst das selten gespurte, freie Terrain ausnutzend, das karstige Gipfel-Süddach an. Zu erwartende Schneehuhnspuren sind hier selbst nach langen Perioden ohne Schneefall kaum auszumachen, also ein durchaus umweltverträgliches Finale. Den höchsten Punkt des Tourenziels **Untere Gottesackerwände** ❹ mit erhebendem Tiefblick ins frostklirrende Rohrmoostal findet man direkt im rechten Aufstiegswinkel zum Sattel. Die letzten nochmals ziemlich steilen Meter sind mit Schneeschuhen gerade noch zu schaffen. Die zum Schwärmen verleitende Schauwarte strahlt in der Tat eine echte Friedhofsruhe aus.

Der Abstieg erfolgt auf dem Anstiegsweg.

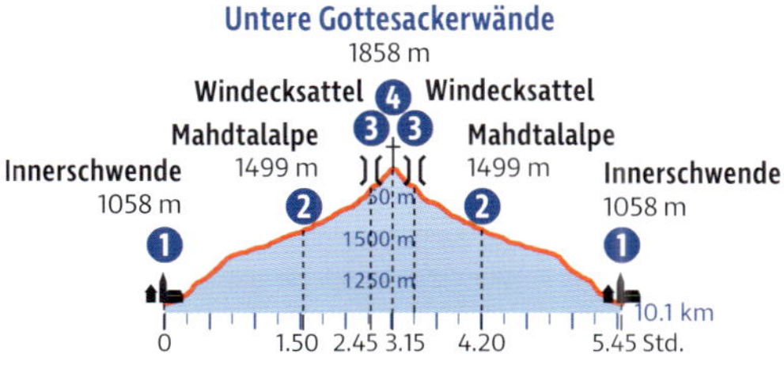

14 Schwarzwasserhütte, 1620 m

Von der Auenhütte durch das Schwarzwassertal ★★

Auf gewalzter Spur im Banne des Hohen Ifen

Ein beschaulicher Entdeckungsgang während der frostigen Jahreszeit auf präparierten Bahnen zur Schwarzwasserhütte zählt zu den ganz besonderen Erlebnissen in den Walsertaler Bergen. An den auffallend skifreundlichen Traumhängen um die beliebte Alpenvereinshütte ist die Lifterschließung glücklicherweise vorübergegangen. So zeichnet sich die Schwarzwasser-Bergumrahmung heute als eines der friedlichsten und gleichsam faszinierendsten Winterwandergebiete der Allgäuer Alpen aus.

Von einfachen Tourenzielen wie Pellingerköpfle und Ifersguntenhöhe über anspruchsvollere Unternehmungen, beispielsweise auf den Hehlekopf oder das Steinmannl, bis hin zum pfiffigen Grünhorn findet jeder für seine Neigungen das entsprechende Betätigungsfeld. Oberstes Gebot ist in dieser winters über empfindlichen Region freilich das Beachten der vom Alpenverein in Absprache mit den betreffenden Behörden aufgestellten Skimarkierungen. Zudem sollte die weiße Gefahr nicht auf die leichte Schulter genommen werden.

Das Spannende am oberen Schwarzwassertal ist der deutliche Gegensatz der beiden Gebirgsformationen. Südlich des Schwarzwasserbachs die »sanftmütigen« Flyschberge, auf der anderen Seite das überwältigende Felsrevier des Helvetikums. Stolzester Vertreter dieser aus der Kreidezeit stammenden Zone ist der Hohe Ifen, eine der eigenwilligsten Berggestalten der Nördlichen Kalkalpen. Mit einem Schiffsbug wird die sanft nach Süden hin geneigte und in teilweise lotrechten, blendend hellen Mauern abbrechende Gipfelplatte manchmal verglichen. Einst war der Kreideblock gänzlich vom weicheren Flysch bedeckt. Erst die anhaltenden Erosionsprozesse haben die helvetischen Schichten bloßgelegt, an denen nun ihrerseits der Zahn der Zeit nagt und immer wieder riesige Pakete auf den weichen Mergeln der Drusbergschichten abgleiten und in die Tiefe donnern lässt.

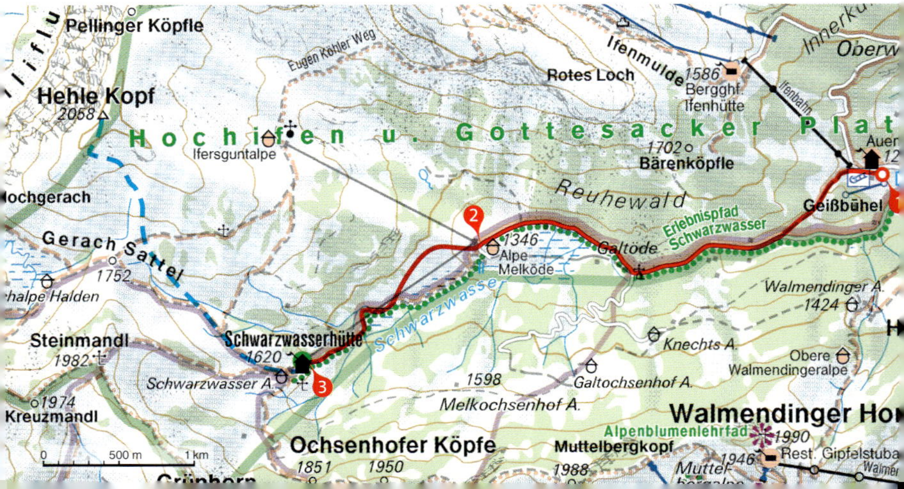

KURZINFO

Talort: Riezlern, 1088 m. Wintersportdorf im Kleinwalsertal (Gemeinde Mittelberg), Vorarlberg. Mit dem Bus von Oberstdorf erreichbar (Zug von Kempten). Kleinwalsertal Tourismus, A-6992 Hirschegg, Tel. +43 5517 51140, kleinwalsertal.com.

Ausgangspunkt: Bushaltestelle an der Auenhütte, 1275 m; Parkplatz. Zu erreichen vom Ortsende von Riezlern auf schmaler Bergstraße Richtung Ifen-Bergbahnen.

Gehzeit: Auenhütte – Melköde 0.55 Std., Melköde – Schwarzwasserhütte 1.00 Std., Rückweg 1.35 Std.; Gesamtgehzeit 3.30 Std.

Höhenunterschied: 350 Hm.

Anforderungen: Die gesamte, meistens nur mäßig steile Tour verläuft auf einem gewalzten Winterwanderweg, außerhalb der Hüttenöffnungszeit nur bis zur Melköde präpariert.

Hangexposition: Ost.

Lawinengefahr: Unter extremen Bedingungen ist der Zugang zur Melköde wegen Lawinengefahr gesperrt.

Einkehr: Schwarzwasserhütte (Tel. +43 5517 30210, alpenverein-schwaben.de, im Winter vom 30.12. bis 31.3. geöffnet, Übernachtungsmöglichkeit).

Kinder: Der Naturlehrpfad zur Schwarzwasserhütte ist für Kinder geeignet.

Variante: Einer der schönsten Schneeschuhberge, vorzugsweise mit Hüttenübernachtung, und zudem der höchste Gipfel um die Schwarzwasserhütte ist der Hehlekopf, 2058 m. Man geht anfangs Richtung Gerachsattel, wechselt ca. 500 m nach dem Zollhäuschen das Bachufer und hält sich am Wildschutzgebiet entlang (später Skimarkierungen). Über bald mittelsteile Hänge visiert man die Mulde südlich unter dem Gipfel an. Aus dieser steigt man links über einen Steilaufschwung auf den schmalen und überwechteten oberen Südwestgrat, über den es kurz zum höchsten Punkt geht (2.00 Std. ab der Schwarzwasserhütte). Schneeschuhe notwendig, manchmal gespurt. Schwierig, als Tagestour etwas anstrengend, bei ungünstigen Bedingungen eventuell Schneebrettgefahr am Gipfelhang.

Das Steinmannl von der Schwarzwasserhütte.

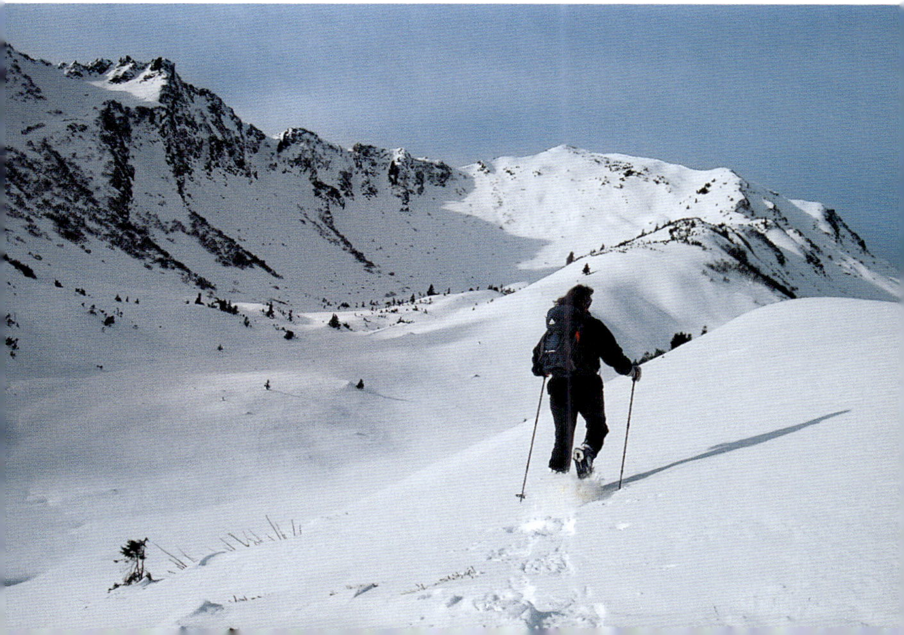

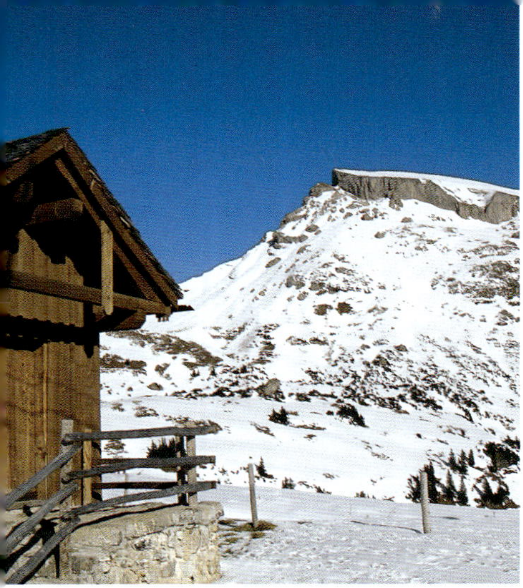

Auch südseitig stürzt das Pultdach des Hohen Ifen mit einem Mauerriegel ab.

Von der stattlichen **Auenhütte** ❶ an der Ifen-Bergbahn folgen wir dem Winterweg, einem gewalzten Alpweg und Naturlehrpfad, über eine kleine Anhöhe Richtung Schwarzwasserhütte. Nach geringen Höhenverlust steigt unser Entspannungskurs in der locker bewaldeten Talsohle unter der gewaltigen Ifenmauer am (im Hochwinter) erstarrten, schlängelnden Bergbach entlang nur noch unmerklich an. Linker Hand bauen sich das Walmendinger Horn und die Ochsenhofer Köpfe auf.

Gletschermühlen und Versickerungsstellen – der Lauf des Schwarzwasserbachs ist voller Überraschungen. Während die weite Ebene der Galt- und Melköde im Frühjahr zeitweise einem Stausee ähnlich überschwemmt ist, verschwindet der Wildbach im weiteren Verlauf abschnittsweise völlig in der verkarsteten Unterwelt, um alsbald wieder aufzutauchen und durch wilde Klammen zu spülen. Der mittlerweile sogar völlig flache Weg hält sich im Bereich der Bergsturzzone des Rüchewaldes, eines urweltlich anmutenden Felsenlabyrinths, weiterhin direkt am Ifen-Bergfuß entlang. Überall wild verstreute Felsblöcke, auf denen hartnäckig ansehnliche Fichtenstämme wurzeln.

Ab der Talstation des Schwarzwasserhütte-Materiallifts bei den Hütten der **Melköde** ❷, 1346 m, beginnt der fortwährend mit neuen Eindrücken begeisternde Erholungsgang auf einem weiterhin gewalzten Wanderweg am Rand einer Wildschutzzone über eine Geländestufe mäßig zu steigen. Im Kleinwalsertal erzählt man sich, dass hier an einem Tag im späten August 1886 ein riesiger Adler ein mit Beerenpflücken beschäftigtes dreijähriges Mädchen in seinen Klauen unter herzzerreißendem Klagen des Mädchens Richtung Hochifen entführt hat.

In den übermächtigen Abstürzen glotzt uns jetzt das Rote Loch an. Durch die im Sommer würzig duftende, jetzt unter einem schützenden Flockenteppich schlummernde Hochmoorlandschaft verflacht sich die Route wieder. Erst während des letzten, von einem Waldstreifen unterbrochenen Abschnitts zu dem auf einem Absatz über dem Talschluss einladenden Doppelbau der **Schwarzwasserhütte** ❸ (DAV-Sektion Schwaben) kommt unser Kreislauf noch ein wenig in Schwung.

Der Abstieg erfolgt auf dem Anstiegsweg.

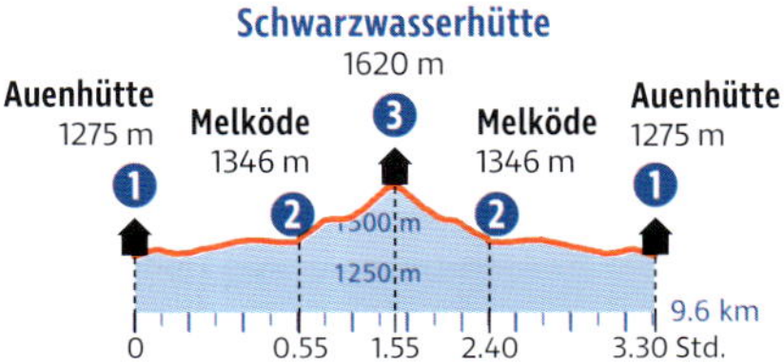

Kuhgehrenspitze, 1910 m

15

Über die Äußere Kuhgehrenalpe

★★★

Wenig bekannte Aussichtswarte im Kleinwalsertal

Fast in Rufweite mit dem kunterbunt bevölkerten Mega-Skizirkus Fellhorn – Kanzelwand hält ein sommers wie winters wenig besuchter Grasberg seinen Dornröschenschlaf. Es ist die immerhin 850 Meter über der Talsohle der Breitach gipfelnde Kuhgehrenspitze auf einem kleinen Seitenkamm der östlichen Walsertaler Berge. Früher war sie nur den Skitourengehern vorbehalten. Doch seit der Schneeschuh auch im Allgäu immer mehr im Kommen ist, fragt sich der umsichtige Bergfreund, ob nicht die Tour wegen der zunehmend verfilzteren Waldgürtel der Natur zuliebe für die sanften Fußteller eher geeignet ist als für die scharfen, die Triebe an den Jungbäumen rasierenden Stahlkanten.

Abgesehen von diesen drei schmalen Fichtenstreifen verspricht die Kuhgehrenspitze die höchsten Aussichtsfreuden. Da recken sich Trettachspitze, Mädelegabel und Hochfrottspitze zwischen der Kanzelwand und der Walser Hammerspitze über den Felsgrat. Trotzig imponieren das gewaltige Bollwerk des Widdersteins und das übermächtige Gipfelpaar Zwölferkopf und Elferkopf. Prächtig präsentieren sich die Zackenkronen um die Mindelheimer Hütte und das ferne Lechquellengebirge. Unter uns säumen die heimeligen Streusiedlungen des Kleinwalsertales das strahlend weiße Breitachufer. Und am Heuberg stimmen uns die umfangreichen Lawinenverbauungen ein bisschen nachdenklich.

KURZINFO

Talort: Mittelberg, 1215 m. Wintersportort im Kleinwalsertal, Vorarlberg. Mit dem Bus von Oberstdorf erreichbar (Zug von Kempten). Kleinwalsertal Tourismus, A-6992 Hirschegg, Tel. +43 5517 51140, kleinwalsertal.com.

Ausgangspunkt: Bushaltestelle im Ortsteil Höfle, 1130 m; Parkplatz ungefähr 1 km zuvor, bei der Abzweigung nach Schwendle (schmale Straße von Bödmen).

Gehzeit: Höfle – Äußere Kuhgehrenalpe 2.00 Std., Äußere Kuhgehrenalpe – Kuhgehrenspitze 1.15 Std., Abstieg 2.15 Std.; Gesamtgehzeit 5.30 Std.

Höhenunterschied: 780 Hm.

Anforderungen: Anfangs kurz Skipiste. Für den in der Regel gespurten Routenverlauf mit langen Steilaufstiegen sind Schneeschuhe und gute Kondition erforderlich. Erfahrung in der Spuranlage notwendig. Bis zur Brandalpe mittelschwer.

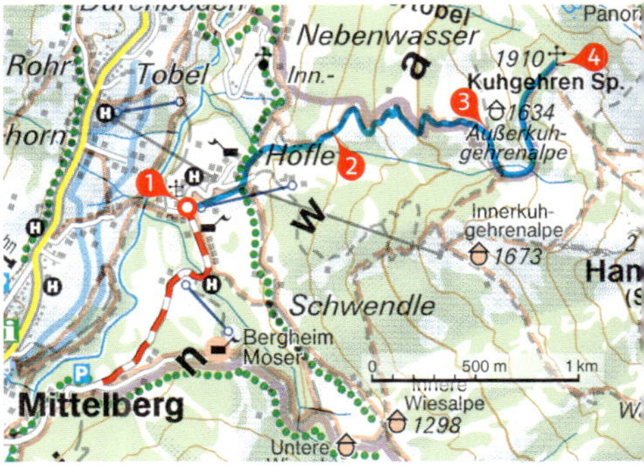

Hangexposition: West bis Südwest.

Lawinengefahr: Beim Zugang unter der strauchbewachsenen, rassigen Gipfel-Westflanke zur Äußeren Kuhgehrenalpe besteht zeitweise die Gefahr einer Selbstauslösung von Lawinen.

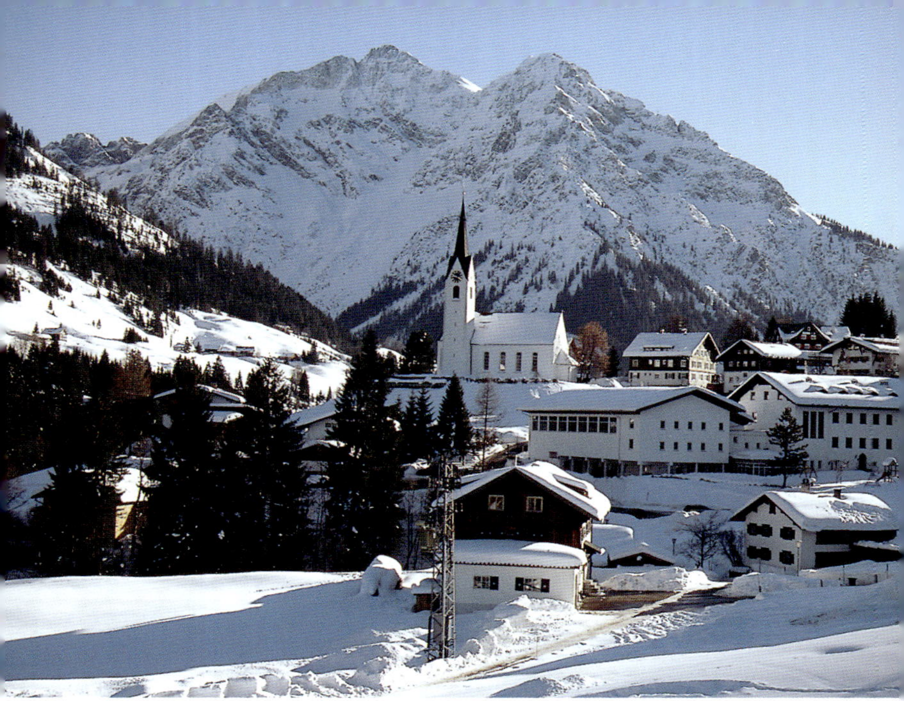

Hirschegg mit den unteren Hängen der Kuhgehrenspitze, dahinter Elferkopf und Zwölferkopf.

Wir benützen ab der Bushaltestelle in **Höfle** ❶, 1130 m, gleich mit Schneeschuhen kurz den Pistenrand des Skilifts Wildental und folgen einem quer laufenden Weg links über den nahen Bachtobel.

Die Aufstiegsspur der naturverträglichen Schneeschuhroute des Deutschen Alpenvereins verlangt nun einen vollen Einsatz. Ein Stück oberhalb der **Brandalpe** ❷, 1306 m, geht es schräg rechts durch einen schmalen Jungwaldgürtel. Herrliche, aber einheizende Blößen lassen uns innehalten und den formschönen Hohen Ifen bestaunen. Ein weiterer problemloser kurzer Durchschlupf durch einen Hochwaldstreifen und schon lädt uns nach einem gemütlicheren Abschnitt die **Äußere Kuhgehrenalpe** ❸, 1634 m, zu einer Rucksackbrotzeit. Der direkten Westflanke des Gipfelziels nähern wir uns sicherheitshalber nicht zu sehr.

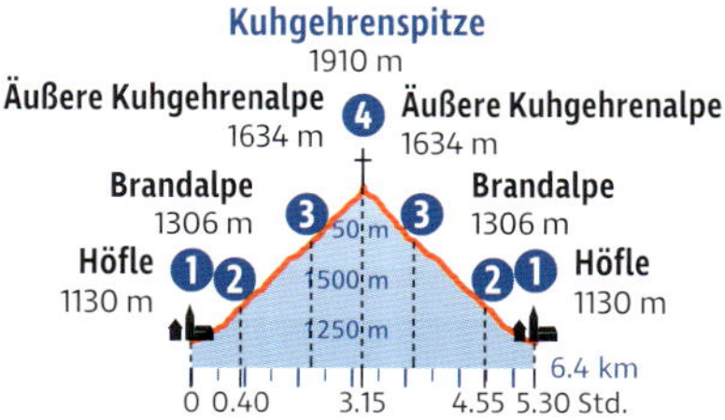

Über einen Graben halten wir uns anschließend auf die finstere Walser Hammerspitze zu und wechseln danach in einer Linksschleife zur auffallenden Gipfel-Südmulde. Diese leitet uns je nach Menge und Beschaffenheit der weißen Pracht mehr oder weniger anstrengend der **Kuhgehrenspitze** ❹ entgegen.

Der Abstieg erfolgt auf dem Anstiegsweg.

Östlicher Ochsenhofer Kopf, 1960 m

Durch das Turatal

★★★

Schauerliche Lawinensturzbahnen aus nächster Nähe

Während das Grünhorn als Skitourenziel einen klangvollen Namen trägt und das Walmendinger Horn die Pisten-Brettlfans und Snowboarder magisch anzieht, ist die Kammverbindung inmitten einer mannigfaltigen Hochgebirgslandschaft für sportlich ehrgeizige Winter-Bergwanderer eine wohltuende Insel der Stille geblieben.

Eine Besteigung des zwischen dem Schwarzwassertal und dem Turatal aufragenden Östlichen Ochsenhofer Kopfs, des höheren der beiden »Fastzweitausender-Zwillinge«, beglückt nicht nur mit einem aufschlussreichen Rundblick über den Walsertaler Gebirgswinkel. Vor allem die unvergesslichen Nahblicke sind es, die eine höchst geheimnisvolle Welt der ständigen Zerstörung erspähen: schauerliche Sturzrinnen und Tobeltiefen, ausladende Schnabelwechten auf himmelnahen Gratschneiden, atemberaubende Steilflanken und Wandfluchten, wüst aufgetürmte Lawinenfächer …

Will man als anregende, aber unschwierige Beigabe die schmale und Erfahrung im winterlichen Gebirge voraussetzende Überschreitung über die Litzescharte und eine kleine Zwischenerhebung zum Westlichen Ochsenhofer Kopf, 1950 m, wagen, ist vor allem auf die heimtückischen Überwechtungen zu achten. Die Besteigung des östlich benachbarten Muttelbergkopfs, 1988 m, auch Lüchlekopf genannt, von der Inneren Stierhofalpe durch die weite Südmulde und über den obersten Westgrat ist ebenfalls verhältnismäßig unproblematisch.

Am Baader Ortsrand erblickt man das Grünhorn.

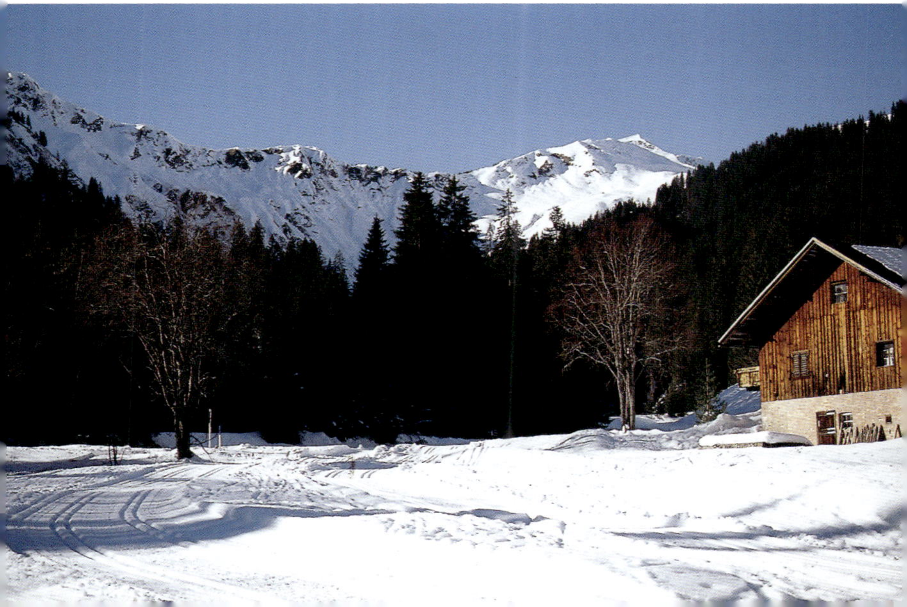

KURZINFO

Talort: Baad, 1243 m. Gemeinde Mittelberg im Kleinwalsertal, Vorarlberg. Mit dem Bus von Oberstdorf erreichbar (Zug von Kempten). Kleinwalsertal Tourismus, A-6992 Hirschegg, Tel. +43 5517 51140, kleinwalsertal.com.
Ausgangspunkt: Bushaltestelle am Ortsanfang, 1220 m; Wanderparkplatz.
Gehzeit: Baad – Innere Stierhofalpe 2.05 Std., Innere Stierhofalpe – Östlicher Ochsenhofer Kopf 1.10 Std., Abstieg 2.15 Std.; Gesamtgehzeit 5.30 Std.
Höhenunterschied: 740 Hm.
Anforderungen: Zum Starzelhaus geräumtes Anliegersträßchen. Für die ab der Inneren Turaalpe große Kondition und einigen Orientierungssinn fordernde Schneeschuhtour mit langen Steilaufstiegen gibt bis zur Inneren Stierhofalpe meist ein gewalzter Weg, auf den Gipfel manchmal ein Skiaufstieg die Richtung vor. Erfahrung in der Spuranlage wichtig. Bis zur Inneren Turaalpe leicht.
Hangexposition: Süd.
Lawinengefahr: Die Gefahr einer Selbstauslösung von Lawinen droht hin und wieder aus den Tobeln auf dem Weg zur Inneren Turaalpe. Für den weiteren Aufstieg ist eine gut gesetzte Schneedecke wichtig.

Vom Wanderparkplatz am Ortseingang von **Baad** ❶ begibt man sich bergan durchs hübsche Dorf und wählt die für den öffentlichen Verkehr gesperrte Straße zum Starzelhaus. Auf dem fast immer für Winterwanderer mit dem Skidoo gebahnten und dann auch ohne Schneeschuhe begehbaren Alpweg Richtung Innere Stierhofalpe wandert man anschließend oberhalb des Turabachs durch das gleichnamige, scharf eingeschnittene Tal.

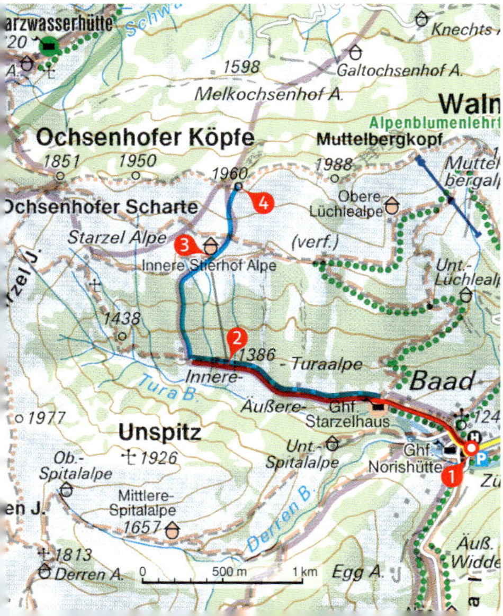

Hinter einem Lawinenstrich von den wenig bindungsfähigen Grasgipfelhängen des Muttelbergkopfs, auch Lüchlekopf genannt, erreicht man die **Innere Turaalpe** ❷, 1386 m, Talstation der Materialseilbahn zur Inneren Stierhofalpe. Bei starker Sonneneinstrahlung und Erwärmung oder nach reichlichen Schneefällen könnte man hier leicht in eine Falle geraten.
Die abweisende, von zahlreichen wilden Rinnen zerfurchte Unspitz-Nordflanke zur Linken, einem zerschlissenen Leintuch nicht ganz unähnlich, lenkt immer wieder den Blick auf sich. Direkt vom etwas höheren, vor uns aufragenden Hochstarzelgipfel stürzt ebenfalls eine abenteuerliche Bergkerbe in den hintersten Talgrund: eine grausige Bobbahn für die hier hausenden Schneegeister.
Ein kleines Stück nach der Hütte endet der Fahrweg. Hier wechselt schlagartig der Charakter der Unternehmung. Ein ziemlich steiler, zum Teil unangenehmer Erlenbuschhang (eigene Spur anlegen) bildet den Auftakt zu einem schweißtreibend langen Hüttenaufstieg. Bei labil ge-

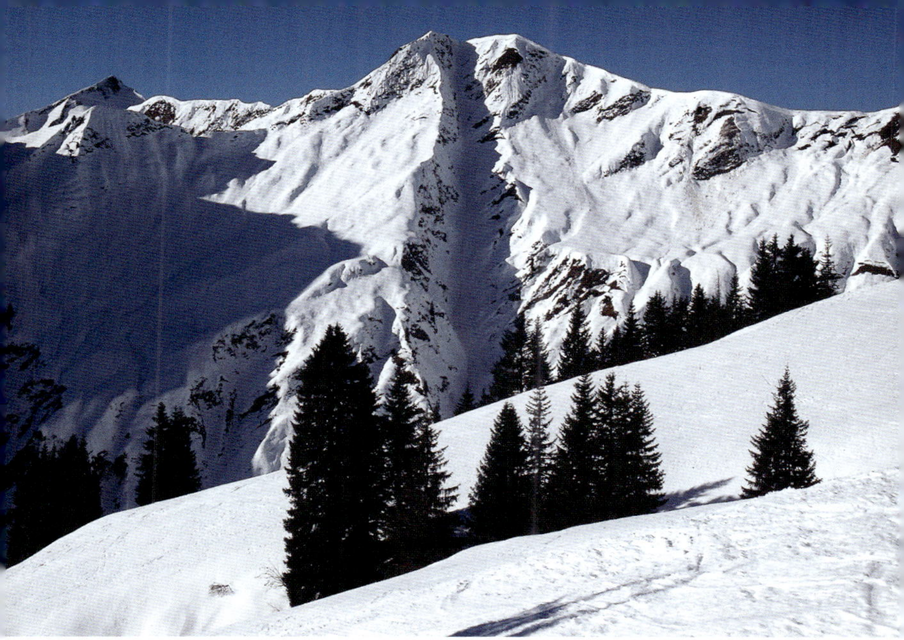

Unterwegs zur Inneren Stierhofalpe fasziniert die Lawinenrinne der Hochstarzel.

schichtetem Deckenaufbau lauert auf diesem Abschnitt eventuell die Schneebrettgefahr. Zuletzt eine Rechtsschleife legend erreichen wir die **Innere Stierhofalpe** ❸, 1680 m. Wem dabei der zwischen den beiden Ochsenhofer Köpfen herunterziehende, tief eingeschnittene Bachgraben Sorgen bereitet, der hält sich einfach geradewegs hinauf zum Sommerweg von der westlich gelegenen Starzelalpe und folgt diesem rechts zur Hütte.

Der nur ab und an von Skitourengehern gespurte Aufstieg zum direkt über der Hütte thronenden Gipfelziel namens **Östlicher Ochsenhofer Kopf** ❹ erfolgt am angenehmsten über die gegliederten Südhänge. Die Kuppen und vor allem die Mulden erfordern weiterhin sichere Verhältnisse. Man kann im Übrigen den höchsten Punkt auch in einem großen Bogen von Südosten aus der Steilmulde, die ihn vom benachbarten Muttelbergkopf trennt, und den kurzen Nordostgrat besteigen.

Was für ein Reichtum der Formgebung! Als unterschiedlichstes Gegenüber fesseln über dem Karstschlund des hintersten Schwarzwassertals das eher dolomitenartige Kalkdach des Hohen Ifen und aus dem Gemsteltal in einzigartiger Eleganz emporschnellend die unbegreifliche Elfer-Steilgrasflanke.

Der Abstieg erfolgt auf dem Anstiegsweg.

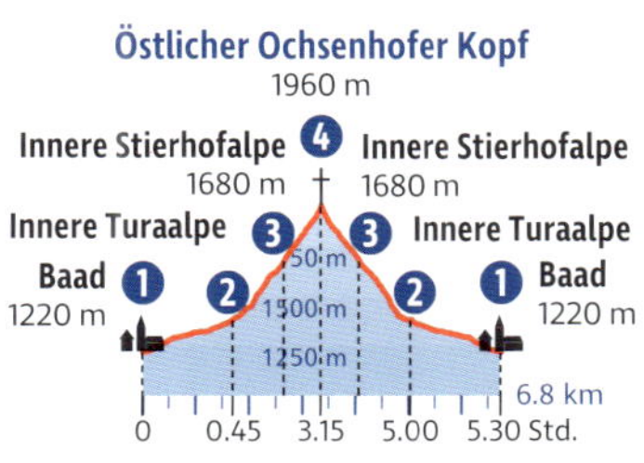

17 Bärgunthütte, 1391 m

Rundtour im Bärgunttal

★★

Hochwinterlicher Spaziergang an den Breitach-Quellwassern

Die winters über besonders imposanten, scharf eingekerbten Seitentäler des inneren Kleinwalsertals – das Wildental, das Gemsteltal und das Bärgunttal – beherbergen in der Regel ziemlich anspruchsvolle Skiaufstiege zu hohen Zielen für erfahrene Tourengeher. Gewaltige lawinenträchtige Steilgrasflanken und unnahbare Felsenwelten zwingen den Winterwanderer, der sich ja im Vergleich zum Skibergsteiger mit einem bescheideneren Aktionsradius zufrieden geben muss, auf die wenigen möglichen und verantwortbaren Routen.

Der vielleicht empfehlenswerteste leichte Winterwanderweg im hinteren Kleinwalsertal, eigentlich eher als unterhaltsamer Spaziergang zu werten, erschließt ab dem Zusammenfluss von Bärguntbach, Derrenbach und Turabach zur Breitach beide Seiten des Bärgunttals. In polare Kälte getauchte Landschaftsbilder der betörendsten Art. Unbenommenes Hauptthema dieser einprägsamen Schwelgerei ist der Widderstein, ein Gigant unter den Walsertaler Hauptdolomitburgen und eine der prachtvollsten Felsmajestäten der Nördlichen Kalkalpen überhaupt.

Hier, in der Südwestecke des Allgäus, kommt man sich vor wie am Ende der Welt. Eine lebensfeindliche Sackgasse mit Wänden aus Schnee und Eis. Und doch trifft sich gerade in dieser fast schon beklemmenden Einöde der warm geheizten Bärgunthütte das nach Urwelten süchtige Volk aus nah und fern, um der berauschenden, unverfälschten Winternatur für zwei oder drei Stunden ganz nah zu sein. Damit es auf dem Rückweg nicht langweilig wird, hat der freundliche Hüttenwirt auch noch den kurvigen Weg auf der östlichen Talseite gewalzt. So ergibt sich eine unterhaltsame Runde für Jung und Alt.

KURZINFO

Talort: Baad, 1243 m. Gemeinde Mittelberg im Kleinwalsertal, Vorarlberg. Mit dem Bus von Oberstdorf erreichbar (Zug von Kempten). Kleinwalsertal Tourismus, A-6992 Hirschegg, Tel. +43 5517 51140, kleinwalsertal.com.

Ausgangspunkt: Bushaltestelle am Ortsanfang, 1220 m; Wanderparkplatz.

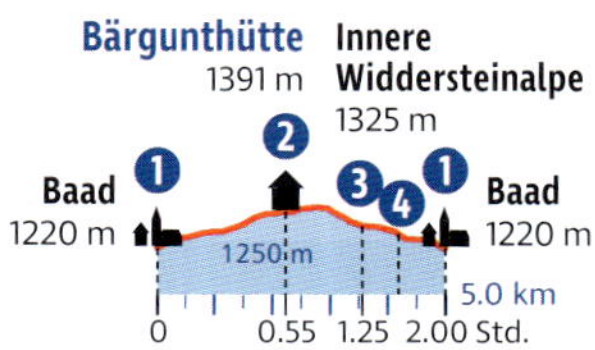

Gehzeit: Baad – Bärgunthütte 0.55 Std., Rückweg 1.05 Std.; Gesamtgehzeit 2.00 Std.

Höhenunterschied: 200 Hm.

Anforderungen: Die gesamte, nur mäßig steile Tour verläuft auf gewalzten Winterwanderwegen.

Hangexposition: Nordwest.

Lawinengefahr: Bei ungünstigen Verhältnissen sind die Zugänge zur Bärgunthütte wegen Lawinengefahr gesperrt.

Einkehr: Bärgunthütte (Tel. +43 664 3110453, baergunthuette.de, im Winter vom 22.12. bis Mitte April geöffnet, Donnerstag Ruhetag).

Kinder: Die gesamte Rundwanderung ist für Kinder geeignet.

Variante: Eine beeindruckende, aber schwierige Tour führt von der Bärgunthütte auf den kaum bekannten, circa 1990 m hohen Gamsfuß, sozusagen einen Nordausläufer des dem Heiterberg vorgelagerten Älpeleskopfs. Man spurt dazu erst Richtung Widderstein über freie Böden auf das Felstrapez des Weißen Schrofens zu und wechselt bei einer verfallenen Hütte über einen Bachsteg. Danach folgt man dem mittelsteilen, spärlich bewaldeten Rücken zur Stierlochalp, 1560 m (0.45 Std.), über den auch die Materialseilbahn verläuft. Nun hält man sich auf den Üntschenpass zu und gelangt in die Sohle eines Seitentals. Gleich wieder sucht man links zwischen einzelnen Fichten und Erlen hindurch einen günstigen Aufstieg über einen kurzen Steilhang. Wo sich die Steigung zurücklegt, spurt man rechts unter dem Älpeleskopf über freie Hänge sanft bergan auf die weiße Kuppe des Gamsfußes zu. Am Köpfle schwenkt der Kurs südwestlich ab und leitet nach einer Karwanne unter der Gipfelwechte ganz rechts auf den Gamsfuß (ab Bärgunthütte 2.45 Std.). Sichere Verhältnisse erforderlich.

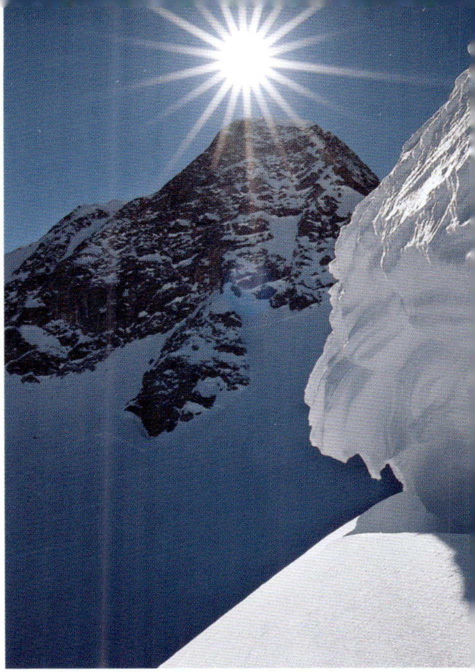

Älpeleskopf vom lohnenden Zusatzziel Gamsfuß.

Der Wegweiser »Bärgunthütte« dirigiert uns von der Bushaltestelle am Ortseingang von **Baad ❶** auf einen im Winter gewalzten Forstweg. Nach der Breitachbrücke geht's unterm Wannenberg erst mal am Bärguntbach entlang gemütlich hinein in das licht bewaldete Hochtal. Hinter uns ragt das Walmendinger Horn auf.

An der Gabelung bei der etwas abseits stehenden Hütte unter dem Bärenkopf – der Äußeren Widdersteinalp – wählen wir den Bachweg. Der charaktervolle Widderstein, das Wahrzeichen des Kleinwalsertals, baut sich vor uns als mächtig Eindruck schindender Felskoloss auf. Welch ein Ungetüm! Der Bulle vom Bärgunttal. Die Spannung wächst. Nach einem Uferwechsel haben wir weiterhin den vom Hochalppass in Wasserfällen zu Tal stürzenden Bergbach als Begleiter. Und ehe man sich's versieht, taucht auch schon die bewirtschaftete **Bärgunthütte ❷**, 1391 m, auf, in der wir uns die deftige Brotzeit munden lassen.

An der Gabelung gleich unterhalb der Hütte entscheiden wir uns auf dem Rückweg für den ebenfalls gewalzten Panoramaweg, einen Alpweg auf der anderen Seite des Bärgunttals, der mit einem kleinen Gegenanstieg erkauft werden muss. Am Fuß des Widdersteins bummeln wir erst über die Brücke des Bärguntbachs und dann durch ein von Lawinen geschundenes Waldstück bergan zu einer Kuppe.

In zwei Kehren fällt der Weg anschließend zu einem kleinen Hüttenpaar. Es ist dies die **Innere Widdersteinalpe ❸**, 1325 m, unter dem Bärenkopf. Wir genießen dabei nochmals einen schönen Rückblick.

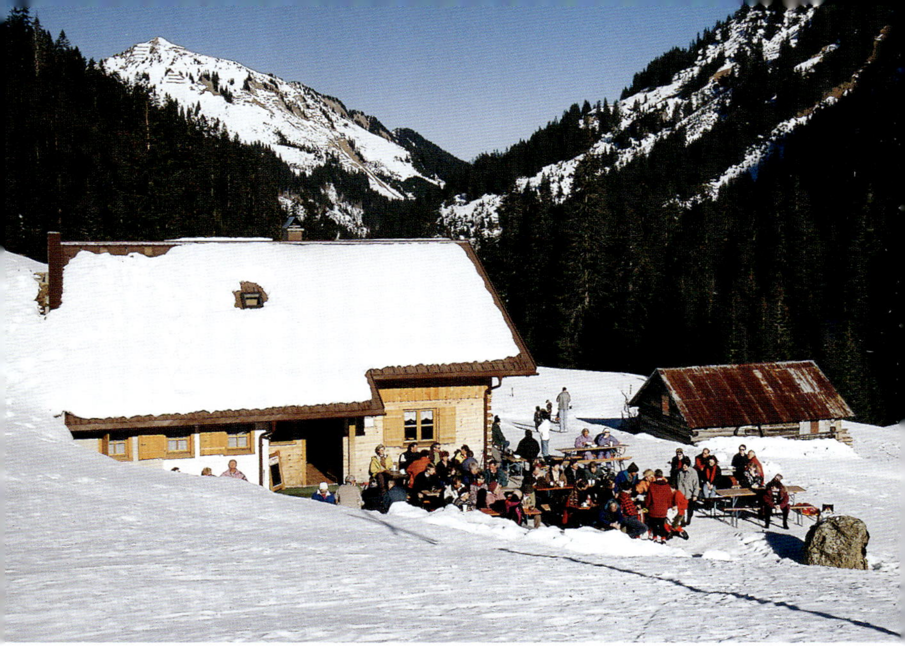

Begehrte Einkehr, erreichbar auf gewalztem Winterweg: die Bärgunthütte.

Über uns imponiert die kühne Dolomit-Pyramide des Kleinen Widdersteins. Wenig später ist die **Äußere Widdersteinalpe** ❹, 1289 m, erreicht. Über eine Serpentine geht es hinunter zur Einmündung in den bekannten Weg, der uns zurück nach **Baad** ❶ führt.

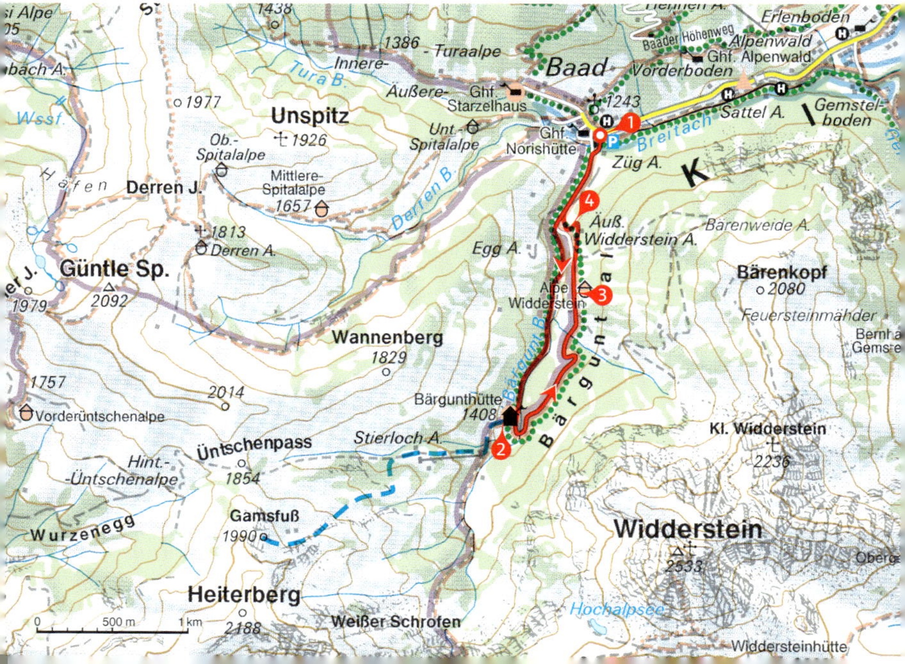

DAS WALSERHAUS

Auch im oftmals nüchternen und renditeorientierten Hightech-Zeitalter hat sich an einzelnen Plätzen des schneereichen Kleinwalsertals erfreulicherweise noch das stilreine, aufs Vortrefflichste zum Landschaftsbild passende alte Walser Holzhaus erhalten. Anders als beim alemannischen Bauernhaus, das alle Wohn- und Wirtschaftsräume unter einem Dach vereint, sind bei einem originalen Walserhaus der Stall und die Scheune entweder etwas abseits des Wohnhauses aufgebaut oder als selbstständige Gebäude an dieses angefügt.

Das auffallendste Merkmal an dem auf einem niederen, reinlich weißen Steinsockel ruhenden und nach bewährtem Walser Brauchtum aus behauenen Balken »gestrickten« Wohngebäude ist der an der vorderen Längsseite vorspringende »Roschtel«. Dieses später sogenannte Eckstüble hatte ursprünglich, als der Säumerei im Kleinwalsertal noch Bedeutung zukam, die Funktion eines Pferdestalls (daher die von Rossstall abgeleitete Mundartbezeichnung).

Vor der heimeligen Wohnecke fügt sich im Obergeschoss die »Tänn« an, eine behagliche Altane mit kunstvoll gedrechselten oder auch geschnitzten Geländerpfosten. Ebenerdig entsteht auf diese Weise die Schatten spendende »Brüge«, die vor Regengüssen und Schneegestöber schützende Brücke. Und erst was für ein Dach! Malerisch steinbeschwert und an der Giebelseite weit auskragend. Schindelgedeckt natürlich, das Kamintürmchen mit einem Satteldach geschmückt.

So ergibt sich, mitten hineingestellt in den Grundbesitz, ein trautes und urgemütliches Heim traditionsbewusster Walsergeschlechter, die im späten 13. Jh. den weiten Weg aus dem Schweizer Oberwallis nach Vorarlberg und ins Allgäu fanden. Wettergebräunt mit üppigem Blumenschmuck vor den winzigen Fenstern, die reich bemalte Läden zeigen. Nicht zu vergessen das liebevoll gehegte Vorgärtchen mit all seinen bunten Kräutern und Beeren. Und trotz allem Zierrat, innen wie außen, nirgends kitschig und stets bescheiden.

Bewahrtes altes Walserhaus in Bödmen, hinteres Kleinwalsertal.

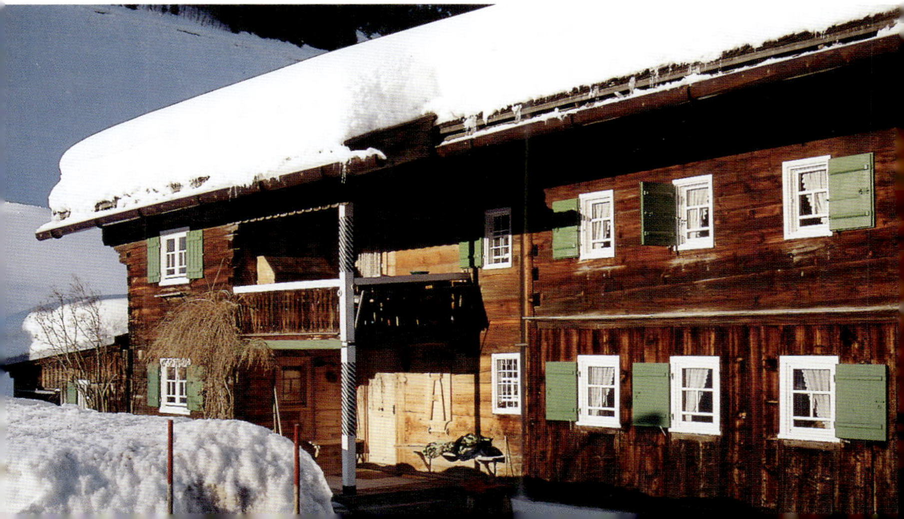

18 Hintere Köllealp, 1160 m

Rundtour über die Burgerschlägalp

★

Einsteiger-Schneeschuhbummelei im schweigenden Großen Wald

Beim ersten Blick auf die wettergebräunte Rückwand der Hinteren Köllealp am Ostfuß des Grüntenmassivs könnte man meinen, die dort angebrachten Starenkästen verfügten, sozusagen brutunterstützend, über den Luxus einer solarstrombetriebenen Heizung. Eine nähere Betrachtung verdeutlicht jedoch, dass die beiden so unterschiedlichen Einrichtungen nur recht eng beieinander liegen, ohne Kabelverbindung.

Leicht und zwanglos dahinschreiten in der prickelnd klaren Luft des in hellstem Festkleid prunkenden Großen Waldes weckt starke Gefühle. Märchenhafte Harmonie und eine endlose Stille … Ein wahres Dorado für besinnliche und zufriedene Stunden der Einsamkeit. Und vor allem für spielerische Gehversuche auf den neugierig an die Stiefel geschnallten leisen »Riesensohlen«. Weit ab von lawinenbedrohten Alpentälern, weit ab von zerspurten Modetouren.

Die hier vorgeschlagene »Köllerunde« mit ihrem ein wenig individuellen, pfadfinderischen Mittelteil zählt eigentlich nicht mehr zu den ganz einfachen Allgäuer Winterwanderungen. Sie fordert aber bei genauer Beachtung der Routenbeschreibung keinerlei Erfahrung und kann durchaus auch als erste Einsteigertour empfohlen werden. Und – sie kann süchtig machen.

Genau das richtige Schneeschuh-Testgelände: der Große Wald, im Hintergrund die Reuter Wanne.

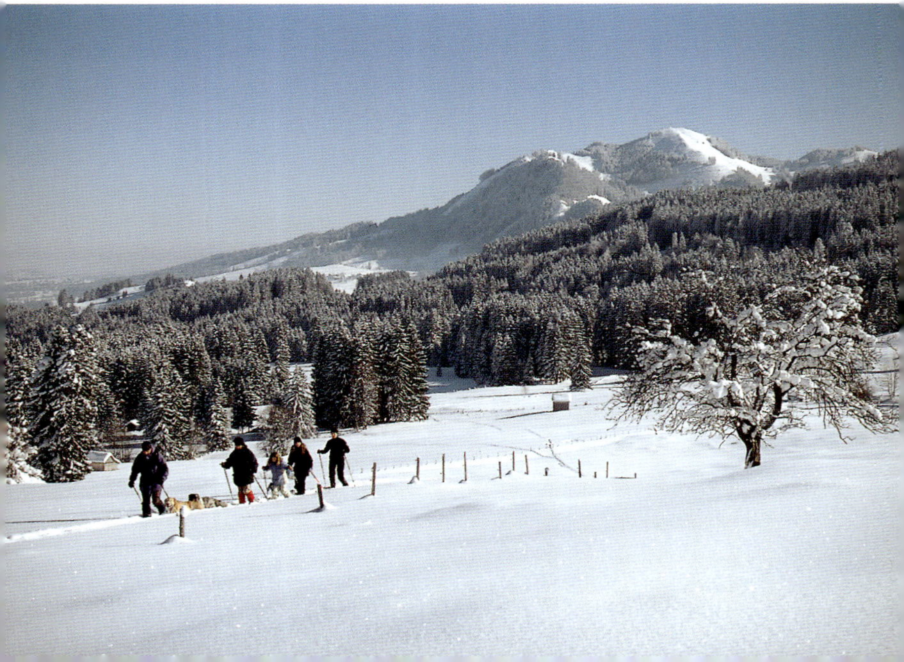

KURZINFO

Talort: Rettenberg, 806 m. Erholungsort über der Öffnung des Illertals, Oberallgäu. Mit dem Bus von Immenstadt erreichbar (Zug von Kempten). Tourist-Info, D-87549 Rettenberg, Tel. +49 8327 92040, alpsee-gruenten.de.
Ausgangspunkt: Bushaltestelle beim Wanderparkplatz »Großer Wald«, 1005 m. Zu erreichen auf der Staatsstraße Wertach – Rettenberg.
Gehzeit: Wanderparkplatz »Großer Wald« – Burgerschlägalp 0.50 Std., Burgerschlägalp – Hintere Köllealp 0.40 Std., Rückweg 1.00 Std.; Gesamtgehzeit 2.30 Std.
Höhenunterschied: 210 Hm.
Anforderungen: Das Königssträßle im Tal der Wertacher Starzlach wird vom Räumdienst stets freigehalten. Für alle anderen, überwiegend gespurten Wege mit, abgesehen von einem anstrengenden Aufschwung, nur mäßig steilen Anstiegen sind Schneeschuhe erforderlich (Abstieg von der Hinteren Köllealp eventuell in Fußspur möglich). Wald-Wild-Schongebiete beachten (siehe AV-Karte BY3).
Hangexposition: Nordost bis Südost.

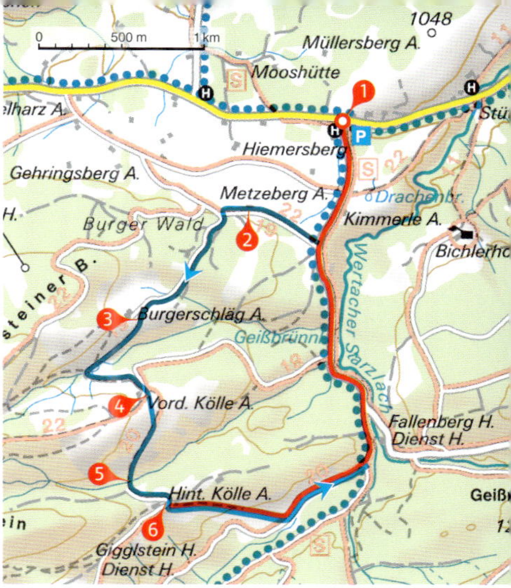

Lawinengefahr: Für die gesamte Tour besteht selbst bei widrigsten Bedingungen keinerlei Lawinengefahr.
Kinder: Wandert man die Runde auf dem geräumten Fuchslehrpfad entgegen der vorgeschlagenen Richtung und findet bergauf zur Hinteren Köllealp eine festgetretene Spur vor, so ist diese Alternative auch für Kinder ohne Schneeschuhe geeignet (Wanderparkplatz »Großer Wald« – Hintere Köllealp 1.15 Std.).

Der Wegweiser »Vordere Kölle Alpe« zeigt uns am **Wanderparkplatz »Großer Wald«** ❶ den Tourenauftakt auf dem Königssträßle, einem geräumten Alpsträßchen, zu einer Kuppe über dem Taleinschnitt der Wertacher Starzlach. Dort zwingt uns dasselbe Täfelchen auf der abzweigenden zugeschneiten, aber im Allgemeinen gespurten Fahrbahn die Schneeschuhe anzulegen. Im Norden zeigt sich der lang gestreckte Ellegg-Höhenzug. Von der nahen **Metzebergalp** ❷, 1080 m, blickt man zurück zum Glatzkopf der Reuter Wanne.
An der folgenden Wegverzweigung lenkt der Richtungszeiger »Burgerschläg-Alpe« in den Wald hinein. Bald verflacht sich der Kurs des großen Schweigens. Kurz vor der **Burgerschlägalp** ❸, 1180 m, am Osthang des Breitensteiner Berges taucht unvermutet die silbrig schillernde Pyramide des Grünten auf und setzt uns in Erstaunen. Links davon reckt sich der vorwitzige Felszapfen des Gigglsteins aus den schwer beladenen Fichtenkronen hervor. Eines der liebenswertesten Bilder des Großen Waldes.
Unmittelbar vor der Hütte mit weitem Ausblick über dichte Hangwälder zum Schopf des Wertacher Hörnles links abschwenkend genießen wir, nun leicht fallend und nur noch zeitweise gespurt, wieder freies Terrain. Der bewaldete Graben des Eiselesbachs wird überschritten. Danach folgen wir weiterhin dem

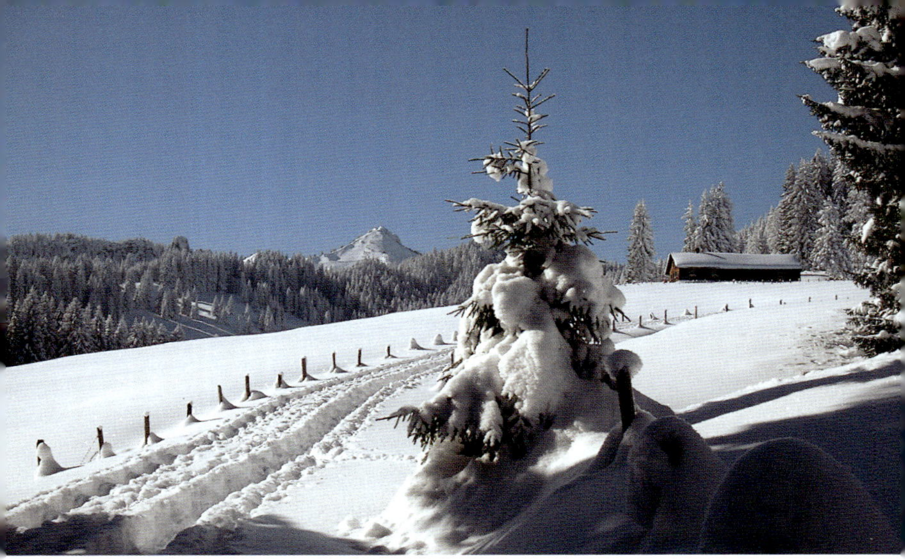

Unterwegs zur Burgerschlägalp zeigt sich das Horn des Grünten.

Fahrweg gemütlich bergauf zur Willersalp, auch **Vordere Köllealp** ❹, 1180 m, genannt. Der Wegverlauf ist im Großen und Ganzen an den aus dem Schnee spitzelnden Zaunpfählen erkennbar. Hier lässt sich's auf der sonnenzugewandten Seite so richtig nach Herzenslust abschalten.

Nach einer kleinen Schaupause ziehen wir unsere Tatzenspur sehr wahrscheinlich durch unberührte Flockenpolster (Markierungen beachten) schräg leicht bergab über einen Weidehang. Wir bewegen uns dabei auf die jenseits eines Tobels in etwa gleicher Höhe stehende Sattelhütte zu. Man quert nun, die Höhe haltend, auf einer Brücke den in einem Waldgürtel versteckten **Herzlessteinbach** ❺ zu einem Forstweg. Daraufhin hat man nicht mehr weit zur Sattelhütte, die auch den Namen **Hintere Köllealp** ❻, 1160 m, trägt.

Auf dem Rückweg wandern wir über einen wieder weglosen, aber die meiste Zeit gespurten freien Hang bergab auf das Wertacher Hörnle zu. Wer noch frischen Mutes ist, kann auch über eine erst etwas steigende Forstwegschleife talwärts spazieren. Wo unser Abstieg in den flachen Fahrweg mündet, zeigt uns der Grünten seine gegliederte Südostseite. An einer Gabelung schlägt man Kurs Wertach ein. Auf dem gewalzten Wanderkurs des Königssträßles, im Tal der Wertacher Starzlach als Fuchserlebnispfad angelegt, lässt man, das Geißbrünnl passierend, die Runde mit einem kurzen Gegenanstieg über die bereits bekannte Kuppe zum **Wanderparkplatz »Großer Wald«** ❶ gemütlich ausklingen.

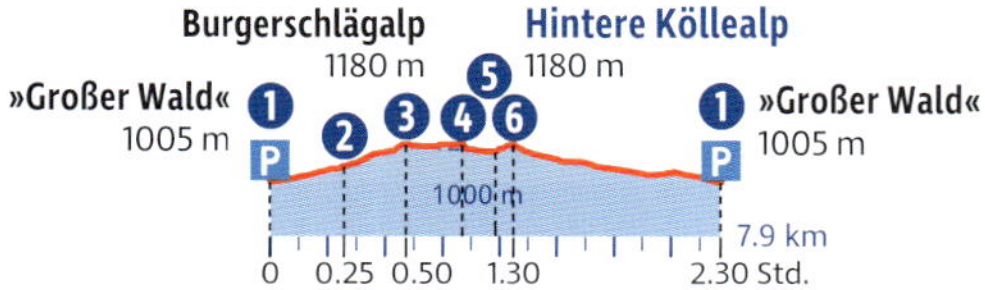

Obere Schwandalp, 1330 m

Aus dem Illertal über die Kehralp

★★

Prächtige Schaubühne am Grünten

Wer von der Kehralp, ein gutes Stück oberhalb der Starzlachklamm, über die grimmigen Tiefschneehänge zur Oberen Schwandalp die erste Spur legen muss, hat sich seine mühselig geschleppte Rucksackbrotzeit wahrlich verdient. Zudem entschädigt wird man durch die meisterhaften Panorama-Eindrücke dieses sympathischen Aussichtsbalkons. Packend nah bestechen über dem Ostrachtal die Hintersteiner Berge und die gewaltige Daumengruppe. Die Südostflanke des geologisch ziemlich bemerkenswerten Grünten mit seinen stark gestörten Gesteinsschichten zeichnet sich durch ein erstaunlich gegliedertes Gelände aus mit senkrecht aufgestellten Felsschichten und bizarren Türmen. Ein weiteres Merkmal dieser vom Schrattenkalk gezeichneten Bergseite sind die hier vorkommenden fossilreichen, eisenoxidhaltigen Erzkalke. Erzgruben beiderseits des Königssträßles, in der Nähe der Kehralp, erzählen noch von einer Zeit, als man das begehrte, in verschiedenen Rottönen erscheinende »Grüntenerz« abbaute. Der schriftlich ab dem Jahr 1471 belegte Grünten-Bergbau wurde wegen minderer Qualität des Erzes und den großen Abbauschwierigkeiten 1859 eingestellt. Im Sommer kann der Wanderer auf dem Eisenerzlehrpfad und im Schaubergwerk seine möglicherweise bestehenden Wissenslücken auffüllen.

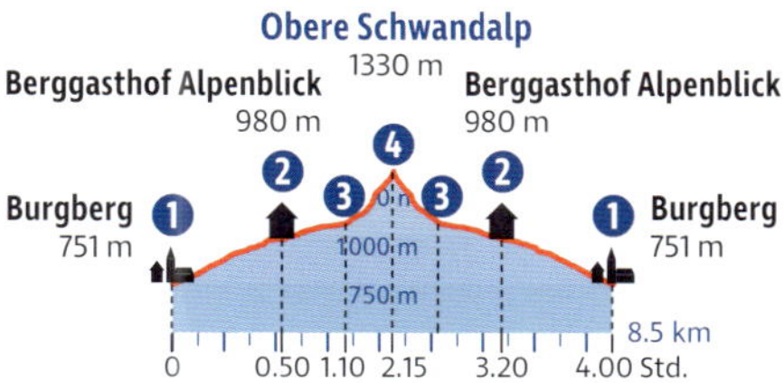

KURZINFO

Talort: Burgberg, 751 m. Erholungsort am Grünten, im oberen Illertal, Oberallgäu. Mit dem Bus von Sonthofen erreichbar (Zug von Kempten). Tourist-Info, D-87545 Burgberg, Tel. +49 08321 672220, alpsee-gruenten.de.

Ausgangspunkt: Bushaltestelle bei der Kirche, 751 m; Parkplatz.

Gehzeit: Burgberg – Berggasthof Alpenblick 0.50 Std., Berggasthof Alpenblick – Obere Schwandalp 1.25 Std., Abstieg 1.45 Std.; Gesamtgehzeit 4.00 Std.

Höhenunterschied: 580 Hm.

Anforderungen: Zum Alpenblick geräumte Bergstraße. Auf dem zugeschneiten Alpweg zur Kehralp findet man im Allgemeinen eine Fußspur vor. Spätestens danach sind für den meist Spurarbeit erfordernden und überwiegend steilen Aufstieg Schneeschuhe notwendig. Bis zum Alpenblick leicht.

Hangexposition: Südost.

Lawinengefahr: Bei Lawinengefahr ist der Weg ab dem Ortsteil »Auf dem Ried« gesperrt.

Einkehr: Berggasthof Alpenblick (Tel. +49 8321 3354, alpenblick-burgberg.de, ganzjährig geöffnet, Mittwoch und Donnerstag Ruhetag, Übernachtungsmöglichkeit, Schneeschuhverleih).

Kinder: Die Rodelabfahrt vom Alpenblick ist für Kinder geeignet.

Rodel: Rodelmöglichkeit je nach Schneeverhältnissen auf der öffentlichen Straße (auf Autos achten!) vom Alpenblick nach Burgberg.

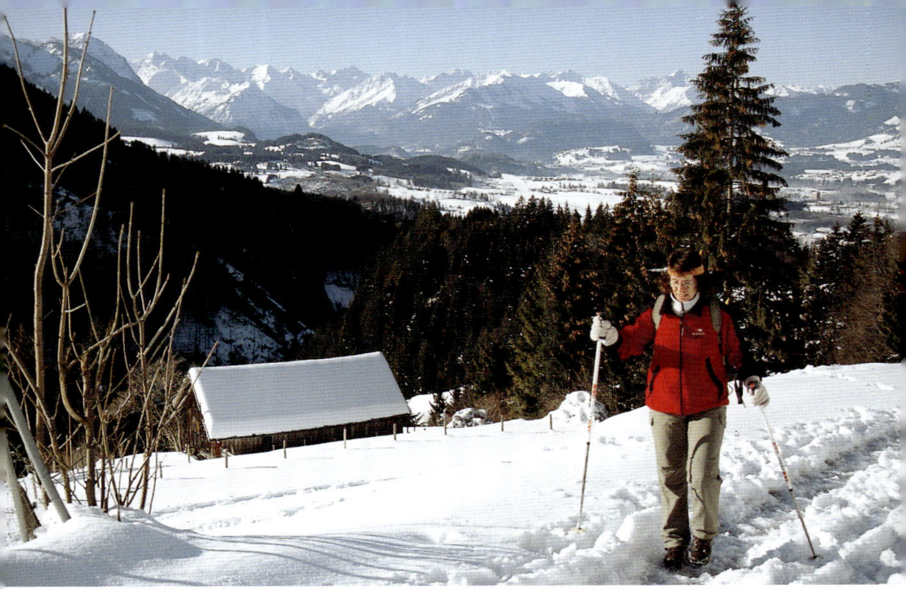

Nach dem Berggasthof Alpenblick beschäftigt uns das Panorama der Oberstdorfer Bergwelt.

Variante: Eine erholsame Alternativtour (fast immer ausgetretene Fußspur) führt vom Alpenblick auf dem zwischendurch fallenden Königssträßle durchs Tal der Sonthofner Starzlach zu der während des Winters weltabgeschiedenen Dreiangelhütte, 990 m, im Zentrum des Großen Waldes. Man folgt dazu an der Verzweigung nach dem Berggasthof Alpenblick einfach dem unteren Weg. An einer Gabelung zwischen zwei Bachbrücken – die erste quert die Starzlach, die zweite den Höllbach – bleibt man der mit »Königssträßchen« bezeichneten Route treu (ab Berggasthof Alpenblick 1.15 Std.).

In **Burgberg** ❶ starten wir an der Kirche auf der wenig befahrenen Grüntenstraße und folgen im weiteren Verlauf der Straße »An der Halde«. Die breite Schneefahrbahn durch den Wald unter dem Burgberger Horn zum **Berggasthof Alpenblick** ❷, 980 m, im Ortsteil »Auf dem Ried« täuscht scheinheilig eine nur mäßige Steigung vor. Nur bei der Weiherhütte schaltet sich ein kurzes Erholungsstück ein. Nach anhaltenden Schneefällen oder bei großer Durchfeuchtung ist der Weiterweg wegen drohender Lawinen gesperrt. Weiter geht's auf dem ungeräumten, mit »Alpe Kehr« beschilderten Königssträßle, einem Alpweg, von dem wir bald hinter dem viel besuchten Gasthof nach einem Waldstück abzweigen. Der Wegweiser »Alpe Schwande« lenkt erst überwiegend flach über freie Hänge taleinwärts und an der winzigen Rasthütte Riese vorbei. Meist finden wir auch hier noch eine ausgetretene Fußspur vor. Zur Rechten überschaut man die Waldeshöhen ums Wertacher Hörnle. Hervorragend gestalten sich zudem die Einblicke in die Oberstdorfer Berge und zum scharfkantigen Widderstein im Südwesten.

An der **Kehralp** ❸, 1065 m, unter dem Grüntenturm weist unser Richtungszeiger schräg bergan. Spätestens ab hier kommen in der Regel

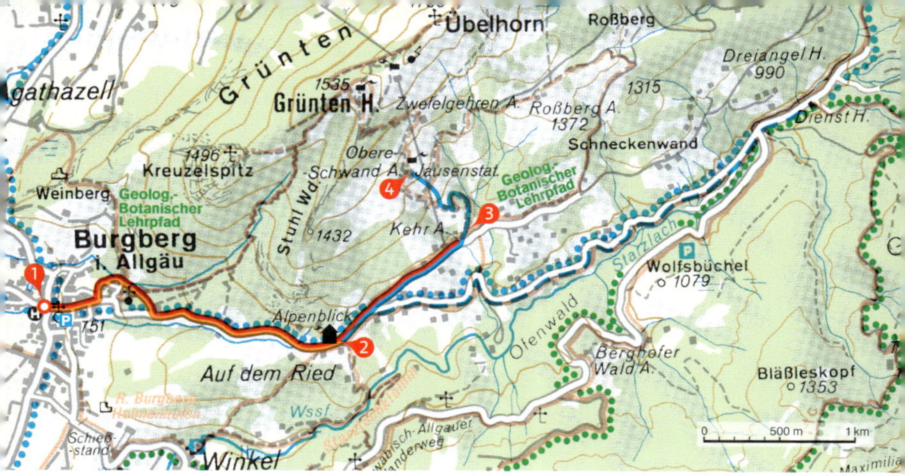

die Schneeschuhe zum Einsatz. Der Verlauf des links eines Tobels wieder durch Wald ansteigenden, selten vorgespurten Alpsteigs ist kurzzeitig nicht erkennbar. Ab einem Stadel haben wir uns unter einer Materialseilbahn hindurch auf die markante Stuhlwand zu mit den Tiefschneepaketen eines zunehmend kraftraubenderen Weidehangs anzulegen. Scheinbar knapp unter dem Grüntengipfel empfängt uns die **Obere Schwandalp** **4**. In Wirklichkeit trennen uns noch mehr als 400 Meter vom »Wächter des Allgäus«, eine Mordsschinderei. Gott sei Dank: Im Winter ist der weitere Aufstieg wegen des mitunter riskanten Steilgeländes ohnehin nicht zu empfehlen. Gerne streckt man also alle Viere von sich und erfreut sich der unendlichen Ruhe.

Der Abstieg erfolgt auf dem Anstiegsweg.

»Snow Running« am Rückweg von der Oberen Schwandalp.

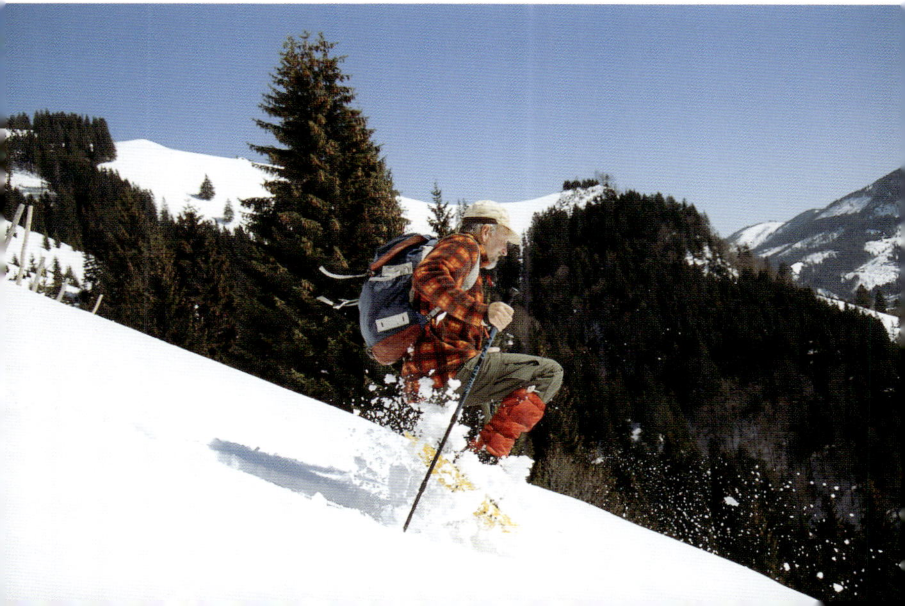

20 Wertacher Hörnle, 1685 m

Teilrunde über die Buchelalp

★★

Der beliebte Ganzjahres-Wanderberg

Ob Skitourenfreund oder Winterbergwanderer, bei zu viel oder zu wenig Schnee, ob Sturm oder Lawinengefahr, in einem sind sich die leidenschaftlichen Allgäuer Freizeitaktivisten einig: »'S Häenle goht alled.« Gemeint ist das Wertacher Hörnle bei Unterjoch. Das je nach der Gegend, aus der die Gipfelanwärter herbeistreben, auch »Hoare« genannte Wanderziel am Ostrand des ausgedehnten Großen Waldes ist einer der geeignetsten Schneeschuh-Vorberge. Was gibt es Schöneres, als gelassen und zufrieden mit sich und der Welt aus dem Tal der jungen Wertach die aussichtsreichen Südosthänge hinaufzustapfen, auf den anmutig geschwungenen Doppelgipfel über dem eiserstarrten Hörnlesee?
Noch im späten Frühjahr lockt er als eine der letzten Erhebungen der vordersten Reihe mit einer gleißenden Haube die nach körnigem Firn süchtigen Schneewanderer. Und selbst wenn der Allgäuer zigmal bei widrigen Wetterbedingungen auf seinem »Häenle« war, zugeben wird er es nie, dass auch nur eine einzige Tour für die Katz war. Zu sehr ist ihm der »Berg für alle Fälle« längst ans Herz gewachsen.

KURZINFO

Talort: Unterjoch, 1013 m. Kleines Bergdorf im Wertachtal (Gemeinde Bad Hindelang), Oberallgäu. Mit dem Bus von Oy erreichbar (Zug von Kempten). Tourist Information, D-87541 Bad Hindelang, Tel. +49 8324 8920, badhindelang.de.
Ausgangspunkt: Bushaltestelle im Ortsteil Obergschwend, 1050 m; Großparkplatz.
Gehzeit: Obergschwend – Buchelalp 0.50 Std., Buchelalp – Wertacher Hörnle 1.35 Std., Abstieg 1.50 Std.; Gesamtgehzeit 4.15 Std.
Höhenunterschied: 640 Hm.
Anforderungen: Zur Buchelalp geräumter Forstweg. Für den weiteren mittelsteilen und fast immer von Skifahrern gespurten Aufstieg sowie für den Alternativabstieg von der Alp sind Schneeschuhe erforderlich. Bis zur Buchelalp leicht. Auf Gipfelwechte achten!
Hangexposition: Ost bis Süd.
Lawinengefahr: Sorgsame Routenwahl vorausgesetzt, besteht selbst bei ungünstigem Schneedeckenaufbau keine Lawinengefahr.
Einkehr: Buchelalp (Tel. +49 171 4528000, buchelalpe.de, im Winter Freitag bis Montag geöffnet, bei zusätzlichen Öffnungszeiten Hinweis am Wegbeginn).
Kinder: Die Rodelbahn von der Buchelalp ist für Kinder geeignet.
Rodel: Lohnende Rodelbahn von der Buchelalp nach Obergschwend.

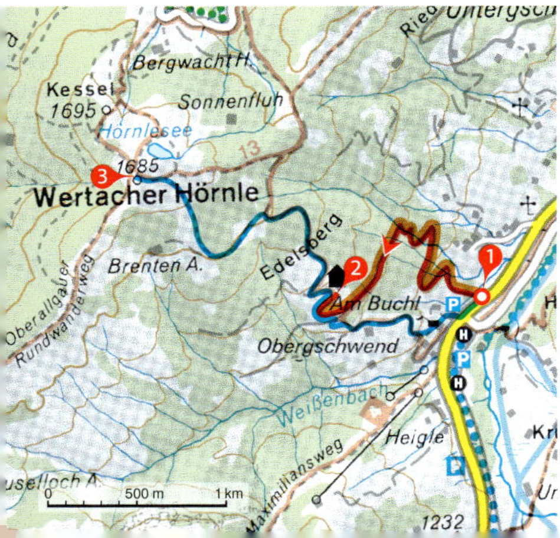

In **Obergschwend** ❶ weist nahe der Bushaltestelle, am nördlichen Beginn des Großparkplatzes, das Schild »Buchelalpe« auf einen für die Rodler geräumten Forstweg. Über eine ganze Reihe kraftsparender Windungen bummelt man im Bereich mehrerer Quellbäche durch den verzauberten Winterwald hinauf zur **Buchelalp** ❷, 1270 m. Der Blick schweift hinüber zum Breitenberg und Aggenstein. Hinter dem Einstein spitzeln die eleganten Tannheimer Kletterzacken hervor. Neben dem winzigen Hotzenberg schmiegt sich die schmucke Unterjocher Kirche an den Bergfuß des Zinken und im Süden bestimmen der breitgelagerte Kühgundkopf und der Iseler die Szene.

Die Schneeschuhe angeschnallt überwindet man nun die von den Skifahrern gewöhnlich auf der gesamten Breite zerspurten und oft früh ausapernden Weidehänge des sogenannten Edelsbergs. Im rechten obersten Eck der freien Flächen taucht man im lichten Fichtenwald unter. Dort biegt der schwach erkennbare Sommerweg noch ein letztes Mal links um, bevor er abermals links in den quer laufenden Alpweg von der Schnitzlertalalp mündet.

Dieser bringt uns jetzt auf gleich bleibender Höhe zu dem wieder freien Gelände vor der Brentenalp. Über dem an Bergwassern reichen Talschluss des Weißenbachs bauen sich der Hirschberg, der Spieser und der Roßkopf auf. Herrliche Südhänge steigen schließlich an zu einem Ostrücken, der uns in Kürze auf das **Wertacher Hörnle** ❸ leitet. Ausgesprochen steil wird's bis zuletzt nicht. Von dem nur mit einem Wegweiser bedachten Südgipfel reicht die Sicht schier endlos hinaus ins

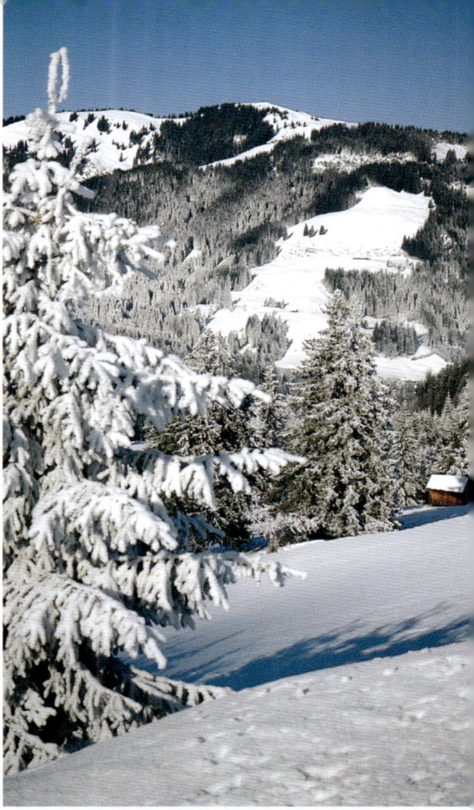

Wertacher Hörnle vom Oberjoch.

Oberallgäuer und Ostallgäuer Alpenvorland. Der Übergang zum 10 Meter höheren Nordgipfel lohnt sich ebenfalls.

Auf dem Rückweg ziehen wir unter der **Buchelalp** ❷ gleich den direkten Abstieg nach **Obergschwend** ❶ vor. Man braucht dabei stets nur in ihrem linken Bereich die freien Hanglagen zu verfolgen.

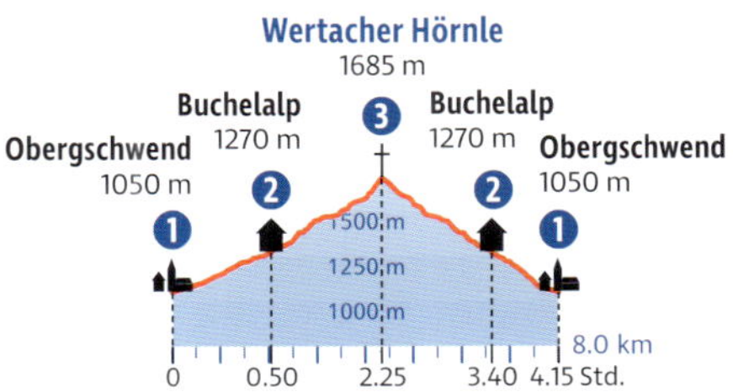

21 Kleiner Hirschberg, 1500 m

Von Südwesten auf den Nord- und Hauptgipfel ★★

Abweisender Geselle über dem Ostrachtal

Wie ein Wintertourenziel sieht er ja nun wirklich nicht aus, der schroffe Kleine Hirschberg mit seinem aus wettergeschundenen Waldflecken und jähen Felsabbrüchen gemusterten Kleid. Doch der beeindruckende, obwohl an Höhe eher bescheidene Hausberg der Hindelanger eignet sich keineswegs nur als sommerliches Wanderziel mit Aufstieg durch den abenteuerlichen Hirschbachtobel oder als Traumstartplatz für Gleitschirmflieger.

Auch Schneeschuhgeher schätzen die Qualitäten dieser abgerundeten Vorgebirgserhebung über der in zarten Dunst gehüllten kalten Tiefe des Ostrachtals. Man braucht weder erst ein zeitaufwändiges Tal zu erwandern noch den aktuellen Lawinenlagebericht lange zu interpretieren. Der Aufstieg beginnt mitten im Dorf und was die weiße Gefahr anbelangt, die hätte es auf der vorgestellten Route äußerst schwer voranzukommen. Ja, überhaupt erst mal loszubrechen, viel zu flach sind die betretenen Hanglagen.

Der Kleine Hirschberg weist übrigens nicht nur einen Nord- und Südgipfel auf. Er verwöhnt den Besucher auch noch mit einem Kreuzgipfel. Das Kreuz steht 44 Meter tiefer auf einem vorgerückten Punkt mit Traumtiefblick aufs Dorf.

Kleiner Hirschberg bei Bad Hindelang.

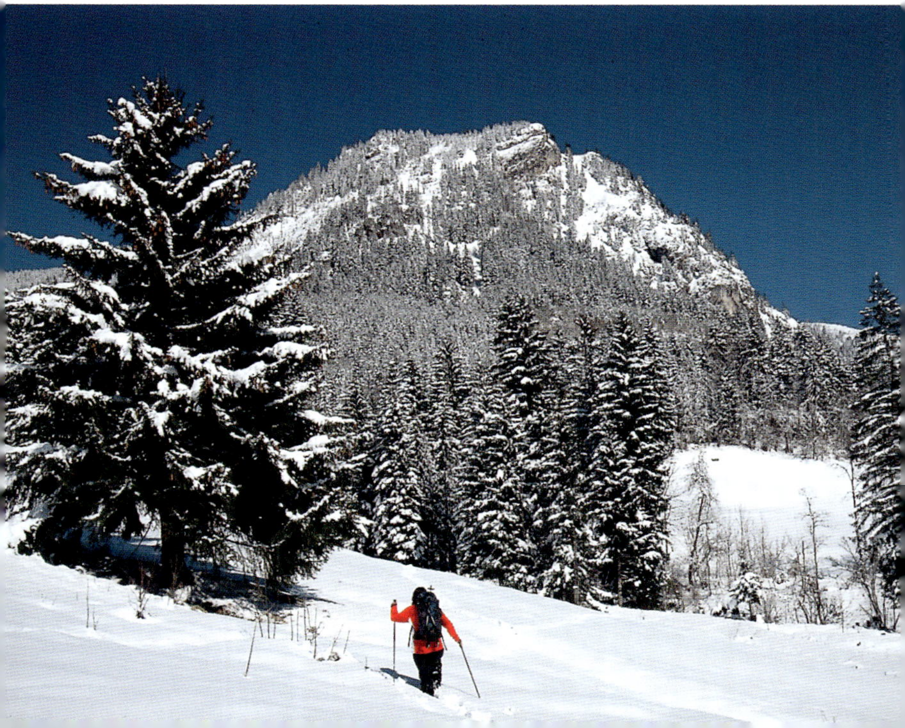

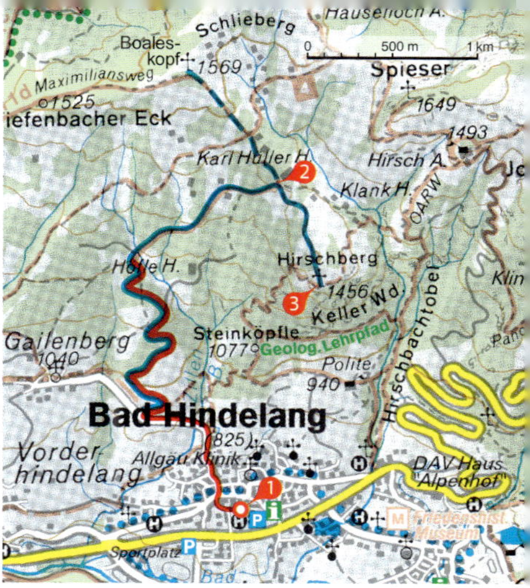

KURZINFO

Talort: Bad Hindelang, 825 m. Heilklimatischer Kurort im Ostrachtal, Oberallgäu. Mit dem Bus von Sonthofen erreichbar (Zug von Kempten). Tourist Information, D-87541 Bad Hindelang, Tel. +49 8324 8920, badhindelang.de.
Ausgangspunkt: Bushaltestelle am Kurhaus, an der Bundesstraße, 810 m; Großparkplatz.
Gehzeit: Bad Hindelang – Klankhütte 2.10 Std., Klankhütte – Kleiner Hirschberg 0.30 Std., Abstieg 2.05 Std.; Gesamtgehzeit 4.45 Std.
Höhenunterschied: 690 Hm.
Anforderungen: Straße nach Gailenberg stets geräumt. Auf dem Forstweg zur Klankhütte findet man anfangs meist eine ausgetretene Fußspur vor. Für den weiteren, oft von Skitourengehern gespurten Aufstieg mit kurzen Steilstücken sind Schneeschuhe notwendig. Im Gipfelbereich auf Abstürze achten! Bis zum Aussichtskreuz Imne oberhalb des ersten freien Hanges leicht.
Hangexposition: Süd, am Gipfel kurz Nord.
Lawinengefahr: Bei Einhaltung der vorgeschlagenen Route besteht keinerlei Lawinengefahr.
Variante: Als leichte und völlig gefahrlose, lohnende Zugabe bietet sich für Gipfelsammler der von der Hauptroute auf den Boaleskopf, 1569 m, abzweigende Aufstieg an. Man verlässt dazu an der Klankhütte die Hirschbergroute und folgt der oft von Schneeschuhgehern ausgetretenen Spur Richtung Tiefenbacher Eck durch lichten Fichtenwald an der Karl-Hüller-Hütte vorbei zu einer Schulter. Über den kurzen, freien und wenig steilen Südosthang gelangt man auf den Boaleskopf (ab Klankhütte 0.30 Std.). Wald-Wild-Schongebiete am Tiefenbacher Eck und Roßkopf beachten (siehe AV-Karte BY 3).

Da die steile Straße von **Bad Hindelang** ❶ nach Gailenberg ab dem Ortsende in beiden Richtungen mit einem Parkverbot belegt ist, sieht sich der Autofahrer gezwungen, den Großparkplatz beim Kurhaus an der Bundesstraße in Anspruch zu nehmen. Wir folgen vom Westrand des Parkplatzes der Poststraße bergan und dann der Karl-Hafner-Straße und der steilen Gailenbergstraße über die Zillenbachbrücke.

Bei der Aussicht Nusche zweigt der ungeräumte, aber angenehm steigende Forstweg Richtung Klankhütte ab und passiert auf einer freien Bergschulter das Kreuz Imne. Dieser Aussichtspunkt gibt den Blick auf die Hintersteiner Berge frei. Direkt jenseits des Ostrachtals erhebt sich der schattige Nordhang des Imberger Horns. Die meiste Zeit ist zumindest auf dem ersten Abschnitt eine Fußspur ausgetreten. Doch früher oder später, wenn nur noch Skitourengeher oder Schneeschuhwanderer sich um eine Fortsetzung des Aufstiegs bemüht haben, geht es mit Hilfe der »Plastikfüße« doch eindeutig leichter.

Bald nimmt uns der Wald auf, der jedoch zwischendurch die wärmenden Sonnenstrahlen durchblitzen lässt. Über Lichtungen geht es, zwi-

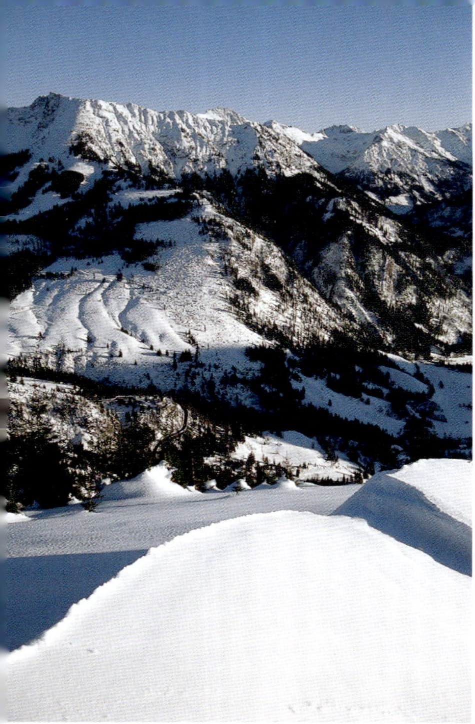

Auf dem Kleinen Hirschberg schweift das Auge hinein in die Hintersteiner Berge.

schendurch in ein paar Kehren, durchs stille Fichtengrün. Von einer weiteren Blöße gelangt man zum Andachtshäuschen kurz vor dem Sattel unter dem Hirschberg-Nordhang, das oft fast ganz eingeschneit ist.
Direkt im Sattel steht die **Klankhütte 2**, 1410 m. Vor uns baut sich die schroffe Spieser-Westflanke auf, rechts davon der von dieser Seite abweisende Jochschrofen. Wir mühen uns nun direkt über einen kleinen, aber recht steilen, baumlosen Hang empor, der in der Regel mit weichem Pulver aufwartet.
Schlagartig überrascht vom Vorgipfel, 1495 m, der sich mit dem Schmuck weniger Fichten und mickriger Buchen zufrieden geben muss, die völlig freie Sicht übers Illertal hinüber zu den Bergriesen des Kleinwalsertals. Links vom unverkennbaren Ifen zeigt sich sogar das zackige Felsenhaupt der Hochkünzelspitze im fernen Lechquellengebirge. Die Bezeichnung **Kleiner Hirschberg 3** soll im Übrigen dafür sorgen, dass er nicht mit dem deutlich höheren Hirschberg östlich des Spieser verwechselt wird.
Wem es nicht zu stressig ist, der zieht vom nördlichen Vorgipfel seine Spur noch über die kaum nennenswerte, licht bewaldete Einsenkung zum wenige Meter höheren Hauptgipfel. Die Aussicht ist von dort weitaus umfassender. Neben den Tannheimer Felsgipfeln recken sich auch der formenschöne Hochvogel, die Daumengruppe und das Nebelhornmassiv mit den Zinnen des Hindelanger Klettersteigs in den blauen Winterhimmel. Man kann den Vorgipfel auch östlich umgehen und gleich von der Einsenkung aus den Hauptgipfel besteigen.
Der Abstieg erfolgt auf dem Anstiegsweg.

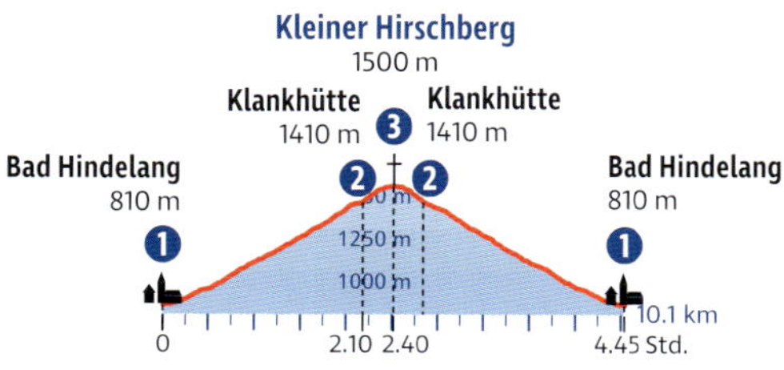

Spieser, 1649 m

Teilrunde über die Alte Jochstraße

★★

Historische Wege und eine Super-Rodelbahn

Man könnte es sich leicht machen und für eine Spieser-Besteigung von Obergschwend den Dienst des Spieserliftes bis in 1370 Meter Höhe in Anspruch nehmen. Warum auch nicht? Im Nu hätte man durch die wohl gemerkt nicht immer lawinensichere Hochmulde den Gipfel erreicht. Deutlich mehr hat man von einer Spiesertour jedoch, wenn man den Südaufstieg aus dem Ostrachtal wählt. Die den Fußgängern vorbehaltene, noch aus dem 18. Jh. stammende und heute als Winterwanderweg angelegte Alte Jochstraße verspricht eine prächtige Aussicht, besonders in die Hintersteiner Bergwelt. Schon vor bald 2000 Jahren bezwangen römische Legionen den Völker verbindenden Jochpass zwischen Hindelang und dem Tannheimer Tal, damals noch Saumweg. Später war die Route übers Oberjoch eine wichtige Straße für den Salzhandel, ja, der bedeutendste Handelsweg zwischen dem Po und dem Rhein. Die zwischen 1540 und 1550 als weniger schwierige Alternative zum Arlberg vom Grafen von Montfort errichtete Montfortstraße zieht sich ab dem Oberdorfer Rank in Kurven unterhalb der jetzigen Alten Jochstraße hin. Der Verlauf des ursprünglichen Saumwegs ist heute noch zum Teil im Gelände erkennbar. 1895 bis 1900 wurde dann mit deutlich geringerem Gefälle die heutige, 1952 grundlegend verbesserte Neue Jochstraße erbaut, die ursprünglich 107 Kurven aufzuweisen hatte.

»Eisiger Quergang« unter der Hirschalp.

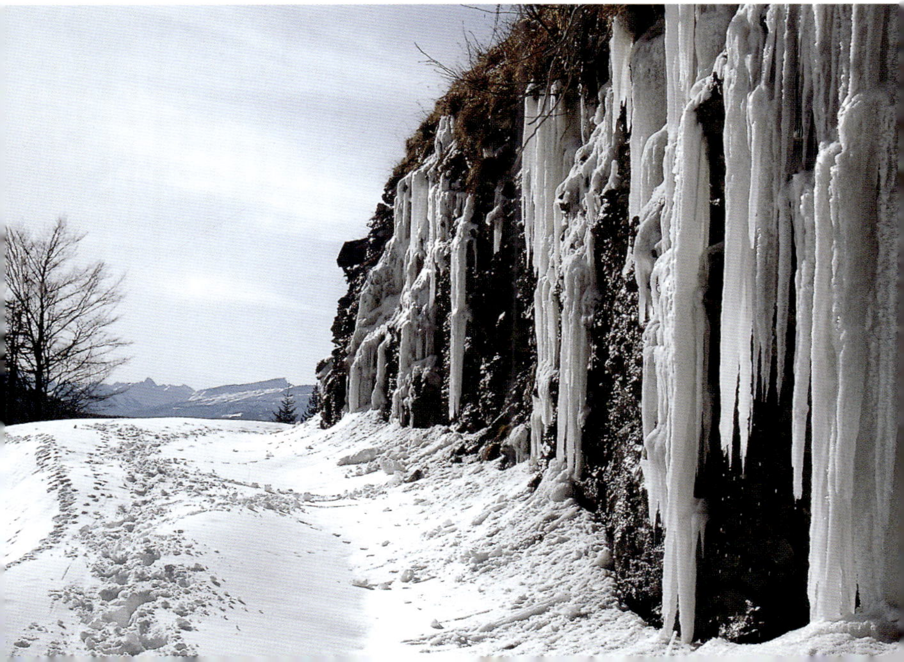

KURZINFO

Talort: Bad Hindelang, 825 m. Heilklimatischer Kurort im Ostrachtal, Oberallgäu. Mit Bus von Sonthofen erreichbar (Zug von Kempten). Tourist Information, D-87541 Bad Hindelang, Tel. +49 8324 8920, badhindelang.de.
Ausgangspunkt: Bushaltestelle am Kurhaus, an der Bundesstraße, 810 m; Großparkplatz.
Gehzeit: Bad Hindelang – Spieser 3.45 Std., Abstieg 2.30 Std.; Gesamtgehzeit 6.15 Std.
Höhenunterschied: 840 Hm.
Anforderungen: Bis zur Hirschalp Winterwanderweg (kleines Verbindungsstück zur Neuen Jochstraße ungeräumt, aber oft von Fußgängern gespurt). Für die restliche Tour mit kurzen Steilaufstiegen sind Schneeschuhe erforderlich. Etwas Ausdauer notwendig. Alte Jochstraße leicht.
Hangexposition: Ost bis Südwest.
Lawinengefahr: Bei extremen Verhältnissen ist eine Lawinengefahr ab der Querung unter der Hirschalp denkbar.
Einkehr: Hirschalp (Tel. +49 175 2078961, hirschalpe.de, zeitweise, in den Ferien durchgehend, geöffnet, Hinweis an der Abzweigung des Weges von der Oberjochstraße).
Kinder: Die Rodelabfahrt von der Hirschalp ist für Kinder geeignet.
Rodel: Lohnende Rodelbahn von der Hirschalp zur Oberjochstraße (Parkplatz). Rodelverleih in der Hirschalp.

Los geht's in **Bad Hindelang** ❶ am Kurhaus in Richtung Gailenberg zur Ortsmitte. Wir nehmen die Marktstraße an der Kirche vorbei und die Jochstraße auf das Iselermassiv zu, geradeaus zum Ortsende. Die Bundesstraße trägt uns über die **Hirschbachbrücke** ❷, 840 m. Gleich in der ersten Kurve zeigt der Wanderwegweiser »Oberjoch« auf die Alte Jochstraße, die an der Wasserversorgung in einen für die Winterwanderer geräumten Fahrweg wechselt.

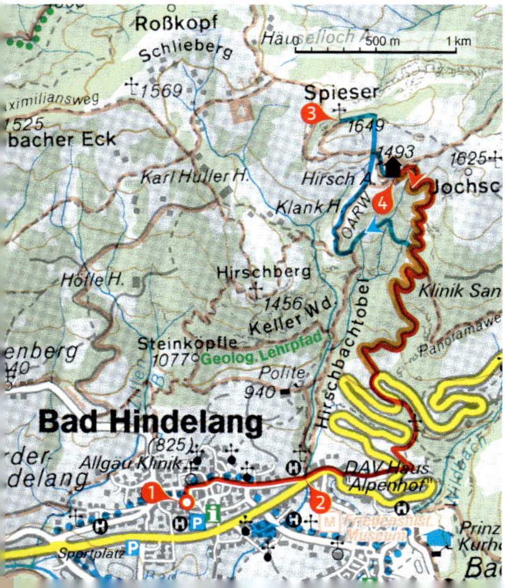

Nach der Bundesstraßen-Unterführung geht's in verhältnismäßig angenehmer Steigung durch Alleekehren über offenes Gelände. Bereits auf diesem Abschnitt gewinnt man schöne Blicke auf die Berge des Retterschwanger Tals, übers Illertal sowie in den wilden Hirschbachtobel. Nach der dritten Kehre bringt uns ein kleines Verbindungsstück, auf dem oft eine Fußspur ausgetreten ist, zur Neuen Jochstraße. Dort beginnt der Alpweg zur Hirschalp. In zahlreichen Windungen schlängelt sich die gewalzte Bahn durch Wald und über Lichtungen bergan. An der Gabelung auf 1300 Meter Höhe richten wir uns nach dem Wegweiser »Hirschberg« (rechts geht's nach Oberjoch). Der nur ab und an gespurte Forstweg leitet auf gleich bleibender Höhe unter einem kranken Waldflecken hindurch über zwei tiefe Bacheinschnitte. Nach großem Neuschneezuwachs oder starker Durchfeuchtung ist ab hier eventuell mit Lawinengefahr zu rechnen.
Am Wegende dirigiert uns das Schild »Spieser« zu einem Jungwald-

Durchschlupf. Der anschließende, herrlich freie, ein wenig anstrengende Rücken Richtung Hirschalp beschert eine eindrucksvolle Schau zum Hochvogel und zum mächtigen Daumenmassiv. Wir streben nun auf das Kreuz zu, das den Aussichtspunkt bei der Hirschalp ziert. Rechts davon imponieren die Abstürze des Jochschrofens.

Noch vor dem Kreuz ziehen wir unsere Tellerspur über die hübschen, hindernislosen Südwesthänge direkt auf die Einsattelung zwischen dem Spieser und dem östlich benachbarten Hirschberg zu. Rasch gewinnen wir dabei an Höhe. Der kurze Ostrücken leitet schließlich entlang einer Fichtenreihe auf den **Spieser ❸**. Nordseitig ist dabei auf die Steilabbrüche zu achten. Der 1644 m hohe Hirschberg lässt sich von der Einsattelung in wenigen Minuten mitnehmen.

Auf dem Abstieg schlagen wir einen flachen Haken über das erwähnte Aussichtskreuz zur nahen **Hirschalp ❹**, 1493 m. Nach einer verlockenden Einkehr braucht man nur der kurvigen Weganlage treu zu bleiben, die unter der wilden Westflanke des Jochschrofens nochmals die beiden bekannten Bachgräben quert. Bald darauf stoßen wir auf die Aufstiegsroute, die uns zurück nach **Bad Hindelang ❶** bringt.

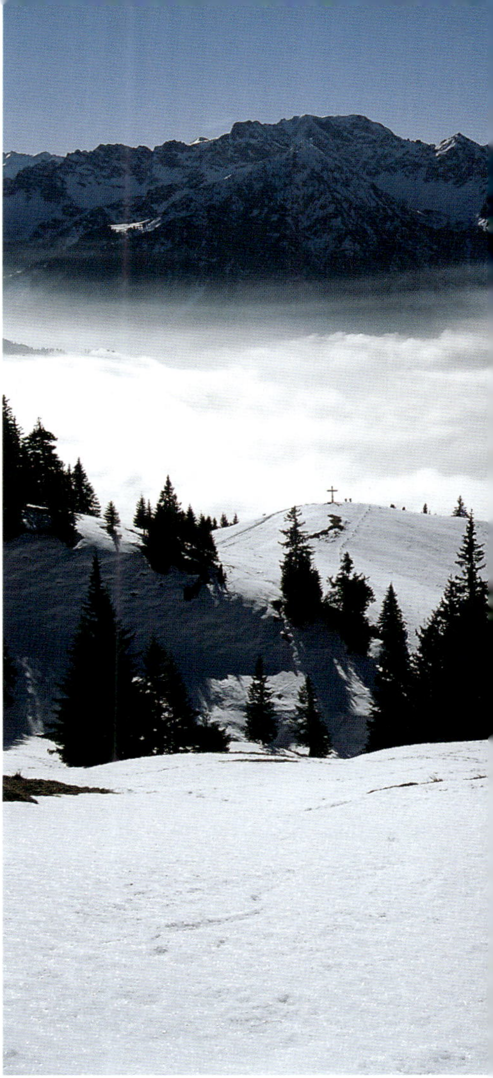

Spieser-Tiefblick auf das nebelverhangene Ostrachtal mit dem wuchtigen Daumenmassiv.

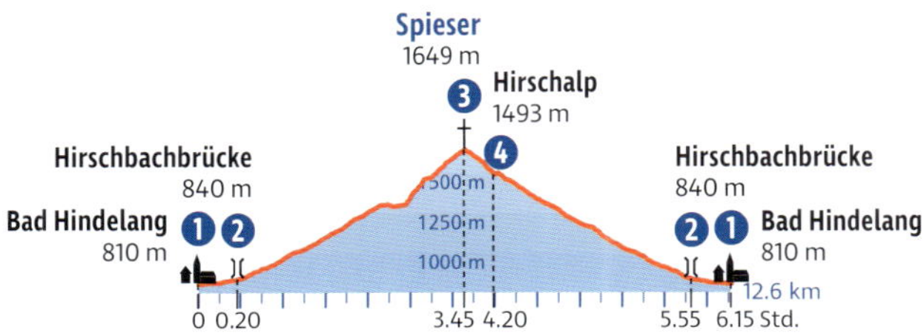

23 Alp Mitterhaus, 1081 m

Von der Hornbahn durchs Retterschwangtal ★★

Strenger Talschluss mit unverfälschten Bergwassern

Im Winter benützt man die Hindelanger Hornbahn gewöhnlich, um auf einer der drei pfiffigen, teilweise sogar beschneiten Rodelbahnen den frischen Fahrtwind um die Ohren zu spüren. Wir landschaftshungrigen Verehrer der jungfräulichen Schneenatur auf den schwebenden Lochtatzen dagegen wollen nicht schon wieder Richtung Heimat steuern. Uns lockt vielmehr die geheimnisvolle Gegenrichtung, der wildromantische Talschluss des Retterschwangs mit dem unverfälschten, mehrarmigen Lauf der kraftvollen Bsonderach. Im Hochwinter ist dieser mitreißende Gebirgswinkel mit seinem strengen Charakter von der Sonne ziemlich im Stich gelassen. Wie am Ende der Welt kommt man sich unter den riesenhaften Bergleibern vor, die sich da vom Daumenmassiv zum Nebelhorn hin zu einer unerklimmbaren Bastion zusammengeschlossen haben.

Man passiert auf dieser Route die Rinne Seilers-Gern, einen beachtlichen Bergsturz. Die Bsonderach hatte wohl eine Zeit lang ihre Not mit der hinderlichen Blockhalde, ehe sie sich mit unerschütterlichem Willen ein neues Bett durch den Felsverhau fressen konnte. Der durch die Naturkatastrophe entstandene und höchstwahrscheinlich recht idyllische Bergsee musste mit der neu entstandenen Klamm leider sein Leben wieder aushauchen.

Die fürchterlichen Stürme Wiebke und Vivian schmetterten in diesem Talbereich 1990 innerhalb weniger Minuten Tausende Stämme der früheren Fichten-Reinbestände um. In den Folgejahren hatte es der Borkenkäfer leicht, einen Großteil des Restwuchses zu vernichten. Die Kahlflächen wurden nach den zeit- und kostenaufwändigen Holzarbeiten mit einem stabilen Mischwald aus Fichte, Tanne, Buche und Ahorn aufgeforstet.

KURZINFO

Talort: Bad Hindelang, 825 m. Heilklimatischer Kurort im Ostrachtal, Oberallgäu. Mit dem Bus von Sonthofen aus erreichbar (Zug von Kempten). Tourist Information, D-87541 Bad Hindelang, Tel. +49 8324 8920, badhindelang.de.

Ausgangspunkt: Bushaltestelle am Kurhaus, an der Bundesstraße, 810 m; Großparkplatz.

Gehzeit: Bad Hindelang – Alp Mitterhaus 2.15 Std., Alp Mitterhaus – Café Horn 1.10 Std., Rückweg 1.20 Std.; Gesamtgehzeit 4.45 Std.

Höhenunterschied: 100 Hm.

Anforderungen: Vom Berggasthaus Zum Oberen Horn zur Hornstraße sind Schneeschuhe erforderlich, da die Rodelbahn für Fußgänger gesperrt ist. Auf dem Alpsträßchen vom Café Horn zur Alp Mitterhaus findet sich fast immer eine vom Forstdienst gewalzte Scooterspur. Rückweg vom Café Horn auf geräumten und gewalzten Winterwanderwegen.

Hangexposition: Nordost bis Ost.

Lawinengefahr: Das Alpsträßchen vom Café Horn ins Retterschwangtal ist zeitweise von Lawinen bedroht.

Einkehr: Berggasthaus Zum Oberen Horn (Tel. +49 8324 651, berggasthaus-zum-oberen-horn.de, ganzjährig geöffnet), Café Horn (Tel. +49 8324 8249, ganzjährig geöffnet, Donnerstag außer an Feiertagen Ruhetag).

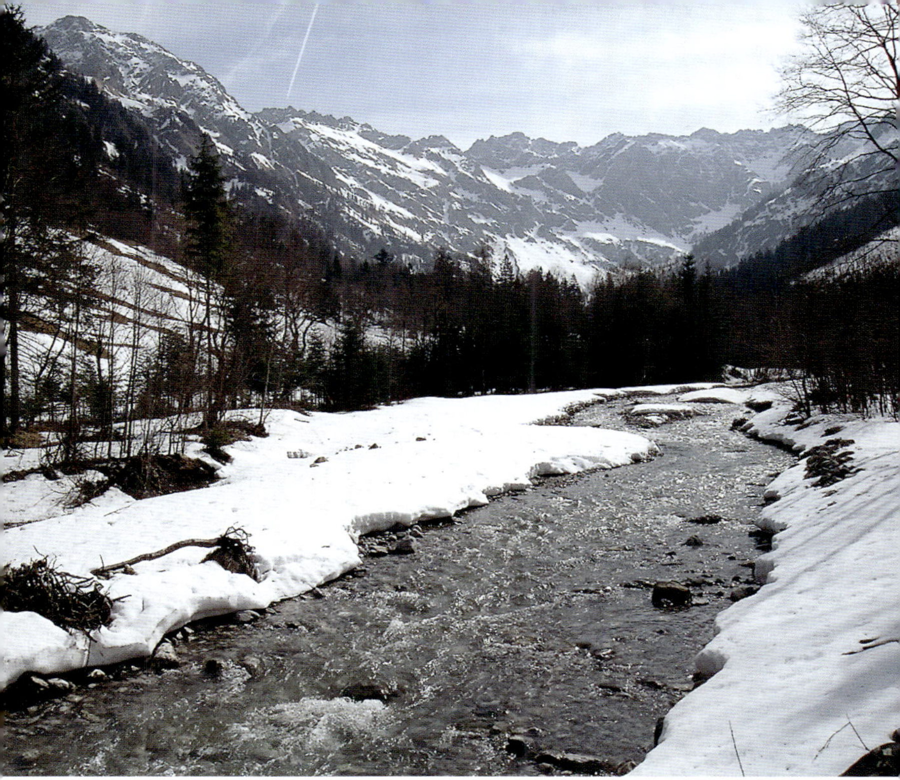

Hinter der Alp Mitterhaus offenbart sich ein spannender Talschluss.

Kinder: Die drei Rodelbahnen zum Berggasthaus Zum Oberen Horn sind für Kinder geeignet.
Rodel: Drei lohnende Rodelbahnen vom Berggasthaus Zum Oberen Horn zur Talstation und zum Parkplatz Gruebplätzle. Rodelverleih an der Talstation und in der Rodlerhütt'n.
Seilbahn: Hornbahn Hindelang, im Winter von Weihnachten bis Ende März 9.00–16.00 Uhr, Tel. +49 8324 2404, hornbahn-hindelang.de.
Variante: Wanderern mit guter Kondition kann von der Alp Mitterhaus der mittelschwere Weiterweg durch den Retterschwang-Talschluss zur Hinteren Entschenalp, 1451 m (1.30 Std.), empfohlen werden. Man folgt dazu einfach weiterhin dem Verlauf des manchmal von Skitourengehern gespurten Alpsträßchens an den Hütten »Bei den Ställen«, 1128 m (0.30 Std.), vorbei und zuletzt in zwei Schleifen zur kleinen Hütte unter dem Felskamm der Wengenköpfe. Nur bei sicheren Verhältnissen!

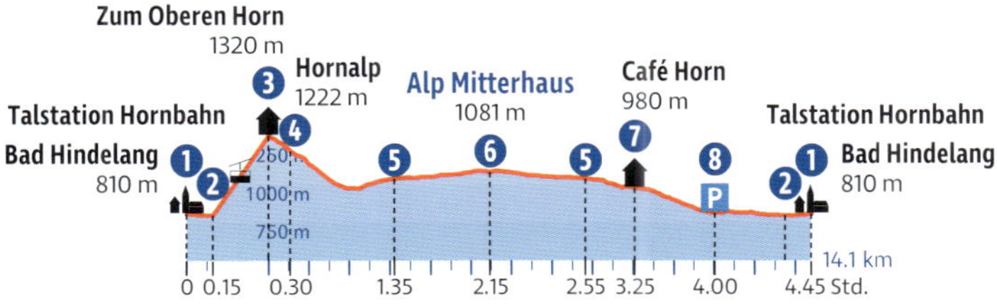

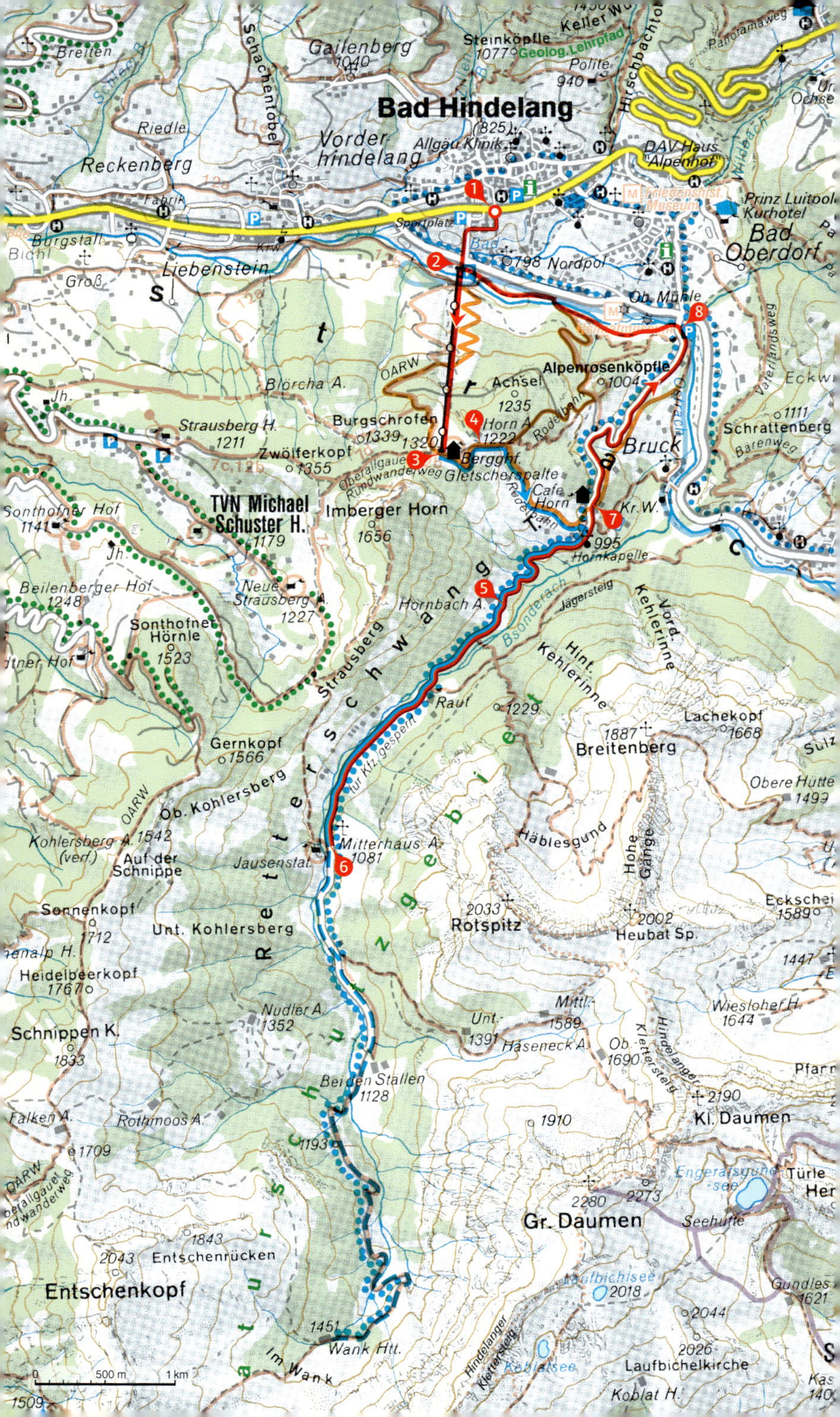

Breiten
Gailenberg
1040
Steinköpfle
1077
Geolog. Lehrpfad
Keller W.
Panoramaweg
Schachentobel
Hirschbachtobel
Polite
940
Bad Hindelang
(825)
Allgäu Klinik
Riedle
Vorderhindelang
Reckenberg
DAV-Haus "Alpenhof"
Fabrik
Friedensfrst.
Museum
Prinz Luitpold
Kurhotel
Bad Oberdorf
Burgstall
Bichl
Sportplatz
Krw.
Bad
798 Nordpol
Groß
Liebenstein
Ob. Mühle
Blörcha A.
OARW
Achsel
1235
Alpenrosenköpfle
1004
Eckweg
Jh.
Strausberg H.
1211
Burgschrofen
1339
1320
Horn A.
1222
Rodelbahn
Schrattenberg
1111
Bärenweg
Zwölferkopf
1355
Berggh.
Bruck
Oberallgäuer Rundwanderweg
Gletscherspalte
Cafe Horn
Sonthofner Hof
1141
TVN Michael Schuster H.
1179
Imberger Horn
1656
Kr. W.
995
Hornkapelle
Jh.
Beilenberger Hof
1248
Neue Strausberg A.
1227
Hornbach A.
Jägersteig
Vord. Kehlerinne
Sonthofner Hörnle
1523
Bsonderach
Hint. Kehlerinne
Strausberg
Raut
1229
Gernkopf
1566
für Kfz. gesperrt
1887
Breitenberg
Lachekopf
1668
Obere Hütte
1499
Ob. Kohlersberg
Kohlersberg A. 1542
(verf.)
Auf der Schnippe
Jausenstat.
Mitterhaus A.
1081
Häblesgund
Hohe Gänge
Sonnenkopf
1712
Unt. Kohlersberg
2033
Rotspitz
2002
Heubat Sp.
Eckschei
1589
Heidelbeerkopf
1767
Nudler A.
1352
Mittl.
1589
Wiesloher H.
1644
1447
Schnippen K.
1833
Unt.
1391
Haseneck A.
Ob.
1690
Hindelanger Klettersteig
Bei den Ställen
1128
Pfarr
Falken A.
Rothmoos A.
1910
2190
Kl. Daumen
1709
1193
Engeratsgundsee
Türle
2280
2273
Seehütte
Gr. Daumen
1843
Entschenrücken
2043
Laufbichlsee
2018
Gundles
1621
Entschenkopf
2044
1451
Wank Htt.
Hindelanger Klettersteig
2026
Laufbichelkirche
Koblatsee
Im Wank
Koblat H.
0
500 m
1 km
1509
Retterschwang
Naturschutzgebiet

Vom Kurhaus in **Bad Hindelang** ❶ geht es in 15 Minuten zur **Talstation der Hornbahn** ❷. Den Aufstieg zum **Bergasthaus Zum Oberen Horn** ❸, 1320 m, erspart uns die Gondel. Da die Rodelbahnen ab der Bergstation für Fußgänger generell wegen Verletzungsgefahr gesperrt sind, legen wir mit unseren Schneeschuhen von vornherein einen eigenen Weg an. Erfreulicherweise sind wir ja auf keine Kunsttrassen angewiesen. Unterhalb der östlichen Schlittenabfahrt umgehen wir in einer aussichtsreichen Linksschleife den freien Steilhang zur bereits sichtbaren **Hornalp** ❹, 1222 m.

Kurz danach quert man achtsam die sich verzweigende Abfahrt und spurt Richtung Café Horn rechts der gewalzten Bahn durch einen Waldstreifen und über eine kleine Lichtung. Auch an der Engstelle im folgenden Waldstück hat man sich neben der Bahn zu halten, der Platz reicht gerade so aus. Die Kufenflitzer kommen hier mit einem hohen Tempo angeschossen. Anschließend steht über eine weitere Lichtung wieder genügend Raum für beide Interessengruppen zur Verfügung.

Der Häblesgund, ein unberührt schimmerndes Hochkar, trennt den fülligen Breitenberg vom ebenmäßigen Dreikant der Rotspitze. Dazwischen hebt und senkt sich die Felsschneide der Hohen Gänge mit dem Hindelanger Klettersteig. Nach einer weiteren Engstelle tauchen ein paar vermummte Heuhütten auf. Bei der letzten folgt man links dem Verlauf des Sommer-Wanderwegs im Zickzack durch einen Waldfleck zur Hornstraße nahe dem Café Horn. Eine Scooterspur leitet uns auf dem als Heilklima-Wanderweg ausgeschilderten Alpsträßchen gleich wieder durch Wald an der Hornkapelle vorbei und daraufhin abwechselnd flach und sanft steigend hinein ins schweigende Retterschwangtal. Uns zu Füßen rauscht die Bsonderach durch eine tief eingeschnittene Talkerbe. Beim Hüttchen der **Hornbachalp** ❺, 1040 m, öffnet sich der Wald. Jetzt ist unter dem Strausberg ein mehrarmiger Lawinenstrich zu passieren. Nach ausgiebigen Schneefällen oder bei kräftiger Erwärmung sollte man spätestens ab hier auf eine Tourenfortsetzung verzichten.

Die Fahrbahn senkt sich in die Talsohle, wo uns die Rautbrücke über die Bsonderach trägt. Auf dem Weiterweg können Lawinen von der Rotspitze drohen. Gemütlich auf den breit gelagerten Entschenkopf zuhaltend, ist es nur noch ein kleines Stück zur **Alp Mitterhaus** ❻. Das stattliche Gebäude war schon 1575–1648 als Stutenhof der Grafen Fugger bekannt. Früher befand sich hier ein ganzjährig bewohnter Weiler.

Nachdem sich die gewaltige Felskulisse unvergesslich in unser Gedächtnis eingeprägt hat, nehmen wir den bekannten Kurs talauswärts und bleiben, das **Café Horn** ❼, 980 m, passierend, dem nun geräumten Sträßchen in einer Waldserpentine treu zum **Parkplatz Gruebplätzle** ❽ im Ostrachtal. Noch vor der Flussbrücke weist das Schild »Hornbahn Talstation« auf einen uferbegleitenden, gewalzten Winterwanderweg. Auf halber Strecke wechselt man an einem Wasserspiel mittels einer überdachten Holzbrücke das Ufer und hat von der Bergbahn nicht mehr weit nach **Bad Hindelang** ❶.

Nächste Seite: Die Hornbahn bringt uns zum Berggasthaus Zum Oberen Horn.

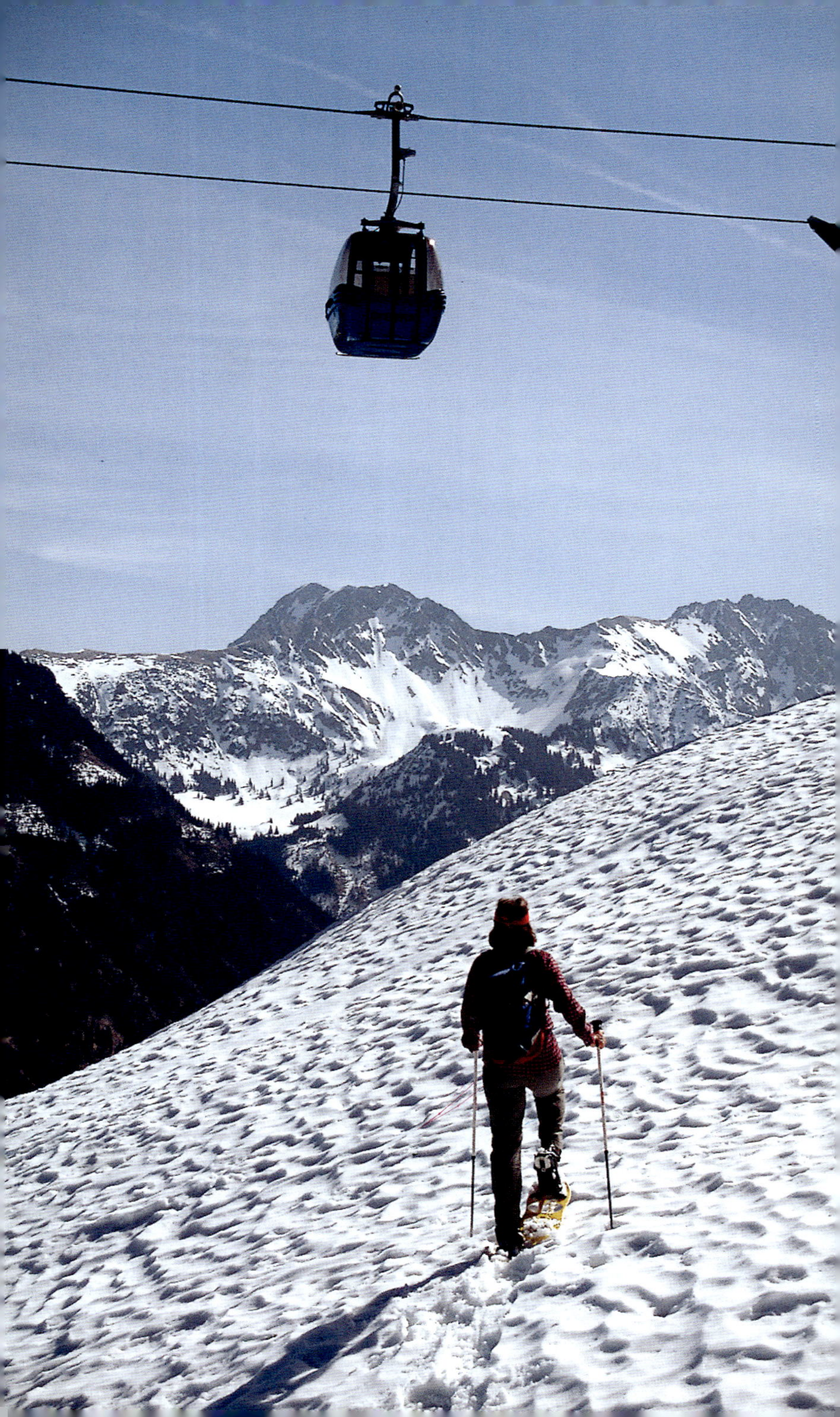

Prinz-Luitpold-Haus, 1846 m

Durchs Bärgündeletal

★★★

Hochalpiner Wintertraum – wenn die Lawinen Ruhe geben

Der Sommerwanderer erlebt zuhinterst im malerischen Bärgündele und während des Hüttenaufstiegs eine friedliche Alpidylle, doch wehe, wer sich zur kalten Jahreszeit am falschen Tag auf den Weg macht! Hier schlummern immer noch Urgewalten wie vor Jahrtausenden. Nach anhaltenden Schneefällen oder bei einem Wärmeeinbruch hausen in dem gottverlassenen Gebirgsschlund, inmitten übermächtiger, gefährlich beladener Steilgrasfluchten, die großen Lawinen mit einer unvorstellbaren Vernichtungskraft: mit Hochgeschwindigkeit niederwalzende Staublawinen, bis auf den Grund abgehende und hoch auftürmende Nassschneelawinen, und wenn es ganz dumm hergeht, von Skifahrern oder Schneeschuhgehern ausgelöste Schneebretter …

Oberstes Gebot für eine Tour in dieses tiefernste, menschenfeindliche Bergreich ist deshalb das Ausnützen der richtigen Zeit: wenn sich die Schneeschichten solide gesetzt haben und der Lawinenlagebericht grünes Licht gibt. Dann wird der etwas abenteuerliche Entdeckungsgang durchs Bärgündeletal mit seiner einzigartigen Steigerung landschaftlicher Hochgenüsse zu einem ungetrübten und sicherlich unvergesslichen Wintertraum in einem der charaktervollsten Allgäuer Bergwinkel.

Vorwitzig tritt der Schneck über dem Lawinenkessel des Bärgündele in Erscheinung.

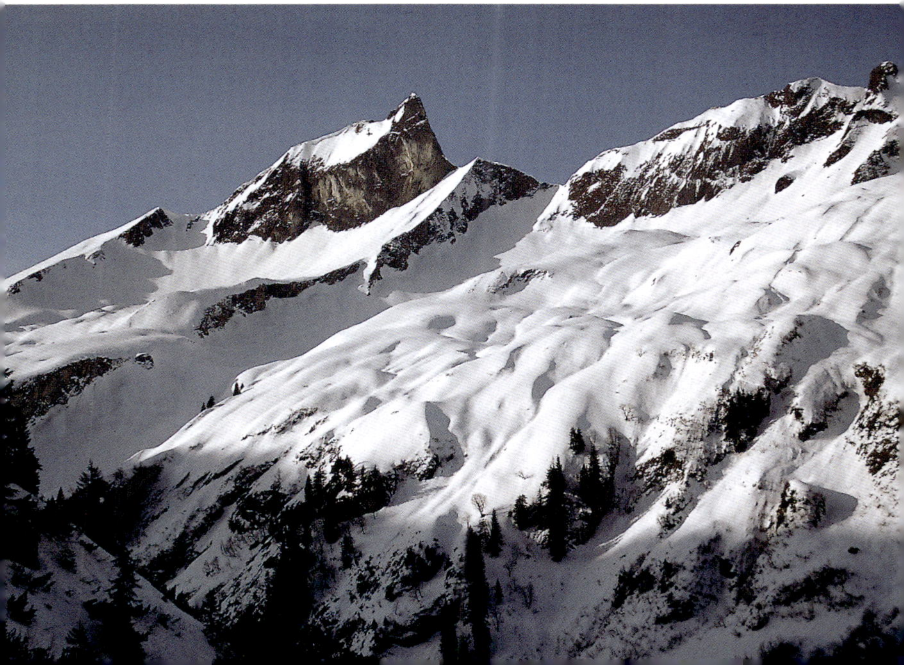

KURZINFO

Talort: Hinterstein, 866 m. Ortsteil von Bad Hindelang im Hintersteiner Tal, Oberallgäu. Mit dem Bus von Sonthofen erreichbar (Zug von Kempten). Verkehrsverein, D-87541 Hinterstein, Tel. +49 8324 8920, hinterstein.de.

Ausgangspunkt: Bushaltestelle am Giebelhaus, 1065 m, zu erreichen mit dem Giebelhausbus (ganzjährig) ab dem Bergsteigerhotel Grüner Hut (direkt vor der Antoniuskapelle) im Hinterdorf von Hinterstein (Großparkplatz kurz danach), aktueller Winterfahrplan: wechs.net/busverkehr, Tel. +49 8324 93230. Kein privater Autoverkehr im Hintersteiner Tal erlaubt.

Gehzeit: Giebelhaus – Untere Bärgündelealp 1.30 Std., Untere Bärgündelealp – Prinz-Luitpold-Haus 2.10 Std., Abstieg 2.40 Std.; Gesamtgehzeit 6.20 Std.

Höhenunterschied: 780 Hm.

Anforderungen: Für den zeitweise von Skitourengehern gespurten, ab der Unteren Bärgündelealp steilen, zuletzt sehr steilen Aufstieg in hochalpiner Umgebung sind Schneeschuhe, große Ausdauer und Erfahrung in der Spuranlage erforderlich. Nur für Geübte, bis zur Unteren Bärgündelealp mittelschwer.

Hangexposition: West, zum Schluss Nord.

Lawinengefahr: Nur unter besten Verhältnissen zu verantworten. Bei Law-nengefahr ist die Straße zum Giebelhaus gesperrt (mehrere große Lawinenstriche sowie Schneebrettgefahr am Schlussaufstieg gilt es auch bei geöffneter Straße zu beachten).

Einkehr: Giebelhaus (Tel. +49 8324 8146, ganzjährig geöffnet, Mittwoch Ruhetag), Prinz-Luitpold-Haus (im Winter nicht bewirtschaftet, Übernachtungsmöglichkeit im Winterraum).

Variante: Nahe der Bushaltestelle an der Antoniuskapelle im Hinterdorf von Hinterstein beginnt am Großparkplatz die leichte Wanderung durch das Hintersteiner Tal zur beliebten Einkehr Giebelhaus (2.15 Std., bei Lawinengefahr gesperrt). Der mit »Giebelhaus – Fußweg« beschilderte Winterwanderweg führt zum Haus der Konstanzer Jäger, 940 m (0.45 Std., Einkehr). Ab dort geht es auf dem stets geräumten Anliegersträßchen bergan zur Talenge Aueles Gasse. Auf dem Weiterweg vorbei am E-Werk zur Kanzel, 1020 m, mit dem 85 m tiefen Naturdenkmal Eisenbreche droht nach ausgiebigen Schneefällen und bei Durchfeuchtung Lawinengefahr. Nach der Roßhütte des Forstamtes und der Hubertuskapelle erreicht man an der prächtigen Verzweigung des Hintersteiner Tals ins Bärgündeletal und Obertal die Berggaststätte Giebelhaus, 1065 m.

Wir schnallen an der **Berggaststätte Giebelhaus** ❶ die Schneeschuhe an, orientieren uns an der Beschilderung zum Luitpoldhaus und überschreiten auf einer Brücke den Bärgündelesbach. Auf schmälerer und tief verschneiter Fahrbahn, ab und an von Skitourengehern gespurt, geht's erst durch ein Waldstück, später in einer Serpentine über meist baumloses Gelände ins Bärgündeletal. Auf der markanten Karschwelle wird bereits das Luitpoldhaus sichtbar. Die durchlöcherte und denkmalgeschützte 2000 Jahre alte Eibe taucht auf. Unmittelbar vor

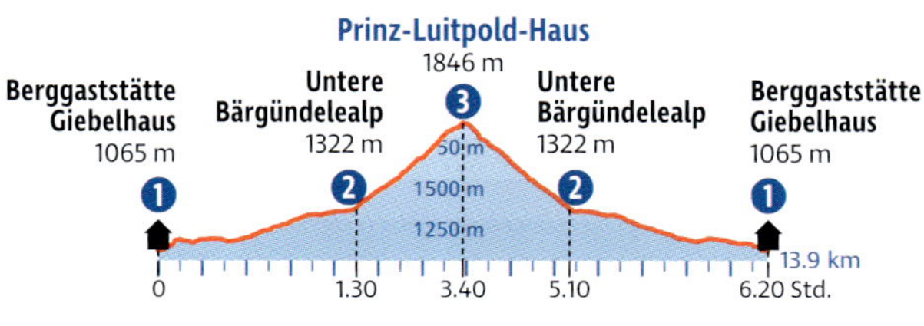

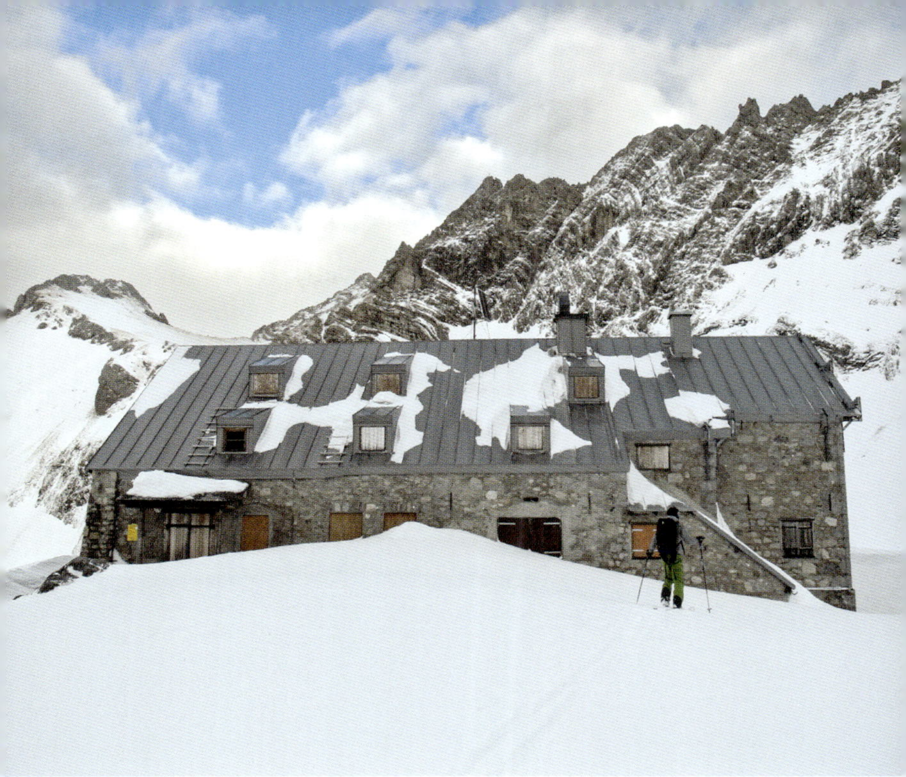

Prinz-Luitpold-Haus mit Glasfelderkopf und Fuchskarspitze.

der kleinen Pointhütte, 1319 m, die 1951 von einer Lawine weggefegt wurde, achten wir auf den Wegweiser »Alpe Bärgündle«. Der Verlauf des hier abzweigenden meist flachen Alpwegs ist einigermaßen erkennbar. Er wechselt auf einer Holzbrücke das Ufer des Stierbachs. Eisenstege erleichtern zwei weitere Bachquerungen. Hauptattraktion des krönenden Talschlusses ist die schneidige Nase des Schnecks mit seiner teilweise überhängenden Ostwand. Und schon treten wir vor die **Untere Bärgündelealp ❷**, 1322 m.

In deutlicherer Steigung geht es nun schräg rechts über eine Geländestufe und stets links eines felsigen Bacheinschnitts an einem zu Eis erstarrten Wasserfall vorbei. Dann folgt die Krummholzzone und anschließend das freie Terrain der Oberen Bärgündelealp. Über den nach großem Neuschneezuwachs oder starken Windverfrachtungen eventuell schneebrettgefährdeten Steilhang am Fuße des Wiedemer Kopfs empor (bei Hartschnee ohne Schneeschuhe) ist es schließlich nicht mehr weit zum ersehnten **Prinz-Luitpold-Haus ❸**.

Über dem Alpenvereinsstützpunkt mit separatem Winterraum bestechen die Windungen der aus Hauptdolomit gemauerten Fuchskarspitze. Zur Linken fesselt in vollendeter Form der wallende Mantel des Glasfelderkopfs.

Der Abstieg erfolgt auf dem Anstiegsweg.

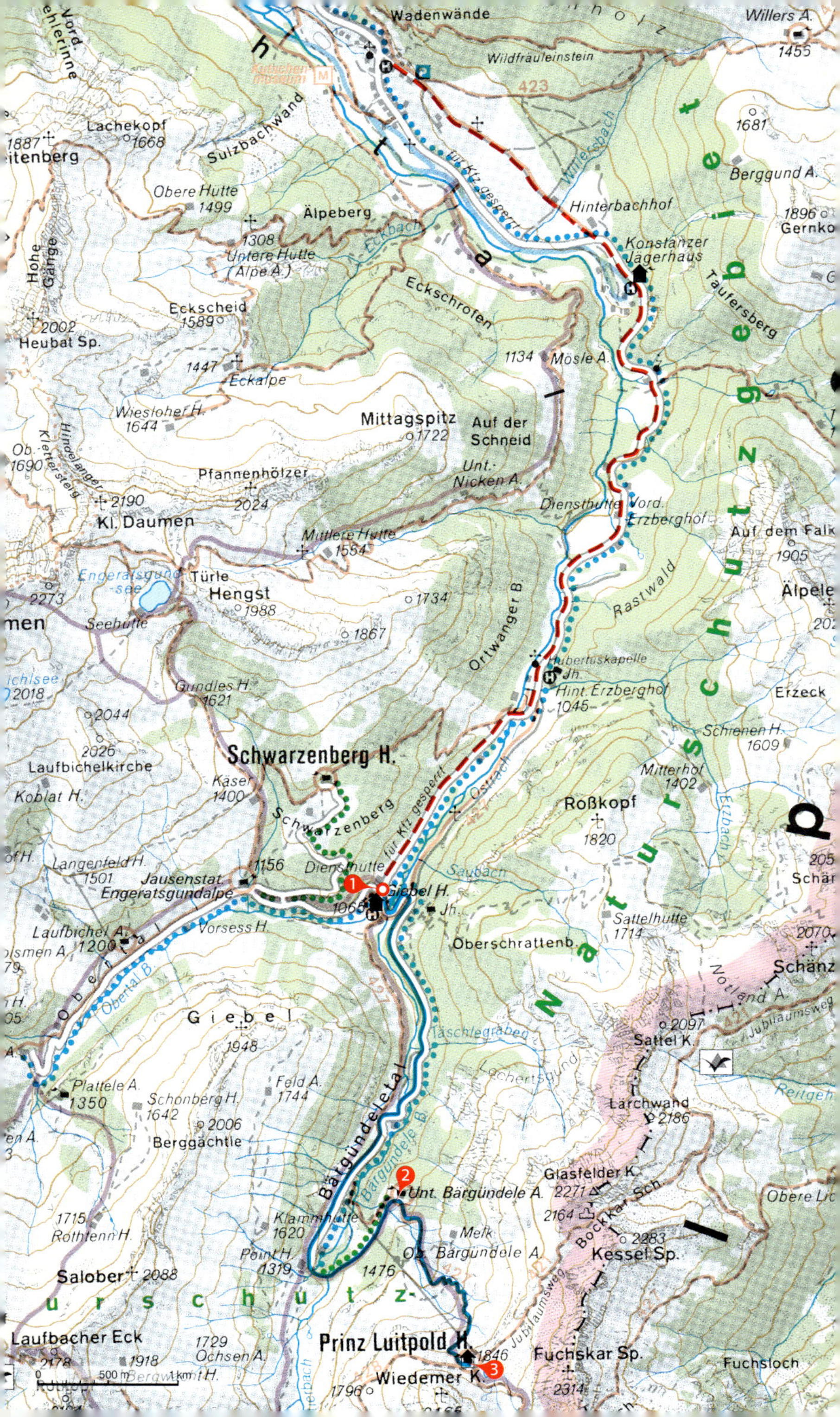
Wadenwände
Willers A.
1455
Wildfräuleinstein
423
Lachekopf
1668
1887
Sulzbachwand
Obere Hütte
1499
Älpeberg
1308
Untere Hütte
(Alpe A.)
Eckbach
für Kfz gesperrt
Willersbach
Hinterbachhof
Konstanzer Jägerhaus
Taufersberg
1681
Berggund A.
1896
Gernko
Hohe Gänge
Eckscheid
1589
2002
Heubat Sp.
Eckschrofen
1134
Mösle A.
1447
Eckalpe
Wiesloher H.
1644
Mittagspitz
1722
Auf der Schneid
Unt. Nicken A.
Ob.
1690
Hindelanger Klettersteig
Pfannenhölzer
2024
2190
Kl. Daumen
Diensthütte
Vord. Erzberghof
Auf dem Falk
1905
Mittlere Hütte
1554
Engeratsgundsee
Türle
Hengst
1988
2273
Seehütte
1734
1867
Ortwanger B.
Rastwald
Älpele
2018
Gundles H.
1621
Hubertuskapelle
Jh.
Hint. Erzberghof
1045
Erzeck
2044
2026
Laufbichelkirche
Schwarzenberg H.
Schienen H.
1609
Mitterhof
1402
Koblat H.
Käser
1400
Schwarzenberg
für Kfz gesperrt
Ostrach
Roßkopf
1820
Erzbach
Langenfeld H.
1501
1156
Jausenstat. Engeratsgundalpe
Diensthütte
Giebel H.
1065
Jh.
Saubach
Sattelhütte
1714
2070
Schänz
Laufbichel A.
1200
Vorsess H.
Oberschrattenb.
Obertal
Obertal B.
Notland A.
Jubiläumsweg
Giebel
1948
Täschlegraben
2097
Sattel K.
Reitgeh
Plattele A.
1350
Feld A.
1744
Schönberg H.
1642
2006
Berggächtle
Bärgündeletal
Bärgündele B.
Lärchwand
2186
Glasfelder K.
2271
Unt. Bärgündele A.
2164
Bockkar Sch.
Obere Lic
1715
Rothtenn H.
Klammhütte
1620
Melk
Point H.
1319
Ob. Bärgündele A.
2283
Kessel Sp.
Salober
2088
1476
Naturschutzgebiet
Laufbacher Eck
2178
1729
Ochsen A.
1918
Prinz Luitpold H.
1846
Jubiläumsweg
Fuchskar Sp.
2314
Fuchsloch
Wiedemer K.
1796
0
500 m
1 km
1
2
3

Heidelbeerkopf, 1767 m

Von der »Sonnenklause« über den Sonnenkopf ★★

Idealhänge über dem oberen Illertal

Die rundlichen, ostseitig steil abfallenden Sonthofner Sonnenköpfe – im Einzelnen Sonnenkopf, Heidelbeerkopf und Schnippenkopf – halten für den sportlich eingestellten Schneeschuhfreund so manchen gefälligen Aufstieg bereit. Am unwiderstehlichsten zeigt sich bei einer Fahrt von Sonthofen nach Oberstdorf der beim Berggasthaus Sonnenklause ansetzende Traumhang zum Sonnenkopf selbst. Welcher idealistische »Schneemensch« erliegt nicht fast triebhaft einer solchen Einladung?
Das verschwiegene Retterschwanger Tal trennt dieses Ideal eines Winter-Wanderbergs auf dem vom Nebelhorn in nördlicher Richtung verlaufenden Bergkamm von der eigentlichen, alpiner gebauten Daumengruppe. Wegen seiner fast durchwegs unbehinderten Aussicht in die Bergwelt westlich des oberen Illertals hat der übersichtliche Aufstieg etwas Befreiendes. Steht man erst mal oben auf der Kammhöhe, beschäftigen einen die Nahblicke zur Rotspitze und zu den zackigen Erhebungen des Hindelanger Klettersteigs.
Nachdem dieser verhältnismäßig einfach zugängliche Gipfel auch immer schon zu den am regsten besuchten Tourenzielen der Skibergsteiger gehörte, kann die Route, vor allem an Sonntagen, wenn woanders die Lawinen lauern, ziemlich bevölkert sein. Wer seine Gipfelbrotzeit gerne ungestört genießen möchte, stapft deshalb einfach noch kurz dem etwas höheren Heidelbeerkopf aufs Dach. Dieser bekommt in den Wintermonaten deutlich weniger Zulauf.

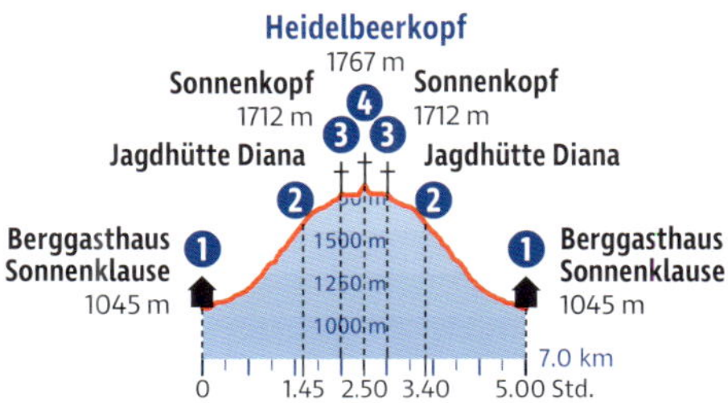

KURZINFO

Talort: Altstädten, 749 m. Luftkurort im oberen Illertal, Stadtteil von Sonthofen, Oberallgäu. Mit dem Bus von Sonthofen erreichbar (Zug von Kempten). Tourist-Info, D-87527 Altstädten, Tel. +49 8321 2170, altstaedten-allgaeu.info.
Ausgangspunkt: Berggasthaus Sonnenklause, 1045 m; Parkplatz an der Bachbrücke vor dem Wirtshaus. Zu erreichen vom südlichen Ortsrand von Hinang auf schmaler Bergstraße (zu Fuß 0.45 Std.).
Gehzeit: Berggasthaus Sonnenklause – Sonnenkopf 2.25 Std., Sonnenkopf – Heidelbeerkopf 0.25 Std., Abstieg 2.10 Std.; Gesamtgehzeit 5.00 Std.
Höhenunterschied: 770 Hm.
Anforderungen: Auf dem anfangs benützten, ungeräumten Alpweg meist ausgetretene Fußspur. Für den weiteren, den ganzen Winter hindurch von Skitourengehern gespurten Aufstieg sind Schneeschuhe und Ausdauer erforderlich. Im Gipfelbereich auf Wechten achten!
Hangexposition: Nord bis Nordwest.
Lawinengefahr: Bei sorgfältiger Routenwahl besteht selbst unter ungünstigen Bedingungen keinerlei Lawinengefahr.

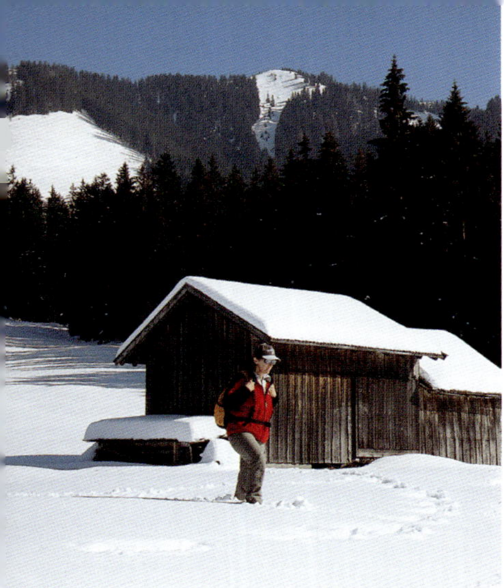

Schon wenige Schritte hinter der Sonnenklause erblickt man den Sonnenkopf, links der untere Riesenhang.

Man folgt vom **Gasthaus Sonnenklause ❶** über Lichtungen dem gemütlichen Alpweg Richtung Sonnenköpfe, der nach einer Bachbrücke auf einen auffallend langen und unterschiedlich steilen Hang zuhält. Auf dem Weg ist fast immer eine Fußspur ausgetreten. Das erste Gipfelziel ist bereits von dieser Anfangsetappe aus sichtbar.

Beim Aufstieg auf den in der Regel von zahllosen Skifahrern reichlich aufgeackerten, im ersten Teil überwiegend mittelsteilen, später etwas anstrengenderen Riesenhang kommt man ordentlich ins Schwitzen. Die ansprechende Aussicht übers obere Illertal in die Walsertaler Berge entschädigt jedoch für die anhaltenden Aufstiegsmühen. Im Westen erheben sich die Sonthofner Hörner und die Nagelfluhberge. Rechts des Sonthofner Talbeckens grüßt der Grünten.

Bald spuren wir aufs obere rechte Eck unseres Hanges zu. Anschließend überlistet der gewöhnlich erkennbare Verlauf des Sommerwegs einen bewaldeten Steilaufschwung, der uns einiges Engagement abverlangt. Dann führt eine sich weitende Lichtung an der kleinen **Jagdhütte Diana ❷**, 1542 m, vorbei und in weniger anstrengender Manier zum Rücken »Auf der Schnippe« im Kammverlauf der Sonnenköpfe.

Diesen verfolgt man zwischen den letzten Fichten ohne jegliche Probleme, aber mit Respektabstand zu den ausladenden Wechtendächern auf den nahen **Sonnenkopf ❸**, 1712 m. Man gewinnt dabei die herrlichsten Blicke ins Retterschwanger Tal und zum trutzigen Daumenmassiv.

Nach einem kaum nennenswerten Höhenverlust in die südliche Einsattelung bringt uns der kurze, stark überwechtete Nordgrat auf den ebenfalls fast bis obenhin locker mit Fichten bestockten **Heidelbeerkopf ❹**. Je nach der Festigkeit des Schnees muss man zur Überwindung des Schlussaufschwungs möglicherweise die Schneeschuhe ablegen. Als besonders elegante Erscheinung der näheren Gipfelwelt beschäftigt uns im Osten die königliche Rotspitze.

Der Abstieg erfolgt auf dem Anstiegsweg.

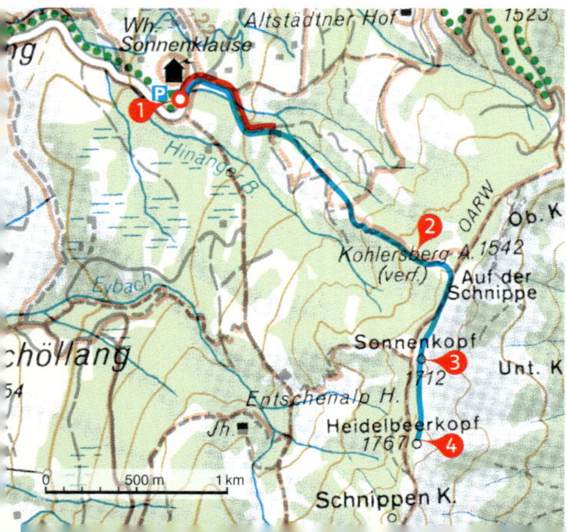

Schnippenkopf, 1833 m

Über die Gaisalp

★★★

Einst abenteuerlicher Schulweg und ausgedehnter Gipfelgang

Die landschaftlich überragende, allerdings auch einen gewissen Durchhaltewillen abverlangende Stapftour auf den Hauptgipfel der Sonthofner Sonnenköpfe führt an einem der höchstgelegenen Dauerwohnsitze im Allgäu vorbei. Die Rede ist von der Gaisalp. Früher waren sogar alle heute noch stehenden vier Häuser der näheren Umgebung ganzjährig bewohnt. Es ist noch nicht so lange her, da zählten zur Gaisalpfamilie auch Schulkinder. Doch wer glaubt, der jungen Generation der abgeschieden lebenden Bergbauern ging etwas ab, der irrt sich gewaltig. Der sportliche Nachwuchs des urigen Gasthauses verfügte über eine hauseigene Rodelstrecke – und was für eine! Die Kufenrennbahn nach Reichenbach auf der östlichen Illerterrasse galt wohl als einer der abenteuerlichsten Schulwege Deutschlands.

Abenteuerlich kann für uns auch der Weiterweg werden, wenn wir die Schnippenkopf-Route zu voreilig auf den Planungstisch gelegt haben. Türmen sich nach ausgiebigen Schneefällen Frau Holles Federpolster im Übermaß, so wird die Tour leicht zur Tortur, der Traum schnell zum Albtraum. Dann versinkt man selbst mit Schneeschuhen im viel gepriesenen weißen Märchen, dass der Unmut zum Kochen anfängt. Es gibt zudem Skitourengeher, die bezeichnen den Aufstieg, ohne mit der Wimper zu zucken, als lawinensicher. Wer jedoch Gebietskenner befragt, hört da ganz andere Geschichten. Will man auf Nummer sicher gehen, wartet man also am besten die ersten Tage nach einem Schneechaos ab, bis sich die Situation entschärft hat. Dann ist das Ganze auch gleich viel lockerer zu nehmen.

Aber vielleicht zieht man ja dieser kraftfordernden Unternehmung ohnehin eine leichtere Rundwanderung vor. Als eigenständiger Tourenvorschlag empfiehlt sich, zuverlässige Verhältnisse vorausgesetzt, die Kombination des bei der Gaisalpkapelle beginnenden Wallrafwegs nach Oberstdorf (bei Lawinengefahr gesperrt) und des bequemen Talwegs über Rubi zurück nach Reichenbach. Die gesamte, etwas lange Runde ist von der Marktgemeinde Oberstdorf als Winterwanderweg angelegt.

Am Eingang des Gaisalptals ragt das mächtige Rubihorn auf.

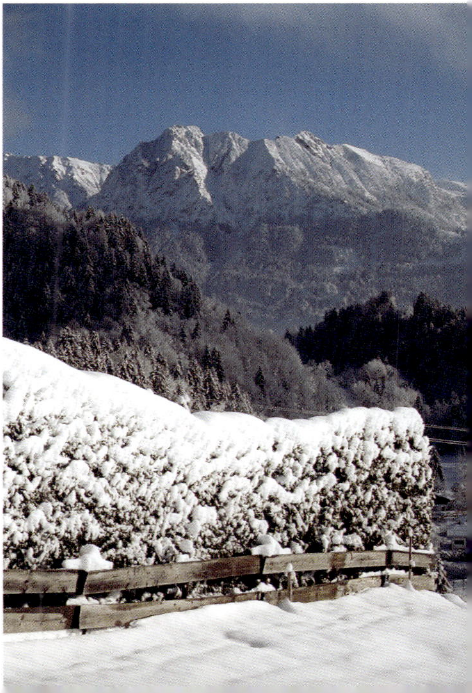

KURZINFO

Talort: Oberstdorf, 815 m. Marktgemeinde und Bergsteigerzentrum am Eingang zu den Allgäuer Hochalpen, heilklimatischer Kurort und weltberühmter Wintersportort, Oberallgäu. Mit dem Zug von Kempten aus erreichbar. Tourismus Oberstdorf, D-87561 Oberstdorf, Tel. +49 8322 7000, oberstdorf.de.
Ausgangspunkt: Bushaltestelle am Alpengasthof Hirsch im Ortsteil Reichenbach, 867 m; Wanderparkplatz am Beginn des Alpwegs zur Gaisalp.
Gehzeit: Reichenbach – Gaisalp 1.05 Std., Gaisalp – Schnippenkopf 2.45 Std., Abstieg 2.40 Std.; Gesamtgehzeit 6.30 Std.
Höhenunterschied: 970 Hm.
Anforderungen: Bis zur Gaisalp ständig geräumter, mitunter ein wenig anstrengender Alpweg. Für den langen mittelsteilen bis steilen Gipfelaufstieg, für den gewöhnlicherweise eine Skispur die Richtung vorgibt, sind Schneeschuhe und Ausdauer notwendig. Am Gipfelgrat Sicherheitsabstand zum Wechtenabbruch einhalten! Bis zur Gaisalp leicht.
Hangexposition: Überwiegend West, am Gipfel Südost bis Südwest.
Lawinengefahr: Der Abschnitt unter dem Entschenkopf-Steilhang kann bei extremen Bedingungen lawinengefährdet sein.
Einkehr: Gaisalp (Tel. +49 8326 7917, gasthof-gaisalpe.de, im Winter vom 26.12. bis Ende der Faschingsferien geöffnet, ab 7.1. Montag u. Dienstag Ruhetag).
Kinder: Die Rodelbahn von der Gaisalp ist für Kinder geeignet, Vorsicht Steilpassagen, auf Anliegerverkehr achten!
Rodel: Lohnende Rodelbahn von der Gaisalp (Rodelverleih) nach Reichenbach.

Am Alpengasthof Hirsch in **Reichenbach** ❶ weist uns das Schild »Gaisalpe« auf ein Bergsträßchen zum Wanderparkplatz am Beginn eines kurvigen, stets vom Schneepflug freigehaltenen Alpwegs. Nach Queren des Gaisalpbachs setzt durch den aufgelockerten Wald ein einheizend kräftiger Aufschwung an. Im weiteren Verlauf wechseln Steilstücke mit leichteren Abschnitten. An einer Gabelung bleiben wir der Gaisalproute treu.
Zurück blickend zeigt sich das Ifengebiet. Bald passiert man oberhalb des Gaisalptobels mit Nebelhornblick die Gaisalpkapelle. Der Bergkessel unter dem Nebelhorn, in dem der Gaisalpsee seinen Winterschlaf hält, überrascht mit tiefernstem Gesicht. Nach einer weiteren Bachquerung winden sich wenige letzte Kehren empor zum ständigen Wohnsitz der **Gaisalp** ❷, 1149 m. Die Rubihorn-Nordwand brüstet sich von hier für den nicht mal Zweitausender mit einem ziemlichen Imponiergehabe.
Das Täfelchen »Falkenalpe« zeigt nach einer stärkenden Einkehr die Richtung. Normalerweise kann man

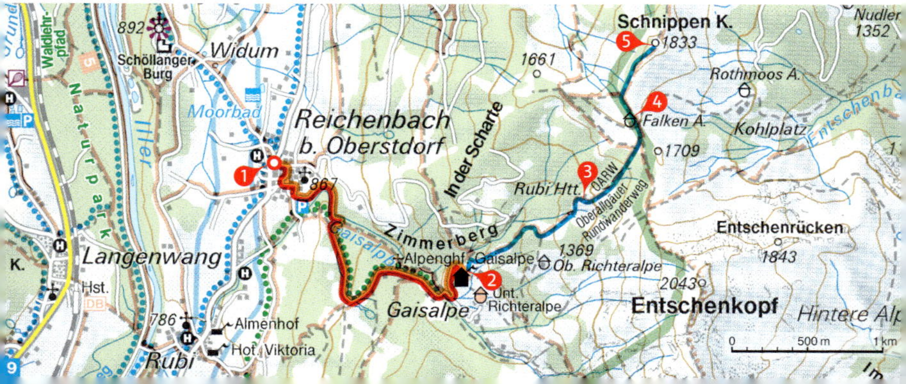

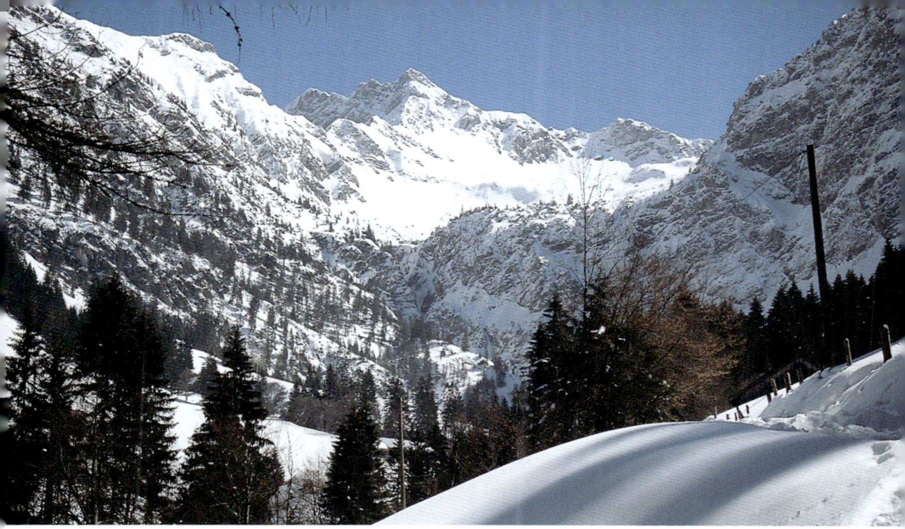

Hinter der Gaisalpkapelle zeigen sich Nebelhorn und Gundkopf.

sich auf dem Schneeschuhanstieg an einer Skispur orientieren. Von dem bis zum Gipfel bezeichneten Oberallgäuer Rundwanderweg ist im Winter zuerst mal weit und breit nichts zu sehen. Nach einem freien Hang durch einen Waldstreifen zu sanfter geneigtem Gelände findet man an den Bäumen einzelne Markierungen.

Anschließend geht's mehr links und unter dem Super-Steilhang des Entschenkopfs, wo nach ausgiebigen Schneefällen Lawinengefahr drohen kann, zur **Rubialp 3**, 1480 m. Vom obersten linken freien Eck bleibt man über einen zweiten Graben dem wieder einigermaßen erkennbaren Verlauf des Sommerwegs treu und erreicht über lichte Waldstufen das Joch zwischen dem Gipfelziel und dem Entschenkopf und gleich darauf die bescheidene **Falkenalp 4**, 1700 m.

Über den baumlosen Südosthang zum Vorgipfel und den anschließenden Südwestgrat spurt man unter Beachtung der Wechtenbildungen unerwartet gemütlich auf den **Schnippenkopf 5**. Die Gipfelrast belohnt mit grandiosen Einblicken über den hintersten Kältekessel des Retterschwanger Tals in die hochalpine Welt des auffallend lang gezogenen Hindelanger Klettersteigs vom Großen Daumen zum Nebelhorn.

Der Abstieg erfolgt auf den Anstiegsweg.

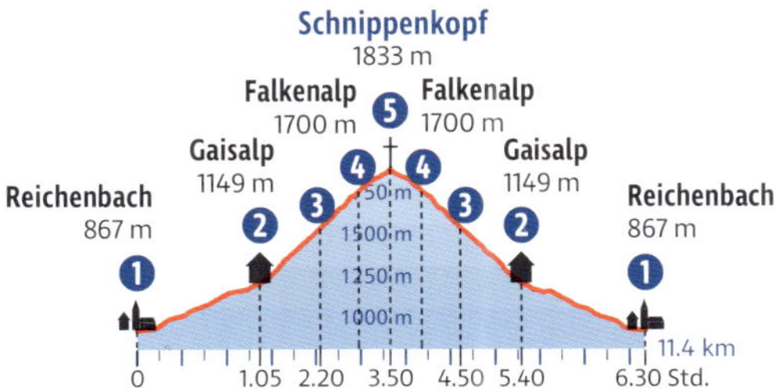

27 Berggasthof Hochleite, 1186 m

Rundtour von der Söllereckbahn-Bergstation

★★

Gepflegtes Winterwandern bergab

Es gibt in den tief verschneiten Bergen des Allgäus nur wenige mühelos begehbare Wege, die eine solche Reihe eindringlicher hochalpiner Landschaftsbilder schenken wie die gewalzte Bahn vom über 1300 Meter hoch gelegenen Berghaus Schönblick zum einladenden Berggasthof Hochleite. Völlig losgelöstes Wandern vom Berg ins Tal ohne jegliche Orientierungsprobleme und mit kaum nennenswerten Aufschwüngen: Da kommt Freude auf! So nach und nach entblättern dabei die meisten Oberstdorfer Täler ihre bezaubernden winterlichen Geheimnisse in einer derartigen Pracht, dass die ausgiebigen Schaupausen unserer Unternehmung eher den Charakter eines Spaziergangs verleihen.

Aber es eilt ja auch keineswegs. Schließlich hat man diese Tour genau aus dem Grund gewählt, weil man die mitreißende Felsregion um das oberste Allgäuer Dorf auf möglichst erholsame Art und Weise erleben möchte. Selbst auf dem Rückweg vom Freibergsee kommt kein rechter Gehrhythmus auf. Schuld ist in diesem Fall der vorbildlich angelegte Naturlehrpfad, an dessen aufschlussreichen Erläuterungstafeln man einfach nicht so ohne Weiteres vorbeikommt.

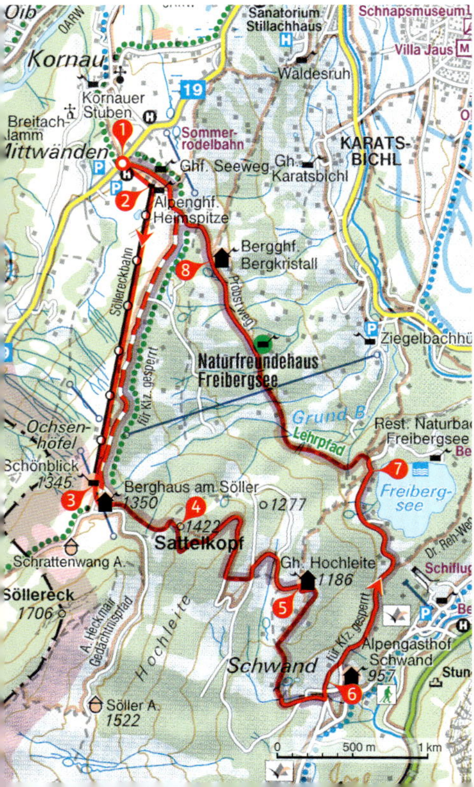

KURZINFO

Talort: Oberstdorf, 815 m. Marktgemeinde und Bergsteigerzentrum am Eingang zu den Allgäuer Hochalpen, heilklimatischer Kurort und weltberühmter Wintersportort, Oberallgäu. Mit dem Zug von Kempten erreichbar. Tourismus Oberstdorf, D-87561 Oberstdorf, Tel. +49 8322 7000, oberstdorf.de.

Ausgangspunkt: Bushaltestelle bei der Söllereckbahn in Kornau, an der B 19 ins Kleinwalsertal, 980 m; Parkplatz.

Gehzeit: Kornau – Berggasthof Hochleite 1.10 Std., Rückweg 1.35 Std.; Gesamtgehzeit ohne Seilbahnfahrt 2.45 Std.

Höhenunterschied: 185 Hm.

Anforderungen: Die gesamte Tour mit nur kleinen Anstiegen verläuft auf gewalzten und geräumten Winterwanderwegen.

Hangexposition: Nord bis Südost.

Lawinengefahr: Bei großer Lawinengefahr ist die Wanderroute gesperrt.

Einkehr: Berghaus Schönblick (Tel. +49 8322 96007710, ganzjährig geöffnet,

Übernachtungsmöglichkeit), Berghaus am Söller (Tel. +49 8322 3341, berghaus-am-soeller.de, ganzjährig geöffnet, Übernachtungsmöglichkeit), Berggasthof Hochleite (Tel. +49 8322 3390, hochleite.de, ganzjährig geöffnet, Dienstag Ruhetag, Übernachtungsmöglichkeit), Alpengasthof Schwand (Tel. +49 8322 5081, hotel-schwand.de, ganzjährig geöffnet, Mittwoch Ruhetag, Übernachtungsmöglichkeit), Berggasthof Bergkristall (Tel. +49 8322 7059940, berggasthof-bergkristall.de, ganzjährig geöffnet, Montag und Dienstag Ruhetag, Übernachtungsmöglichkeit).

Kinder: Die bequeme und unterhaltsame Runde ist für Kinder geeignet.

Seilbahn: Söllereckbahn, im Winter vom 18.12. bis 10.4. 8.30–16.00 Uhr, Tel. +49 8322 96000, ok-bergbahnen.com.

Variante: Sportlich eingestellte Winterwanderer bevorzugen von Kornau zum Berghaus Schönblick vielleicht den Fußaufstieg (1.10 Std.). Man braucht dazu von der Mittelstation nahe des Startpunkts nur dem gewalzten, leichten Winterwanderweg zu folgen.

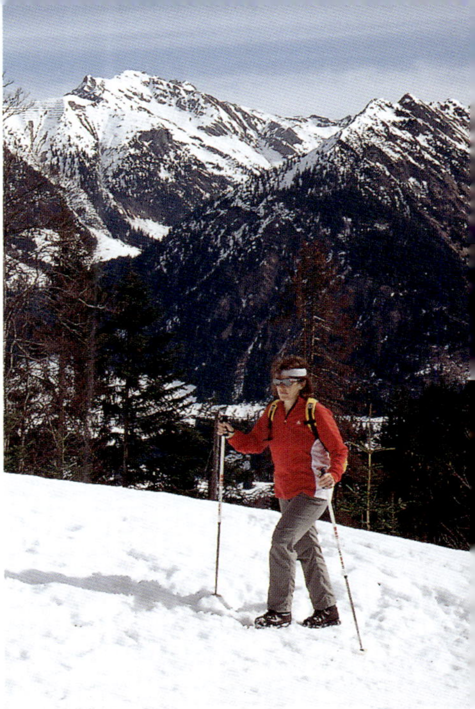

Auf dem Winterwanderweg vom Berghaus Schönblick ins Stillachtal.

Von der Talstation der Söllereckbahn in **Kornau ❶** können wir die Gondel über die **Mittelstation ❷** zum **Berghaus Schönblick ❸**, 1345 m, nehmen. In Kürze bummelt man hinauf zum Berghaus am Söller, wo der Richtungszeiger »Hochleite« auf einen gewalzten Winterwanderweg lenkt. Durchs schneebeladene Fichtengrün steigt man zum Hühnermoos auf dem unscheinbaren **Sattelkopf ❹**, 1424 m, am Nordausläufer des Fellhornkamms an. Und schon hat man das Hauptquantum des heute zu bewältigenden Höhenunterschiedes hinter sich gebracht. Von nun an geht's bergab.

In zwei Schleifen senkt sich die Raupenbahn der Stillach entgegen. Bequemer kann alpines Winterwandern wirklich nicht sein. Wo sich der Wald zwischendurch öffnet, gewinnt man vorzügliche Einblicke in mehrere der Oberstdorfer Hochtäler: ganz links das vom Nebelhorn überragte Seealptal, das Oytal mit dem eigenwilligen Schneck sowie dem wohl geformten Hochvogel und am südlichsten, rechts der mehrgipfligen Höfats das Gerstrubener Tal.

Gleich darauf überwältigt der Tiefblick ins lang gezogene Stillachtal, abgeriegelt von den königlichen Gestalten der Mädelegabelgruppe. Man kommt hier in den Hochgenuss eines der prächtigsten Allgäubilder. Was für ein Ideal einer kunstvoll geglückten Felsarchitektur! Nach einem steileren Schmalstück schlägt die Walzspur, über Lichtungen eine Alphütte passierend, in wenigen Minuten einen letzten Doppelbogen zum einladenden **Berggasthof Hochleite ❺**.

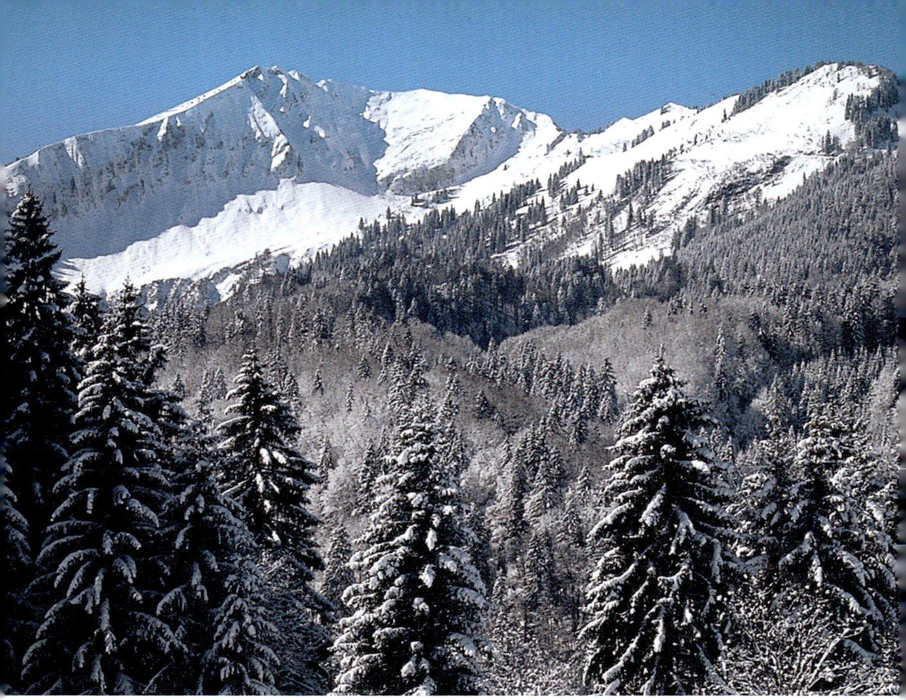

Söllerkopf und die Freibergseeseite des Söllerecks (rechts).

Auf einem kurvigen, weiterhin präparierten Wanderwegs gelangen wir nun an einer kleinen Hütte vorbei, wieder durch Wald zur kleinen Ansiedlung **Schwand** 6, 957 m, mit dem gleichnamigen Alpengasthof. Ein wenig geht's danach auf einem geräumten Winterwanderweg nochmals bergan und anschließend, die Skiflugschanze rechts liegen lassend, leicht bergab zum Westufer des eisbedeckten **Freibergsees** 7.

Am Ende des von Mischwald umschlossenen, 24 Meter tiefen Berggewässers richten wir uns nach der Beschilderung »Söllereckbahn Talstation«. Der mit vielen ausführlichen Tafeln als Naturlehrpfad angelegte, anfangs flache, später leicht steigende Bummelkurs leitet an einem Felsaufschluss vorbei, kreuzt mehrere kleine Bachtobel und Lichtungen und die Abfahrt des Höllwieslifts. Bald nach dem Naturfreunde-Ferienheim Freibergsee taucht der **Berggasthof Bergkristall** 8, 1035 m, auf. Auf einem Anliegersträßchen ist es jetzt nicht mehr weit zur Söllereckbahn in **Kornau** 1.

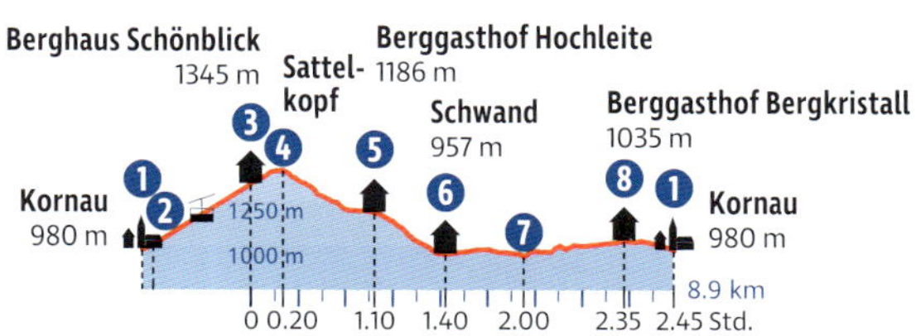

Oytalhaus, 1010 m

Teilrunde durch das Oytal

★★

Wo der weiße Würger rumpelt

Die großartige beiderseitige Einfassung gestaltet das zur Nachmittagssonne hin geöffnete Oytal zum außergewöhnlichsten Oberstdorfer Hochtal. Während der frostigen Jahreszeit ist es verständlicherweise noch mehr als im Sommer von einem ziemlich ernsten Charakter geprägt. Die Bezeichnung Oy bezieht sich auf die Au, das feuchte Wiesenland. Neben den mannigfaltigen Gebirgsformen sind es auch der einfache Zugang und der alternative Rückweg, der den Talzug so anziehend macht.

Der Weiterweg vom Berggasthaus, das nach dem Brand im Jahr 1957 neu errichtet wurde, über die Gutenalp zur Käseralp bleibt, auch wenn er noch so verlockend aussehen mag, wegen oft großer Lawinengefahr erfahrenen Winter-Alpinisten vorbehalten. Die Lawine wird in einer alten Bergchronik als gefährlichster Würger des Allgäuer Bergwinters bezeichnet. Für denjenigen, der die Gesetze der Alpennatur nicht beachtet, ist dieser etwas effekthascherische Begriff heute genauso gültig wie damals. Insbesondere in den grimmigen Steilhängen der Höfats lauert die immer wieder durch den wüsten Rauhenhalstobel rumpelnde vernichtende Gefahr, Bäume entwurzelnd und kolossale Felsbrocken niederschmetternd. Aber vor allem auch über die vom Seealpsee ins Talbecken beim Oytalhaus abbrechenden Seewände krachen nicht selten ungeheuerliche, markerschütternde Schneewalzen.

Doch ein paar wenige Stapfschritte auf dem ungeräumten Alpweg über die Oybachbrücke kann man ruhig noch wagen. Wenigstens so weit, bis man rechts des messerscharf zum Himmelhorn, dem südwestlichen Trabanten des Schnecks, emporstrebenden Rädlergrates die bestechende Wildengruppe erspähen kann.

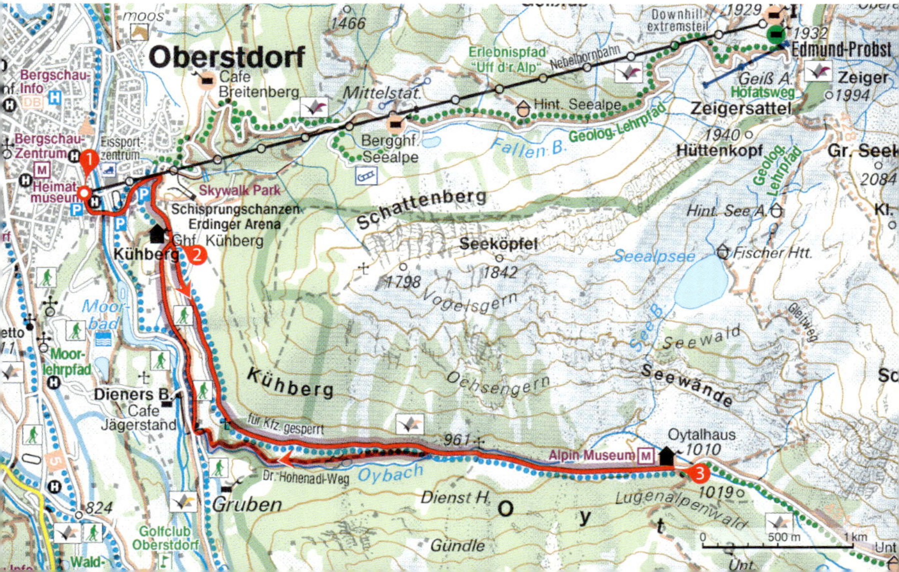

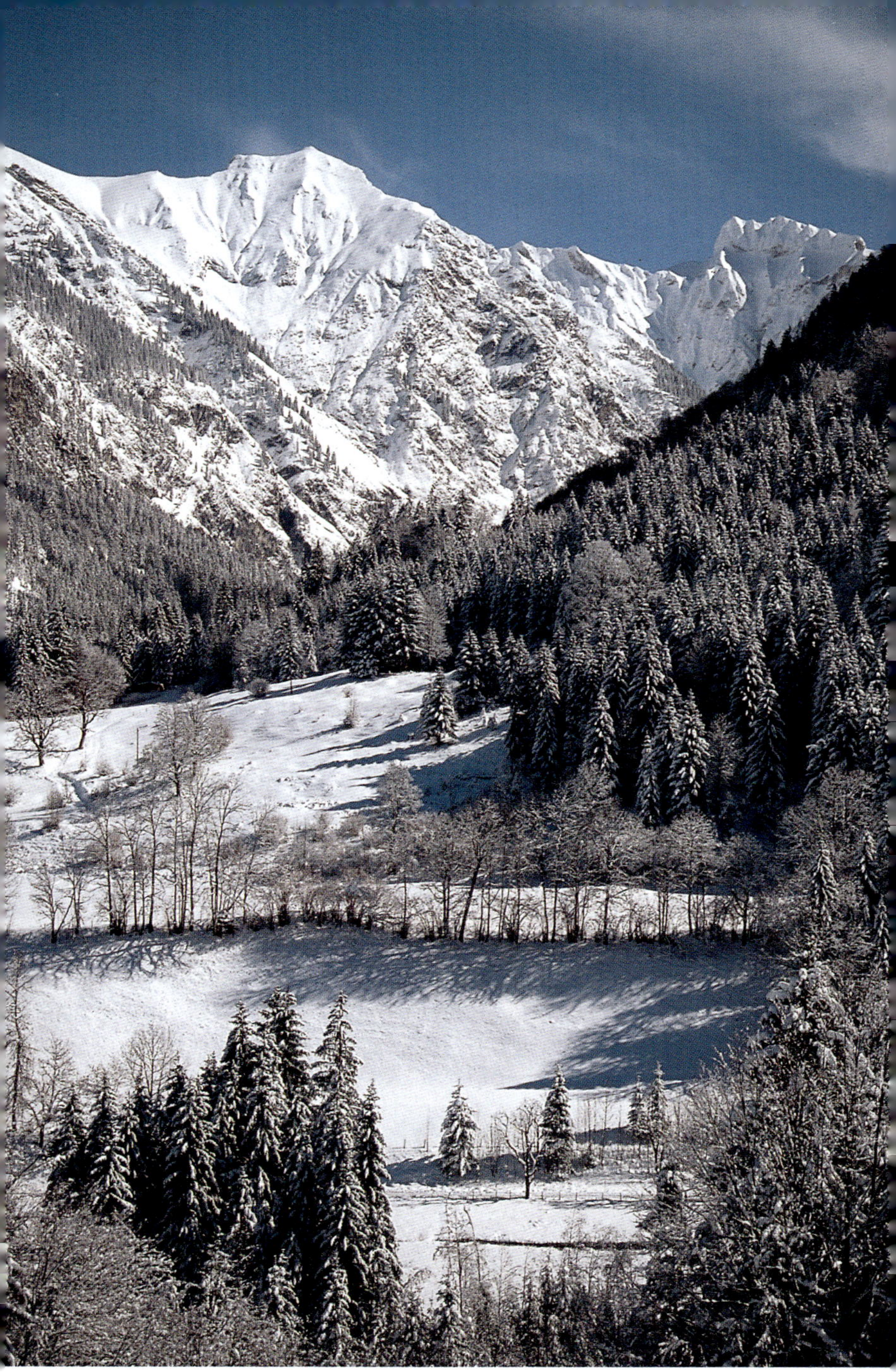

Das Oytal (mit Schochen und Schneck) öffnet sich zum Trettachtal hin.

KURZINFO

Talort: Oberstdorf, 815 m. Marktgemeinde und Bergsteigerzentrum am Eingang zu den Allgäuer Hochalpen, heilklimatischer Kurort und weltberühmter Wintersportort, Oberallgäu. Mit dem Zug von Kempten erreichbar. Tourismus Oberstdorf, D-87561 Oberstdorf, Tel. +49 8322 7000, oberstdorf.de.
Ausgangspunkt: Bushaltestelle an der Nebelhornbahn, 820 m; Parkplatz.
Gehzeit: Oberstdorf – Oytalhaus 1.40 Std., Rückweg 1.35 Std.; Gesamtgehzeit 3.15 Std.
Höhenunterschied: 240 Hm.
Anforderungen: Die gesamte, nur mäßig steile Tour verläuft auf geräumten Winterwegen.
Hangexposition: West bis Süd.
Lawinengefahr: Bei Lawinengefahr sind die Zugänge ins Oytal gesperrt.
Einkehr: Hotel Kühberg (Tel. +49 8322 3323, hotel-kuehberg.de, ganzjährig geöffnet, Dienstag und Mittwoch Ruhetag, Übernachtungsmöglichkeit), Oytalhaus (Tel. +49 8322 80381, berggasthof-oberstdorf.de, ganzjährig geöffnet, Montag Ruhetag).

An der Nebelhornbahn in **Oberstdorf ❶** halten wir uns Richtung Oytal und bummeln nach der Trettachbrücke hinauf zum Skistadion Schattenberg. Danach überwinden wir auf einem Winterwanderweg unterhalb der Schanzen in einer Schleife die Steilstufe zum **Hotel Kühberg ❷**, 905 m, auf einer dorfnahen Terrasse. Anschließend spaziert man auf die höchst vornehme Trettachspitze zu, Richtung Käseralpe.
Der Weg schwenkt um den Schattenberg herum bald vom Trettachtal weg. Dann leitet er ein Stück oberhalb des Oybachs, mehrere Lawinenstriche passierend, durch Wald taleinwärts. Vor uns fesselt das eigenwillige Antlitz des zum Laufbachtobel hin jäh abstürzenden Schnecks. Die ebenfalls überaus steilen, bewaldeten Hänge auf der Südseite des Tals gehören zu den Riffenköpfen. Nach großem Neuschneezuwachs oder bei kräftigem Temperaturanstieg ist dieser Weg ebenso wie der unter uns verlaufende Dr.-Hohenadel-Weg wegen Lawinengefahr gesperrt. Nach Überschreiten des Oybachs öffnet sich unter einem Bergsturz der Wald. Zwischen dem Seeköpfl und dem Hahnenkopf erreichen wir durch eine Ahornallee das **Oytalhaus ❸**. Die beliebte Einkehr, hinter der sich der von tiefen Runsen durchzogene Schochen aufbaut, steht in der Talerweiterung unter den berüchtigten, mit Eiszapfen behangenen Seewänden.
Auf dem Rückweg entscheiden wir uns im Wald nach der Oytalbrücke für den abzweigenden, ebenfalls für die Winterwanderer geräumten Dr.-Hohenadel-Weg. Wildromantisch schlängelt sich dieser unmittelbar am stark eingeschnittenen Wildbach entlang. Mitunter drängen uns Felsriegel hart ans brausende Ufer. Nach zweimaliger Querung des Oybachs kurz vor seiner Einmündung in die Trettach bringt uns ein kleiner Gegenanstieg zum **Hotel Kühberg ❷**, wo wir das bekannte Finale nach **Oberstdorf ❶** aufnehmen.

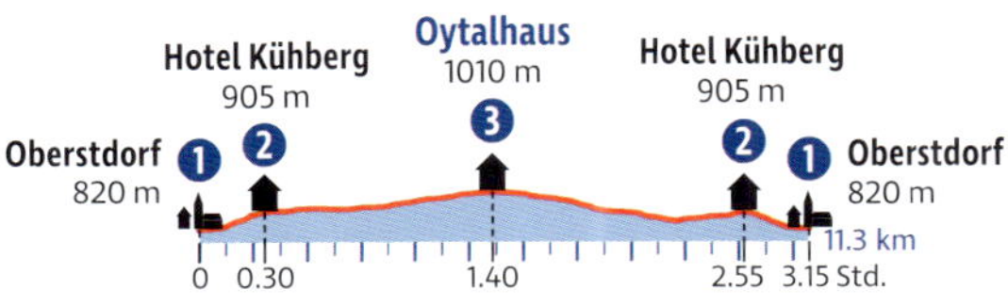

29 Spielmannsau, 983 m

Rundtour durch das Trettachtal

★★

Solche Berge gibt es nur im Allgäu

Bis zu 1600 Meter überragen die königlichen Vertreter des Allgäuer Hauptkamms den charaktervollen, einprägsamen Talschluss hinter der romantischen Spielmannsau. Den Großteil der spannenden Hochgebirgsszenerie zu beiden Seiten des jungen Illerquellflusses Trettach bestimmen die unglaublich steilen Bergflanken: Wallende Grasmäntel in strahlendes Weiß gehüllt, soweit das Auge reicht, hier und dort kunstvoll mit recht unterschiedlich ausgeprägtem Dolomitfels gekrönt. Solche Gestalten gibt es nur im Allgäu! Wer möchte in dem anheimelnden Berggasthof nicht während einer schmackhaften Mahlzeit, sich in wohliger Sicherheit wiegend, mit Herzklopfen zusehen, wie über die geschundenen Schussbahnen dieses weltentrückten Fleckens Erde die stiebenden Lawinen donnern? Um die Ausstrahlung des ergreifenden Gebirgswinkels erleben zu können, bedarf es erstaunlicherweise keines besonderen Engagements. Mit nur wenigen kleinen Steigungen folgt der entdeckungsreiche Kurs stets mehr oder weniger dem Trettachtal bis zum Ziel am Ausgang der Traufbachschlucht.

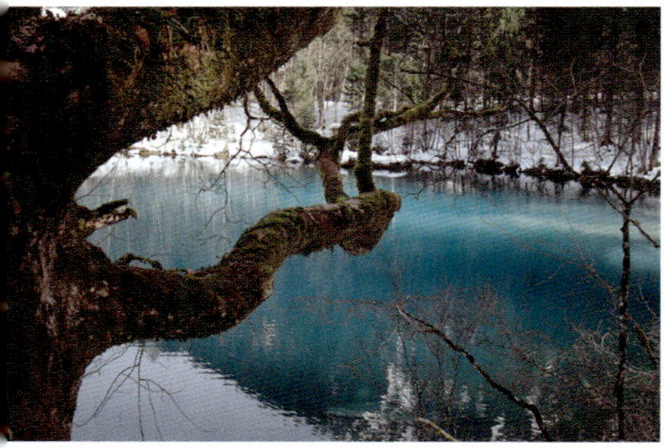

Das Smaragdauge des Christlessees auf halber Strecke in die Spielmannsau.

KURZINFO

Talort: Oberstdorf, 815 m. Marktgemeinde und heilklimatischer Kurort, Bergsteigerzentrum und weltberühmter Wintersportort, Oberallgäu. Mit dem Zug von Kempten erreichbar. Tourismus Oberstdorf, D-87561 Oberstdorf, Tel. +49 8322 7000, oberstdorf.de.
Ausgangspunkt: Bushaltestelle an der Nebelhornbahn, 820 m; Parkplatz.
Gehzeit: Oberstdorf – Golfplatz 0.50 Std., Golfplatz – Spielmannsau 1.15 Std., Rückweg 1.55 Std.; Gesamtgehzeit 4.00 Std.
Höhenunterschied: 210 Hm.
Anforderungen: Nur mäßig steile Tour auf geräumten Winterwegen.
Hangexposition: Reine Talwanderung.
Lawinengefahr: Bei Lawinengefahr ist der Zugang ins Trettachtal ab dem Golfplatz gesperrt.
Einkehr: Hotel »elements« am Christlessee (Tel. +49 8322 606690, hotel-elements-oberstdorf.com, ganzjährig geöffnet, Übernachtungsmöglichkeit), Berggasthof Spielmannsau (Tel. +49 8322 3015, spielmannsau-berggasthof.de, ganzjährig geöffnet, Mittwoch Ruhetag, Übernachtungsmöglichkeit), Berggasthof Riefenkopf (Tel. +49 8322 800502, gasthof-riefenkopf.de, ganzjährig geöffnet, Dienstag Ruhetag, Übernachtungsmöglichkeit), Restaurant Gruben (Tel. +49 8322 800453, ganzjährig geöffnet, Montag Ruhetag, Übernachtungsmöglichkeit).
Kinder: Die kleine Runde bis zum Golfplatz, wo sich Hin- und Rückweg fast berühren, und über Gruben zurück nach Oberstdorf ist für Kinder geeignet.

An der Nebelhornbahn in **Oberstdorf** ❶ halten wir uns Richtung Dietersbach und schlagen an der Mühlenbrücke den ansteigenden Winterwanderweg mit schönem Dorftiefblick zum Aussichtspunkt Hofmannsruh ein. Mit leichtem Höhenverlust geht's weiter zum **Moorweiher** ❷, 865 m. Auf dem nun stets zum Christlessee ausgeschilderten Erholungskurs, der dem lang gezogenen, aber bescheidenen Höhenrücken »Auf den Eggen« folgt, treten über dem Stillachtal die Gundköpfe in Erscheinung. Vom höchsten Wegpunkt, wo man aus dem Wald tritt und eine prächtige Schau ins wilde Oytal gewinnt, schlendert man kurz bergab zum **Golfplatz** ❸, 897 m. Ab hier ist der Weiterweg ins Trettachtal in Ausnahmefällen bei Lawinengefahr vom rechter Hand aufstrebenden Himmelschrofen gesperrt.
Die Tafel »Kemptner Hütte« lenkt jetzt auf die Kegelköpfe zu. Das flache Anliegersträßchen bringt uns ein kleines Stück über der Talsohle der rauschenden Trettach durch aufgelockerten Wald zum Hotel »elements« am **Christlessee** ❹, 915 m. Stolz präsentiert sich über dem märchenhaften, klar blaugrün leuchtenden Seespiegel die schneidig schlanke Höfats, das Wahrzeichen der Allgäuer Grasberge. Doch die elegant geschwungene Trettachspitze ist die unbestrittene Monarchin des Tales. Vor der Errichtung der Lawinenverbauung am Himmelschrofen, der das Tal westseitig flankiert, wurde der elf Meter tiefe, von zwei Quellen auf dem Grund gespeiste See immer wieder von verheerenden Lawinenabgängen verschüttet.
Hinter dem Waldhotel kommen wir im Talboden an ein paar einsam gelegenen Häusern vorbei. Nach der

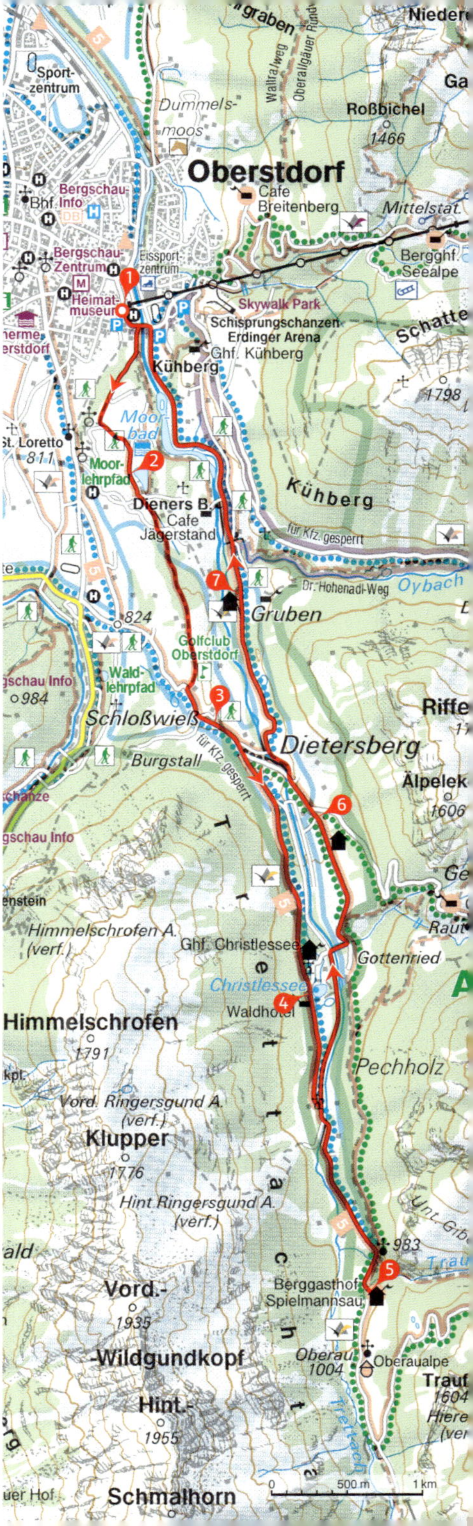

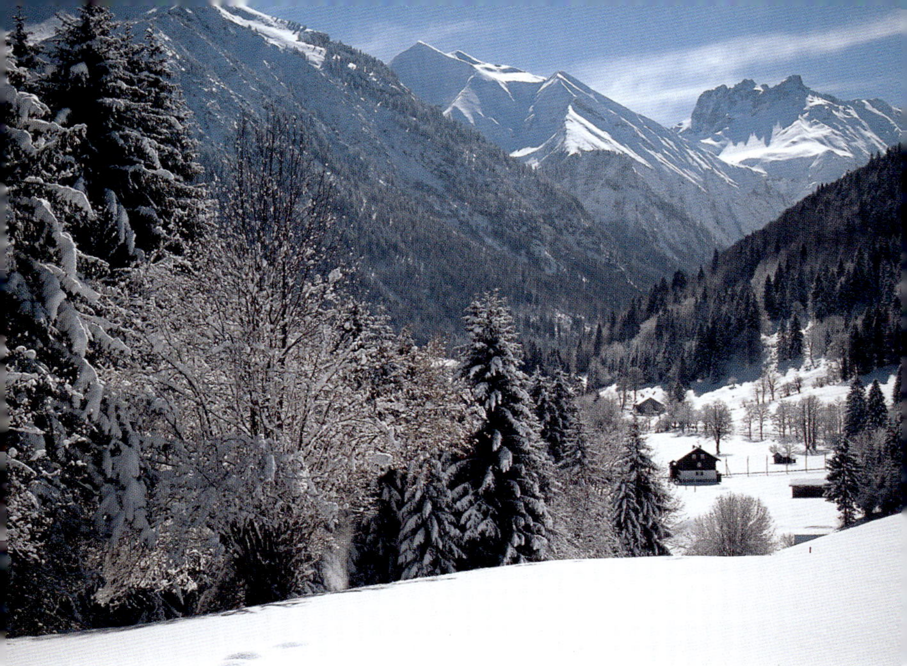

Über dem Talschluss des Trettachtals bauen sich Fürschießer und Kratzer auf.

Einmündung in das ebenfalls vom Golfplatz hierher führende Uferssträßchen wechseln wir an der Truppersoybrücke die Flussseite. Vor uns öffnen sich die sogenannten Wilden Gräben, links zeigt sich der Kratzer. Unsere Route ist jetzt identisch mit dem Europäischen Fernwanderweg E 5 Bodensee – Adria. Über Lichtungen haben wir nicht mehr weit, die Kapelle Christi Geburt passierend, zur Traufbachbrücke, wo aus einer düsteren Schlucht das stürmische Berggewässer herbeieilt. Gleich dahinter erreicht man die wenigen Häuser von **Spielmannsau** ❺.

Zurück an der Truppersoybrücke folgen wir nun der Hauptroute am eisigen Illerquellfluss entlang, bis der Winterwanderweg Richtung Gerstruben abzweigt. Unmittelbar nach der Trettachbrücke überschreiten wir den Dietersbach und gelangen über eine kleine Kuppe nach **Dietersberg** ❻, 909 m, mit dem Berggasthof Riefenkopf. Über waldfreie Böden geht's zur Zwingbrücke. Dort bleiben wir der östlichen Talseite treu und spazieren durch eine schmale Ahornallee zum **Restaurant Gruben** ❼, 870 m. Nach der Oybachquerung leitet uns das Ufer der ungestümen Trettach zurück nach **Oberstdorf** ❶.

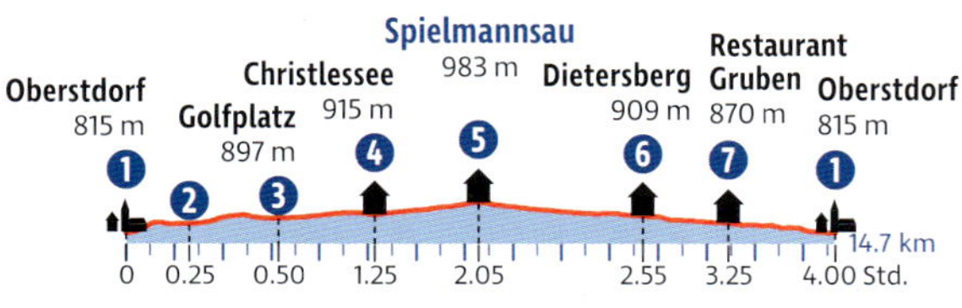

Einödsbach, 1114 m

30

Durch das Stillachtal

★★

Eines der vollkommensten Felstrios der Nördlichen Kalkalpen

Von keiner Stelle besticht die festlich geformte Gipfelgruppierung Trettachspitze, Mädelegabel und Hochfrottspitze mehr als von Einödsbach. Viele Namen und Bezeichnungen haben schon versucht, die einzigartige Formgebung der im August 1855 von den Birgsauer Jochum-Brüdern auf den Spuren eines beobachteten Gämsenpaares erstmals bestiegenen Trettach zu verdeutlichen: Allgäuer Matterhorn, aufgereckter Riesenfinger, zuckerhutartiger Kegel … 1895 gelang Josef Enzensberger, dem eifrig-geschickten »Enzian«, zusammen mit seinem Bruder Ernst die erste Winterbegehung dieses kühnen Bergmonarchen.

Überragt von den mit glänzenden, manchmal stiebenden Schneegraten gezierten Kalkriesen gibt die südlichste Dauersiedlung Deutschlands aus dem 16. Jahrhundert eine bezaubernde Touristenidylle ab. Ein wahrhaft vollkommenes Naturgemälde. Wenn allerdings niedergehende Lawinenungeheuer manchmal tagelang den Zufahrtsweg abschneiden, wird für die an die harte Realität gewöhnte Bauernfamilie aus der heilen Welt des Sommers ein unangenehmes Gefängnis. Einödsbach ist im Übrigen die Geburtsstätte des einstmals begehrtesten Allgäu-Führers und Wirtes Baptist Schraudolph, der viele hundert Male seine »Mädeli« besuchte, die bereits im zarten Alter von zehn von ihm erstmals bestiegene Mädelegabel.

KURZINFO

Talort: Oberstdorf, 815 m. Marktgemeinde und Bergsteigerzentrum am Eingang zu den Allgäuer Hochalpen, heilklimatischer Kurort und weltberühmter Wintersportort, Oberallgäu. Mit dem Zug von Kempten erreichbar. Tourismus Oberstdorf, D-87561 Oberstdorf, Tel. +49 8322 7000, oberstdorf.de.

Ausgangspunkt: Bushaltestelle nahe der Fellhornbahn in Faistenoy, 901 m; Parkplatz.

Gehzeit: Faistenoy – Einödsbach 1.20 Std., Abstieg 1.10 Std.; Gesamtgehzeit 2.30 Std.

Höhenunterschied: 210 Hm.

Anforderungen: Die gesamte, nur mäßig steile Tour verläuft auf geräumten Winterwegen.

Hangexposition: West.

Lawinengefahr: Bei Lawinengefahr ist der Aufstieg von Birgsau nach Einödsbach gesperrt.

Einkehr: Berggenuss Birgsau (Tel. +49 8322 96900, berggenuss-birgsau.de, geöffnet ab Mitte Dezember, Dienstag Ruhetag, Übernachtungsmöglichkeit), Berggasthof Einödsbach (Tel. +49 8322 98454, einoedsbach.de, ganzjährig geöffnet, Dienstag und Mittwoch Ruhetag, Übernachtungsmöglichkeit).

Variante: Wer es lieber ein bisschen ruhiger mag, der kann nach den Häusern von Birgsau dem meist geräumten, bis zur Buchenrainalp, 1129 m (0.45 Std.), ansteigenden Alpweg zur Breitengernalp, 1156 m (1.20 Std. ab Birgsau), im Rappenalptal folgen. Leicht, sichere Verhältnisse erforderlich.

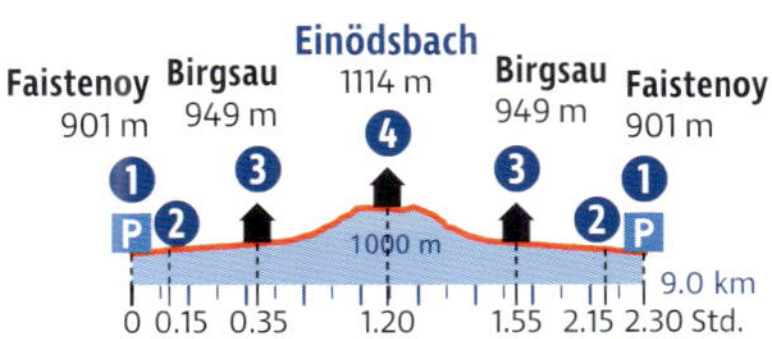

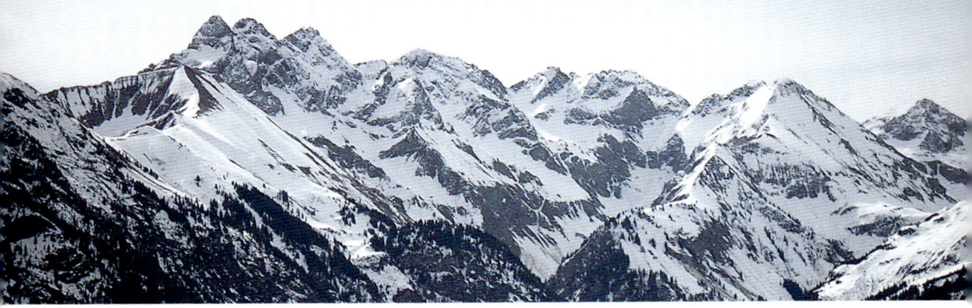

Felskleeblatt Trettachspitze, Mädelegabel und Hochfrottspitze.

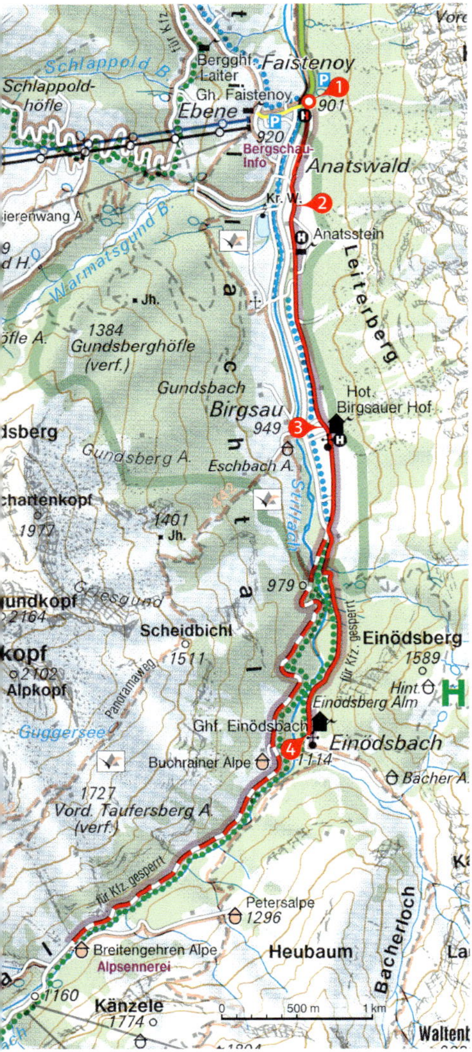

Von der Bushaltestelle in **Faistenoy** ❶ durchs Stillachtal nehmen wir den Winterwanderweg parallel zum Anliegersträßchen nach **Anatswald** ❷, 921 m, der flach über freie Talböden auf die imponierenden Allgäuer Hochalpen zuhält. An einer Verzweigung bummelt man geradeaus zum verträumten Weiler **Birgsau** ❸, 949 m.

Kurz hinter den letzten Häusern teilt sich der Weiterweg. Rechts geht es ins Rappenalpental. Wir folgen dem stets geräumten Sträßchen am Turbinenhaus vorbei Richtung Gasthof Einödsbach, wobei zwei vom Einödsbergegg und vom Spätengundkopf brausende Sturzbäche gequert werden. Jenseits der Stillach, die sich aus den Quellarmen des Rappenalpenbachs und Bacherlochbachs nährt, ragen die Gundköpfe auf. Nach anhaltenden Schneefällen und bei starker Erwärmung ist diese Route ab der Wegteilung möglicherweise nicht begehbar. Die gleichmäßige Steigung durch den Mischwald über der schauerlichen Klammenge des Bachergwänds empor lässt uns nicht groß außer Atem kommen. Zuletzt tritt der Bergwald zurück, und wir erreichen den abgelegenen Bauernhof **Einödsbach** ❹ mit Gasthaus, Kapelle und einem uralten Holzhaus oberhalb der Mini-Ahornallee.

Der Rückweg erfolgt auf dem Hinweg.

Kappeler Alp, 1340 m

Rundtour von Pfronten-Kappel

★★

Knackige Schneeschuhroute am Saum der Ostallgäuer Bergwelt

Die auch im Winter bewirtschaftete Kappeler Alp östlich der Alpspitze, am Nordrand der Allgäuer Alpen, überrascht neben einem bestrickenden Gipfelpanorama mit einer mustergültigen Schau übers Füssener Seenland. Für einen Aufstieg von Pfronten stehen zwei unterschiedlich anspruchsvolle Routen bereit. Die deutlich bequemere Variante bietet der kurvige Alpweg, der gerne auch als Rodelbahn benützt wird. Eine eindeutig sportliche Einstellung verlangt dagegen der weglose Schneeschuhkurs über den knackigen Ostrücken. Am schönsten ist natürlich eine Kombination beider Möglichkeiten, wie es bei diesem Vorschlag empfohlen wird.

Wer an eine Tourenerweiterung denkt, sollte den wegen seiner umfassenden Aussicht mit Recht gerühmten Edelsberg, das harmlosere und dabei höhere der beiden nahen Bergziele vorziehen. Man würde es vom Alpenvorland aus keineswegs erwarten: Der Rundblick hat dem Edelsberg den Rang eines der bedeutendsten Allgäuer Aussichtsberge eingebracht. Wer die insgesamt 350 Gipfel nachzählen will, der muss allerdings zwischendurch mal seinen Standpunkt wechseln, da die Fichten dem Auge nicht jede Himmelsrichtung ungehindert freigeben. Der zuletzt schrofige Alpspitzaufstieg eignet sich eher nach Tauperioden, wenn die Felsstufen schneefrei sind.

KURZINFO

Talort: Pfronten, 860 m. Verstreuter Luftkurort am Alpenrand, an der Tiroler Grenze, Ostallgäu. Mit dem Zug von Kempten erreichbar. Pfronten Tourismus, D-87459 Pfronten, Tel. +49 8363 69888, pfronten.de.

Ausgangspunkt: Bushaltestelle an der Gaststube Keller's Käs-Kuche in Pfronten-Kappel, 886 m; beschilderter Parkplatz am Beginn der Rodelbahn.

Gehzeit: Pfronten-Kappel – Kappeler Alp 1.40 Std., Abstieg 1.35 Std.; Gesamtgehzeit 3.15 Std.

Höhenunterschied: 450 Hm.

Anforderungen: Für den öfters gespurten, steilen Aufstieg zur Kappeler Alp (wegen instabiler Hanglage ggf. vorübergehend gesperrt) sind Schneeschuhe und ein wenig Orientierungssinn erforderlich. Abstieg auf geräumtem Alpweg.

Hangexposition: Ost, Süd und Nord.

Spuren durch die weite Einsamkeit kann süchtig machen.

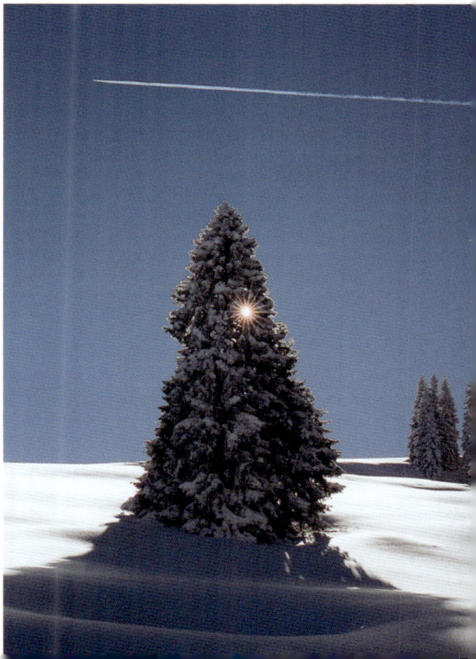

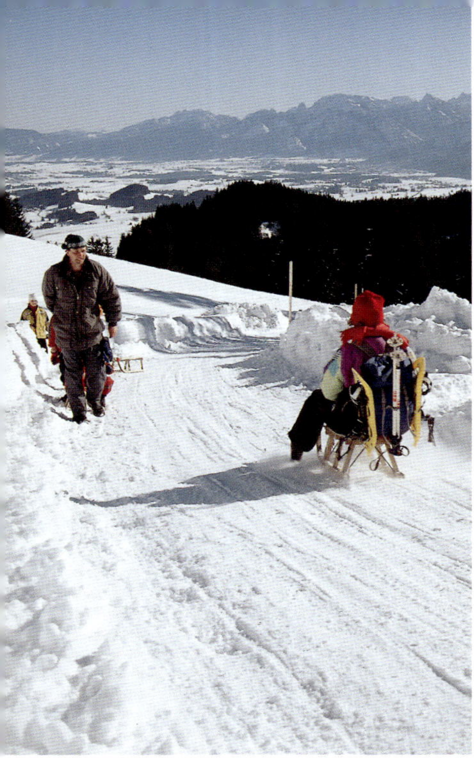

Lawinengefahr: Die gesamte Tour ist frei von Lawinengefahr.
Einkehr: Kappeler Alp (Tel. +49 8361 9251751 und +43 677 63779782, kappeleralp-edelsberg.de, Winter 2023/24 geschlossen, Öffnung danach unsicher).
Kinder: Die Rodelbahn von der Kappeler Alp ist für Kinder geeignet.
Rodel: Lohnende Rodelbahn von der Kappeler Alp (Rodelverleih) nach Pfronten-Kappel (zähes Mittelstück).
Variante: Schneeschuhgeher, die gerne noch einen mittelschweren, aussichtsreichen Gipfel anhängen wollen, gehen von der Kappeler Alp auf gewalztem Winterwanderweg über den gemächlichen Ostrücken hinauf zum bewirtschafteten Sportheim Böck, 1450 m (0.15 Std.), und steigen in oftmals angelegter Stapfspur an der Lachnerhütte und Alpspitze vorbei über den problemlosen Nordrücken auf den Edelsberg, 1630 m (1.00 Std. ab Kappeler Alp).

Bei Groß und Klein gefragt: die Rodelbahn von der Kappeler Alp nach Pfronten-Kappel.

Vom Gasthaus Engel nahe Keller's Käs-Kuche in **Pfronten-Kappel** ❶ leitet die Bürgermeister-Franz-Keller-Straße zu einem Wanderparkplatz. Das Schild »Wiesenweg z. Kappeler Alp« lenkt über den Steinebach. Eine manchmal angelegte Schneeschuh- oder Skispur gibt auf dem daraufhin ansetzenden spürbar steilen und freien Hang bergauf die Richtung an. Bald schon schickt uns ein Markierungstäfelchen über einen Seitentobel in den Wald hinein. Nach kurzem Erholungsabschnitt im Bereich eines alten Alpsteigs legen wir eine Rechtsschleife und mühen uns längere Zeit im Zickzack eine schweißtreibende

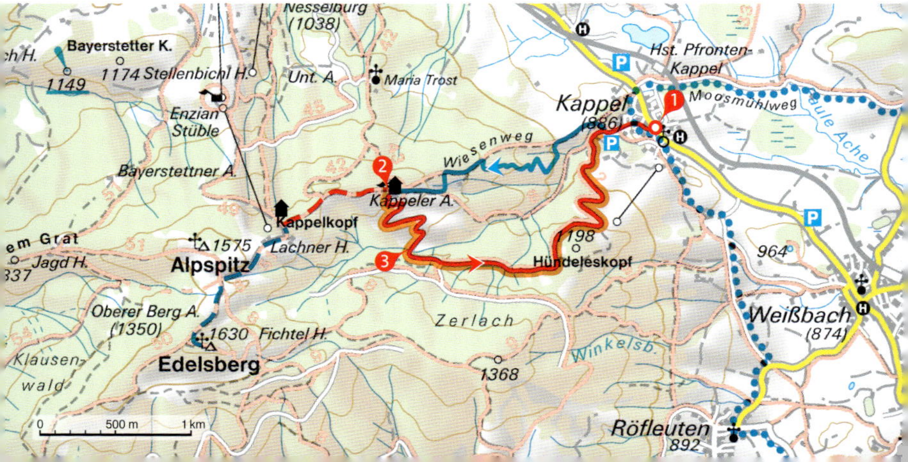

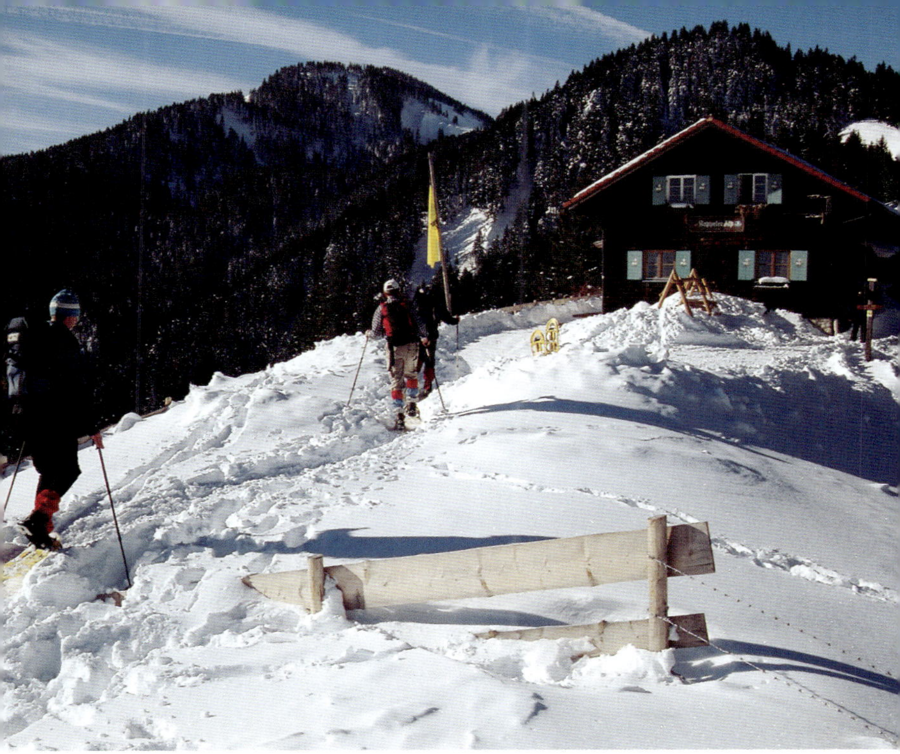

Kappeler Alp und Edelsberg.

Lichtung empor. Die Ammergauer Berge riegeln mit dem kecken Geiselstein und dem stolzen Kegel des Säuling das zugeschneite Ostallgäuer Wald- und Wiesenmosaik ab.

Vom obersten Winkel der Lichtung lenkt plötzlich die kantige Festung der Zugspitze den Blick auf sich. Im Vordergrund bestimmen die Schlicke und das Brentenjoch die Szene. Im Talkessel taucht Pfronten-Weißbach auf. Abermals verschluckt uns nun der Wald. Die sanftere Neigung lässt endlich wieder mal aufatmen. Dann ist nach einer nochmals deutlich anziehenden Schneise und einem gemütlichen Schlusshang die beliebte Einkehr der **Kappeler Alp** ❷ erreicht.

Als Rückweg wählen wir den zügigen, geräumten Alpweg, der auch als Rodelbahn seinen Dienst tut. In mehreren Serpentinen geht's zwischen einzelnen Fichtengruppen über einen südgerichteten Hang hinunter ins Tälchen mit der **Steinebachbrücke** ❸, 1190 m. Danach folgen ein kleiner Gegenanstieg und anschließend ein Flachstück. Zuletzt führt, nachdem wir westlich am Hündeleskopf vorbei geschritten sind, eine Reihe von Kehren am Waldrand zurück zum Wanderparkplatz und nach **Pfronten-Kappel** ❶.

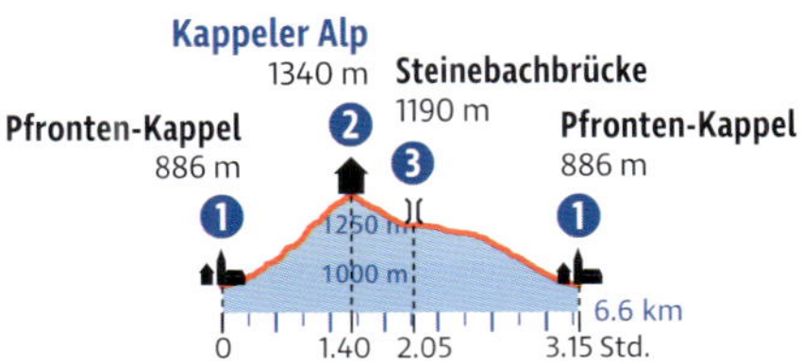

32 Breitenberg, 1838 m

Rundtour aus dem Achtal

★★★

Karwendelblick entschädigt für mühevolle Stapferei

Wie eine Wühlmaus kommt man sich bei ungespurtem Neuschnee an der sonnseitigen Breitenberg-Südflanke vor. Keine Frage, zur kalten Jahreszeit ist es schon eine Plagerei aus dem hintersten Adratsbachtobel zum ersehnten Gasthaus auf dem wuchtigen Breitenberg. Aber dafür eine kurzweilige und vor allem ungestörte Stapftour über der schattigen Tiefe des Achtals. Seinen Namen trägt der Berg zu Recht, dies verdeutlicht die schroffe Breitseite bereits während der Anfahrt aus dem Alpenvorland. Aber wer der Gipfelwelt verfallen ist, weiß: Nichts ist umsonst. So wird man auch auf dem hohen Scheitel der nordwestlichsten Erhebung der Tannheimer Berge reichlich belohnt, und zwar mit einem Augenschmaus, der unvergesslich bleibt. Es ist schwer zu sagen, was mehr beglückt, die erhebenden Tiefblicke auf alle dreizehn, sich 1000 Meter unter uns scharenden Pfrontner Ortsteile und hinaus in das mit dem gläsernen Horizont verschmelzende Hügelland oder all die sich staffelnden oberbayerischen und Tiroler Gebirgsgruppen. In vorderster Reihe die Ammergauer Alpen, die Tannheimer Berge mit der schmucken Zackenkrone des Aggensteins fast in Reichweite sowie die Vilsalpseeberge und weiter entrückt das Karwendel, das Wettersteingebirge und die Lechtaler Alpen. Und längst ist der Entschluss gefestigt: Wir werden uns wieder schinden.

Ungleiches Ostallgäuer Gipfelpaar Aggenstein und Breitenberg.

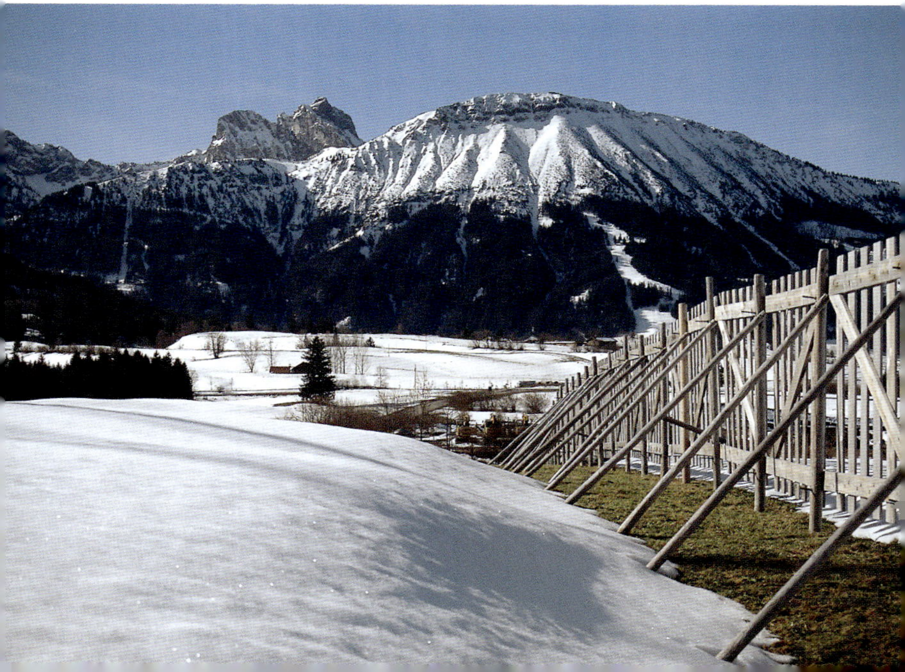

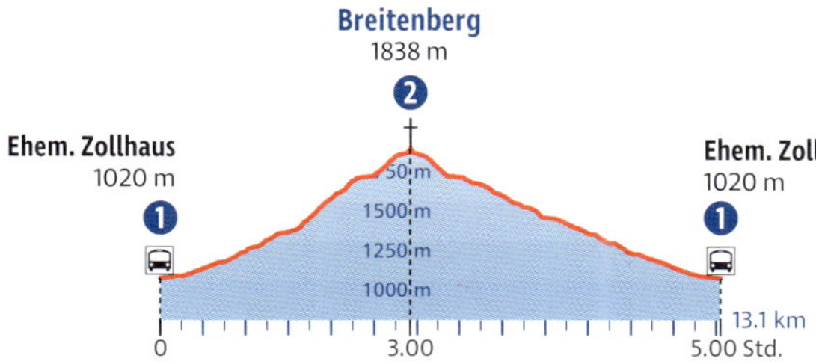

KURZINFO

Talort: Pfronten, 860 m. Verstreuter Luftkurort am Alpenrand, an der Tiroler Grenze, Ostallgäu. Mit dem Zug von Kempten erreichbar. Pfronten Tourismus, D-87459 Pfronten, Tel. +49 8363 69888, pfronten.de.
Ausgangspunkt: Bushaltestelle Ehem. Zollhaus, an der Straße durch das Engetal ins Tannheimer Tal, 1020 m; Parkplatz.
Gehzeit: Bushaltestelle Ehem. Zollhaus – Breitenberg 3.00 Std., Abstieg 2.00 Std.; Gesamtgehzeit 5.00 Std.
Höhenunterschied: 820 Hm.
Anforderungen: Für den meistens nur von Skitourengehern gespurten mittleren Teil des Aufstiegs mit einem längeren anstrengenden Steilhang sind Schneeschuhe, Kondition und Orientierungssinn erforderlich. Der Rest des Anstiegs sowie der Abstieg erfolgen auf einer bestens präparierten Rodelbahn, anfangs auf geräumtem Wanderweg. Leichter, aber ebenfalls langer Gesamtaufstieg auf der Rodelbahn möglich.
Hangexposition: Südwest bis Südost.
Lawinengefahr: Auf der gesamten Tour besteht selbst bei extremen Verhältnissen nur eine geringe Lawinengefahr.
Einkehr: Berggasthaus Ostlerhütte (die-ostler-huette.de, im Winter von Weihnachten bis 27.2. geöffnet, außer 1.1., Dienstag Ruhetag, Übernachtungsmöglichkeit).
Rodel: Lange Rodelbahn vom Gipfel ins Achtal.

Von der **Bushaltestelle Ehem. Zollhaus** ❶ leitet uns die ersten Minuten der geräumte Wanderweg neben der Engetalstraße einwärts Richtung Grän. Am Wanderparkplatz kurz vor der Staatsgrenze begeben wir uns auf den als Rodelbahn vorbildlich angelegten, zum Breitenberg beschilderten Forstweg. In mäßiger Steigung und in ein paar Windungen, immer wieder von Erholungseinlagen unterbrochen, lässt sich durch den im unteren Bereich geschlossenen Winterwald die morgendliche Ruhe genießen. Gelegentlich tauchen zwischen den Fichten- und Tannenwipfeln der gezackte Einsteingrat jenseits des Tales und der von Westen gesehen als protziger Pyramidenstumpf emporragende Aggenstein auf. Spätestens an der Gabelung in einer Linkskehre mit Felsaufschluss kommen die Schneeschuhe zum Einsatz. Wir benützen hier nicht weiter die ausgewiesene Schlittenpiste, sondern wählen den rechts abzweigenden, anfangs einem Bach und dem Rand eines Wildschutzgebietes folgenden, auch angenehm steigenden Forstweg. Nach zwei Serpentinen testet ab einem winzigen Jagdhüttchen, 1465 m, rechts schräg haltend, die Zickzackroute in einem freien Steilhang den Durchhaltewillen. Der Anblick der sich ständig nach Süden hin ausdehnenden Bergwelt hält das Murren in Grenzen.
Daraufhin mündet unsere einsame Spur wieder in die bekannte Rodel-

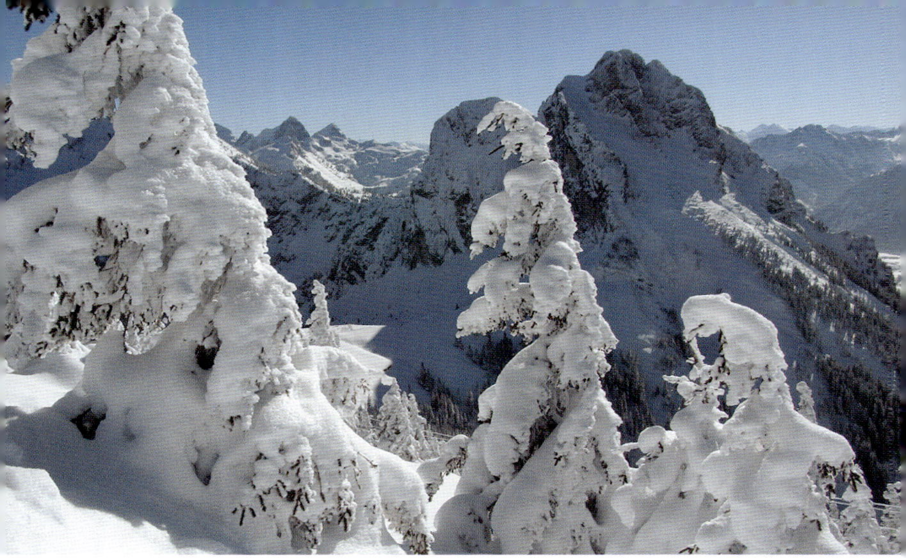

Aggenstein-Nordansicht vom Gipfelaufstieg zum Breitenberg.

bahn. Der Aggenstein verliert selbst bis hier oben nicht an Eindruckskraft. Bei einer Schlepplift-Umlenkstation beginnt die Schlussetappe. Der Höhengang in wenigen letzten Kurven zwischen den Wind und Wetter trotzenden Zwergfichten über einen kleinen Rücken und etwas unterhalb des kurzen Ostgrates zum Berggasthaus Ostlerhütte auf dem **Breitenberg ❷** wird durch das Erfassen der gegensätzlichen Landschaftselemente bestens belohnt. Nach einer Stärkung gehen wir wieder bergab zur Schleppliftstation und, weiter der bei Winterwanderern beliebten Walzbahn folgend, auf anfangs nur mäßigem Gefälle in westlicher Richtung. Längere Zeit queren wir dabei einen lichten Waldhang, bevor die ersten Wegschleifen hinunter ins Achtal ansetzen. Besonders in den unübersichtlichen Kurven hält man sich wegen der zahlreichen Kufenflitzer sicherheitshalber am Bahnrand. Der Talwanderweg führt zurück zur **Bushaltestelle Ehem. Zollhaus ❶**.

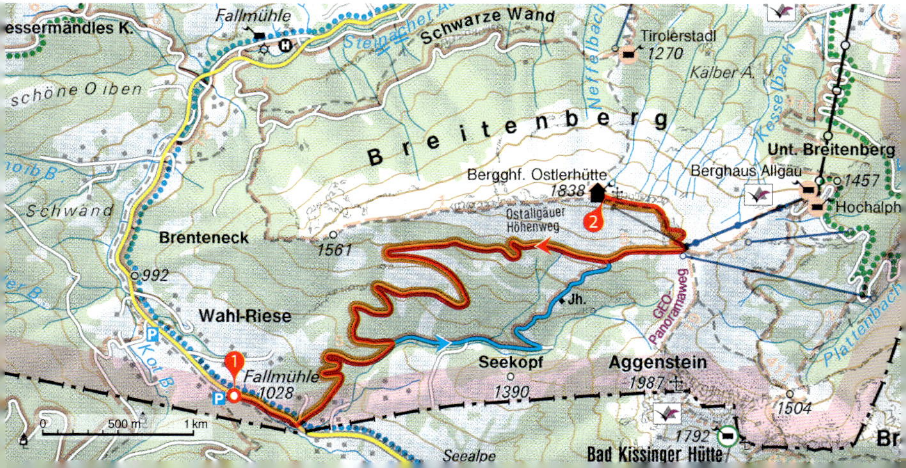

Reuter Wanne, 1542 m

Rundtour über die Stubentalalp

★★

Unwiderstehliches Schneedreieck am Eintritt ins Gebirge

Kaum dass sich die Bundesstraße von Wertach nach Oberjoch zwischen die ersten Ausläufer der Voralpen hineingezwängt hat, lenkt über der Tiroler Wirtschaftsexklave Jungholz ein blendendes Dreieck das schaulustige Auge des Schneeschuhwanderers auf sich: die Reuter Wanne. Erst bei näherer Betrachtung sieht man dem jahrzehntealten Markenzeichen dieses unwiderstehlich lockenden Südwesthangs, dem allein stehenden betagten Fichtenpaar, das seit kurzem veränderte Gesicht an. Hat doch eine Sturmbö einen der beiden gebeugten Veteranen kaltschnäuzig umgemetzelt. Trotz dieses kleinen Makels: Der Berg hat sich seine Ausstrahlung bewahrt. Als schönste Aufstiegsroute empfiehlt sich eine Umrundung des Pfeifferbergs über die auch im Winter bewirtschaftete Stubentalalp. Doch man sollte nicht zu lange mit einem Besuch zögern, da der Steilhang während Schönwetterperioden frühzeitig ausapert – dann macht es nur noch den halben Spaß.

KURZINFO

Talort: Jungholz, 1058 m. Feriendorf und deutsche Wirtschaftsenklave über dem oberen Wertachtal, Tirol. Mit dem Bus von Oy aus erreichbar (Zug von Kempten). Tourismus-Information, A-6691 Jungholz, Tel. +43 5676 8120, tannheimertal.com.

Ausgangspunkt: Bushaltestelle am Ortsanfang, 1040 m; Parkplatz am Ortsende Richtung Langenschwand.

Gehzeit: Jungholz – Stubentalalp 1.00 Std., Stubentalalp – Reuter Wanne 1.15 Std., Abstieg 1.45 Std.; Gesamtgehzeit 4.00 Std.

Höhenunterschied: 520 Hm.

Anforderungen: Bis zur Stubentalalp und von der Bachbrücke bei der Unteren Reuter-Wanne-Alp zum Moorweiher geräumte Alp- und Forstwege. Für die restlichen, kurzzeitig steileren Etappen sind meistens Schneeschuhe erforderlich. Auf Gipfelwechte achten! Grenzübertritt. Bis zur Stubentalalp leicht.

Hangexposition: Südwest bis Südost.

Lawinengefahr: Selbst der Gipfelhang ist kaum lawinengefährdet.

Einkehr: In Langenschwand und der Stubentalalp (Tel. +49 8321 2605888, alpestubental.com, geöffnet ab 25.12., Mittwoch und Donnerstag Ruhetag).

Kinder: Die Rodelbahn von der Stubentalalp ist für Kinder geeignet.

Rodel: Lohnende Rodelbahn von der Stubentalalp nach Langenschwand.

Variante: Ein etwas kürzerer und recht einsamer Gipfelaufstieg führt vom Grenzzaun-Durchgang kurz vor der Oberen Reuter-Wanne-Alp ungespurt südseitig entlang des Zaunes auf den benachbarten Pfeifferberg, 1458 m (0.20 Std.). Mittelschwer, keine Lawinengefahr.

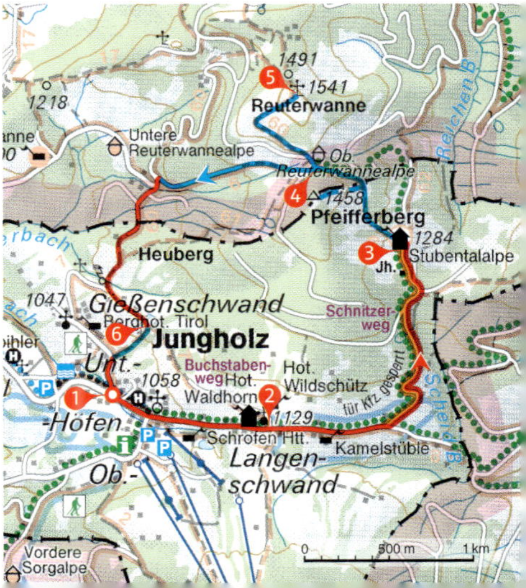

Von der Bushaltestelle in **Jungholz** ❶ bringt uns erst mal ein Bergsträßchen an der Kirche bergauf zum Ortsteil **Langenschwand** ❷. Der dort beginnende, geräumte und mit »Stubentalalpe« ausgeschilderte Alpweg wird auch gerne als Rodelbahn benutzt. Anfangs wandert man gemütlich auf die Waldflanken von Kienberg und Breitenberg zu. Rechter Hand macht der mit einem glitzernden Schneesaum überzogene Zackenkamm des Sorgschrofens auf sich aufmerksam.

Nicht mehr lange, dann beginnt der Spazierkurs mäßig zu steigen. Auf einmal schiebt sich die vornehme Dolomitkrone des Aggensteins ins Bild. Im Süden dominiert das bei den Skitourengehern gefragte Trapez des Gaishorns, an das sich das Rauhhorn anschließt. Nach einer Serpentine nimmt uns der Wald auf. Bald danach treffen wir bei der **Stubentalalp** ❸, 1284 m, ein, wo wir uns für den Weiterweg stärken können.

Oberhalb der Hütte weist das Täfelchen »Reuter Wanne« die Richtung schräg bergan über Lichtungen. Auch wenn manchmal eine dürftige Fußspur angelegt ist, zeigen sich doch eindeutig die Vorteile des Schneeschuhs. Unter dem Pfeifferberg-Gipfelkreuz folgt ein flacher, schmaler Walddurchschlupf zum Grenzzaun-Durchgang. Auf bayerischer Seite schließt sich, die rote Baummarkierung beachtend, ein kleiner Höhenverlust an zu einem Ziehweg. Dieser führt uns in Kürze zu einem Sattel, auf dem die **Obere Reuter-Wanne-Alp** ❹, 1390 m, steht. Hinter dieser türmen sich bei stürmischem Wetter die Gehwinden mit geisterhaften Schneefahnen.

Nun queren wir durch den freien Gipfelsteilhang hinauf zu einer Schulter und stapfen über den oftmals verblasenen Westrücken in unterschiedlicher Steigung, aber nie sonderlich anstrengend, der **Reuter Wanne** ❺ mit ihren ostseitig überwechteten Steilabbrüchen aufs Dach. Entsprechend der eher bescheidenen Höhe kann sich die Blickspanne durchaus sehen lassen. Von den Ammergauer Bergen über die ausgeprägte Zugspitze, die Tannheimer und ein paar Lechtaler Felszacken bis zum bulligen Daumenmassiv und ins Walsertaler Gipfelreich schweift das sehnsüchtige Bergwandererauge.

Zurück an der **Oberen Reuter-Wanne-Alp** ❹ wenden wir uns spitzwinklig auf den turmgekrönten Grünten zu und stoßen am Fuß des Gipfelhangs auf den Beginn eines Ziehwegs. Durch Wald wandern wir zu einer Bachbrücke nahe der Unteren Reuter-Wanne-Alp. Dort entscheiden wir uns für den geräumten Forstweg Richtung Jungholz.

Am Waldende nach einem geringen Gegenanstieg, wieder auf der Tiroler Seite, leitet mit abermals schönem Bergblick der Höhenweg ein kleines Stück bergauf zum zugefrorenen **Moorweiher** ❻, 1115 m. Unmittelbar an dessen Beginn schleicht man, nochmals die Schneeschuhe angelegt, auf einem schwach erkennbaren Waldpfad an einem Bächlein vollends bergab, zwei Mal das Ufer wechselnd, nach **Jungholz** ❶.

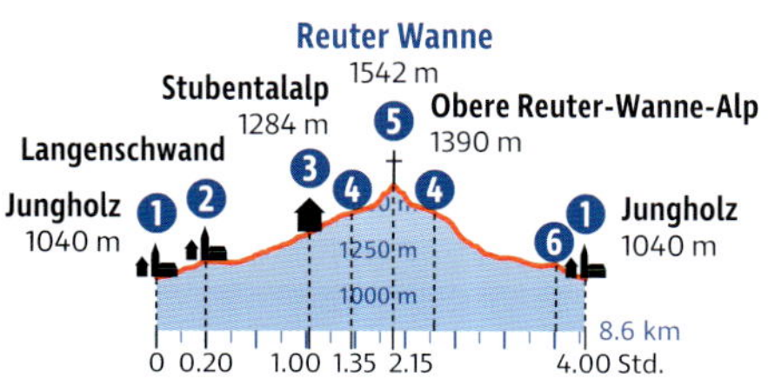

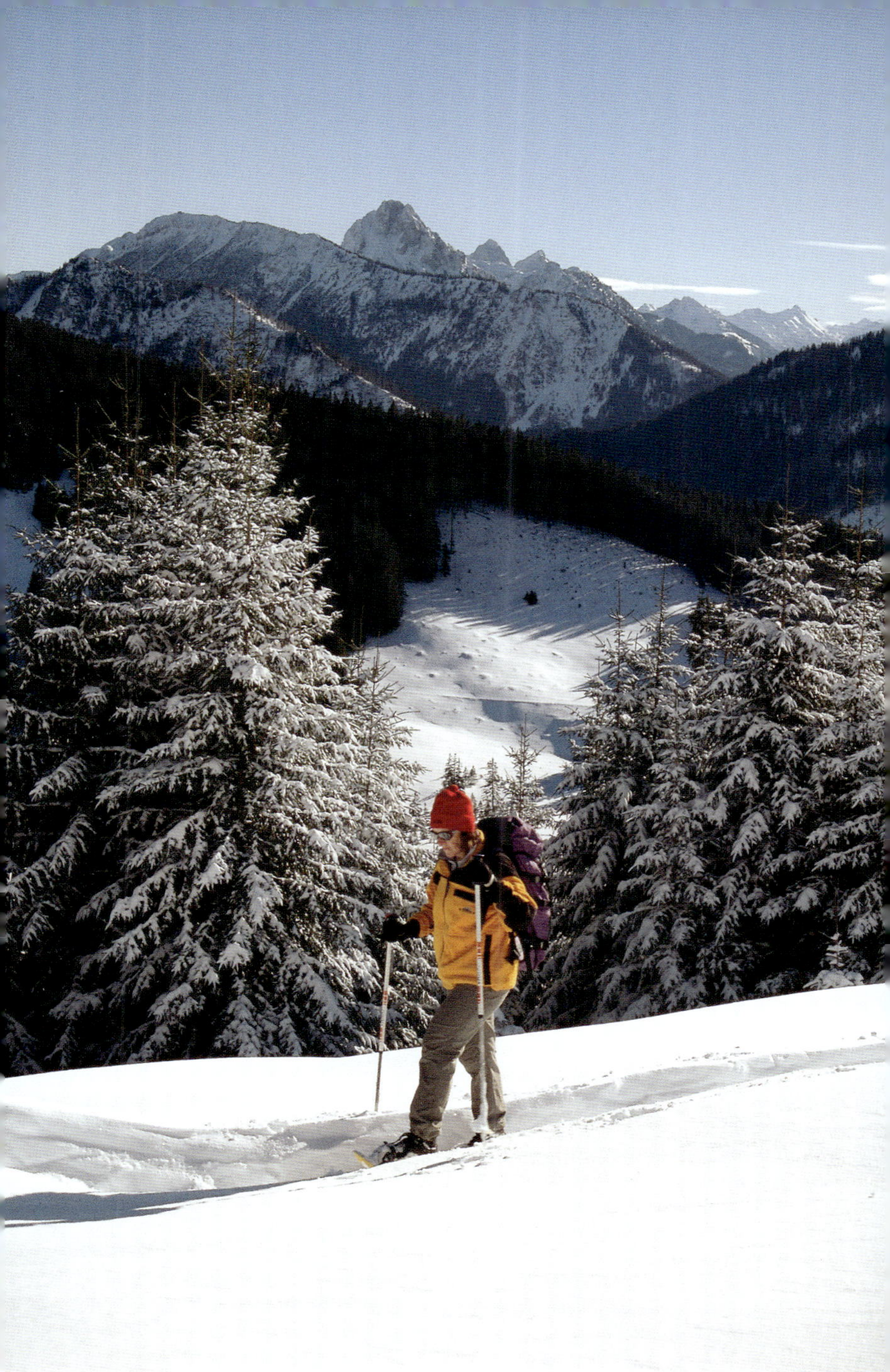

Zur Oberen Reuter-Wanne-Alp erwartet uns nur leichte Spurarbeit.

34 Vilser Alp, 1226 m

Durch das Alptal

★★

Mini-Hochtal mit klaffender Bergwunde

Das Alptal, eines der kürzesten Allgäuer Gebirgstäler, trennt die Pfrontner von den Vilser Bergen oder streng nach dem Alpenvereinsführer den Westkamm vom Nordostkamm der Tannheimer Berge. Die Gipfel im nördlichen Teil des Gebirges machen einen deutlich brüchigeren Eindruck als jene berühmten und eleganten Kletterfels-Majestäten über dem Haldensee. Der Grund dafür liegt im unterschiedlichen Gesteinsaufbau. Während der Tannheimer Südkamm den resistenten Wettersteinkalk zum Wandbildner hat, müssen sich die Erhebungen um das Hochtal zur Vilser Alp mit dem wenig widerstandsfähigen Hauptdolomit begnügen.
Beeindruckend sind sie trotzdem, vor allem im Schneekleid: Roßberg, Sebenkopf, Läuferspitze, Hahnenkopf und Große Schlicke. Von der auf dem Weg zum Vilser Jöchl gelegenen Daurachalp, einem möglichen weiteren Tourenziel, wirken sogar der strahlende Vilser Kegel und die selbst im Sommer sehr selten bestiegenen Wildböden rechts des Hundsarschjochs ganz passabel. Gerade weil das Stadtbild deutlich durch die Zementfabrik und den Steinbruch am Fuß des Vilser Kegels beeinträchtigt wird, überrascht die unverfälschte Bergnatur des Alptals mit der rege besuchten Einkehr umso mehr.

KURZINFO

Talort: Vils, 826 m. Kleinstadt im Vilstal am Nordrand der Tannheimer Berge, Tirol. Mit dem Zug von Kempten aus erreichbar. Tourismusbüro, A-6682 Vils, Tel. +43 5677 8229, reutte.com.
Ausgangspunkt: Bahnhof, 820 m; Parkplatz.
Gehzeit: Vils – Vilser Alp 1.55 Std., Abstieg 1.35 Std.; Gesamtgehzeit 3.30 Std.
Höhenunterschied: 410 Hm.
Anforderungen: Mäßig steile Tour auf gewalztem Winterwanderweg, anfangs Gehsteige und ruhiges Sträßchen.

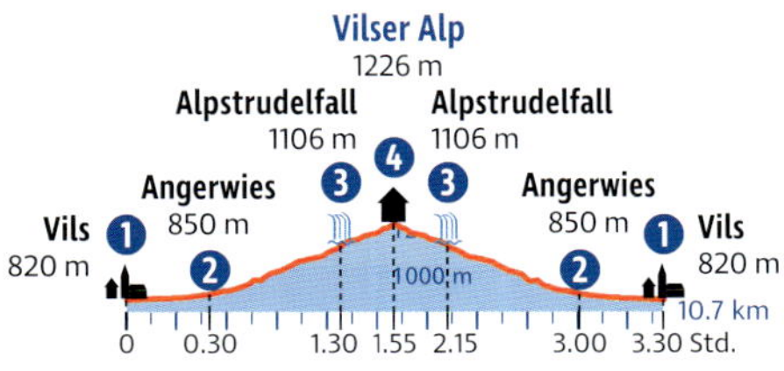

Hangexposition: Nordost bis Ost.
Lawinengefahr: Der gesamte Aufstieg ist kaum lawinengefährdet.
Einkehr: Vilser Alp (Tel. +49 173 5690966, vilseralm.at, geöffnet ab 25.12., Montag und Dienstag außer Weihnachtsferien Ruhetag, Übernachtungsmöglichkeit).
Kinder: Die Rodelbahn von der Vilser Alp ist für Kinder geeignet.
Rodel: Lohnende Rodelbahn von der Vilser Alp zum Wanderparkplatz bei der Kühbachbrücke.
Variante: Als kleine mittelschwere Zugabe bietet sich ab der Vilser Alp die Schneeschuhwanderung auf dem mit »Brenten Joch – Vilser Jöchl« beschilderten Alpweg durch den Wald westlich des Alptals zur Daurachalp an, 1370 m (0.45 Std.). Vom Fahrwegende ist es nicht mehr weit über eine trockene Bachrinne zur kleinen Lichtung der etwas versteckten, winzigen Daurachalp am Fuß des Sebenkopfs. Sichere Verhältnisse erforderlich.

In **Vils** ❶ nimmt man vom Bahnhof den Gehsteig durch den Ort auf den ebenmäßig geformten, im Vormittagslicht leuchtenden Roßberg zu und achtet am Stadtrand auf den Wegweiser »Vilser Alpe«. Der Fallweg, ein leicht steigendes Sträßchen, führt unter der Materialseilbahn hindurch zum Ortsteil **Angerwies** ❷, 850 m. Nach der Kühbachbrücke beginnt ein stets gewalzter Alpweg. Dieser windet sich in ein paar angenehm steilen Kehren bergan durch Fichtenwald mit einzelnen auffallend hellen Kalkgesteins-Felsblöcken, die gewöhnlich eine dicke Haube tragen.

Der Aufstieg ist ein Abschnitt des Geopfades von Vils über den Aggenstein nach Pfronten, einer geologischen Wanderung durch die Erdgeschichte. Stets der Hauptroute folgend, geht's durch einen Holzschlag unter der lotrechten Wand des Roten Steins vorbei. Über dem Lechtal erhebt sich der von hier ganz anders als aus dem Alpenvorland in Erscheinung tretende Säuling mit dem Pilgerschrofen.

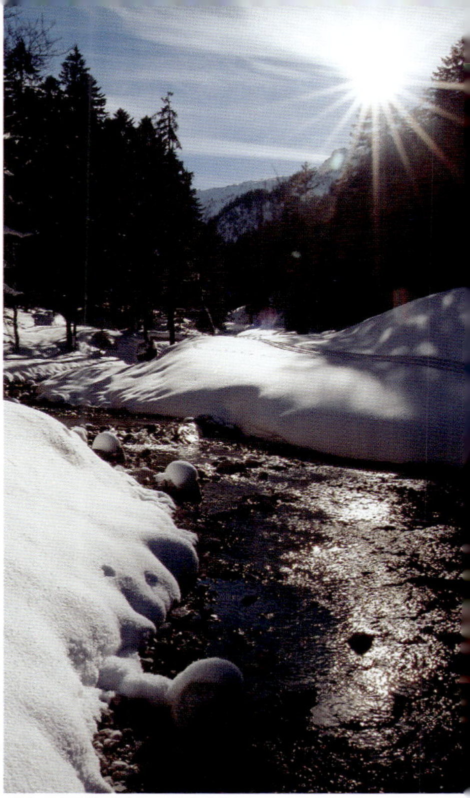

Nach dem Alpstrudelfall begleitet uns ein Stück der stimmungsvolle Taurabach.

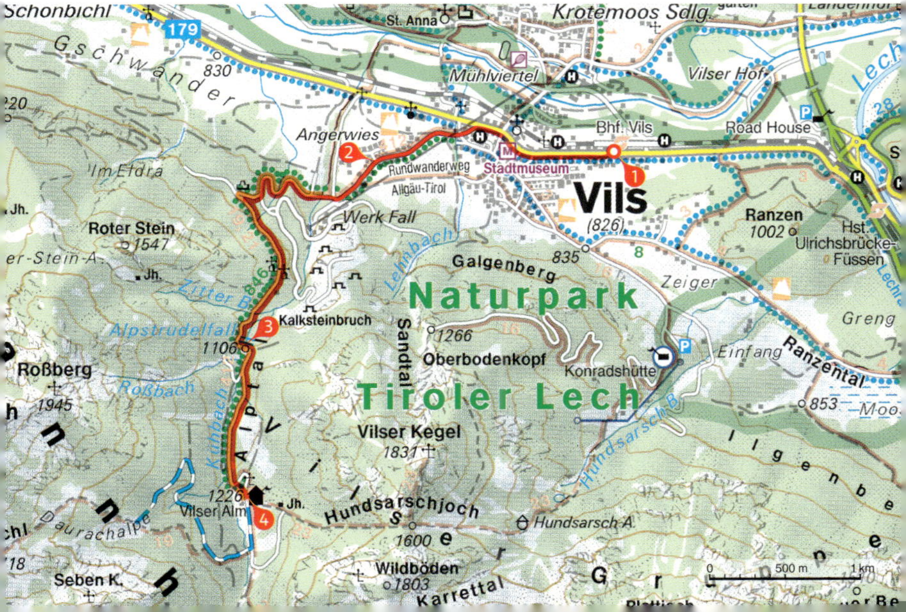

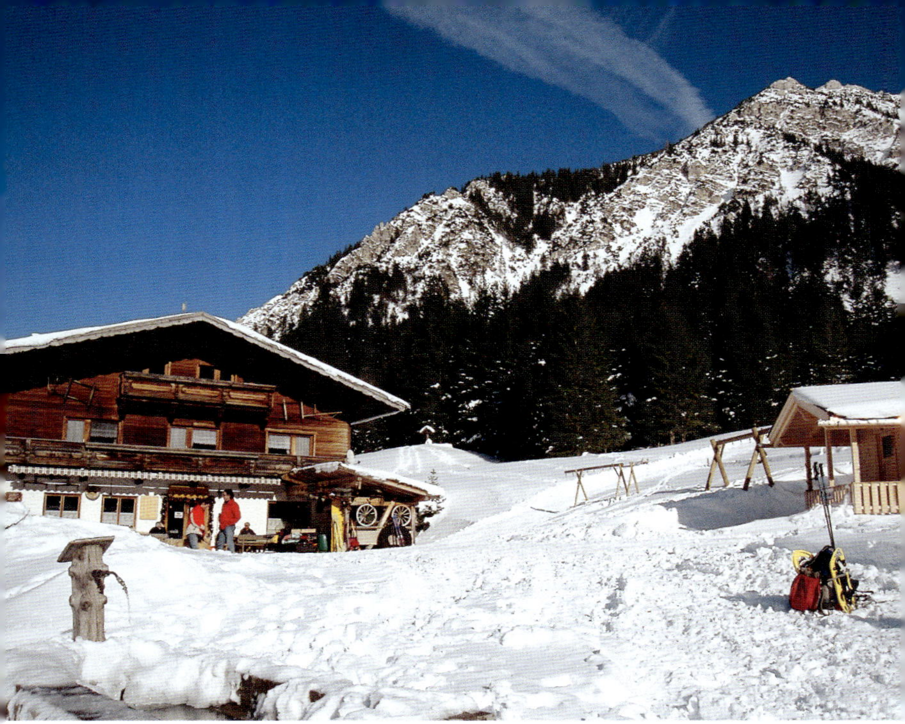

Vilser Alp und Vilser Kegel.

Ein Stück hält sich der Weg nun an der westlichen Tobelseite des Kühbachs entlang. Während der Erholungsetappe im Bereich eines Unterstands mit den Bildstöcken St. Peter und St. Mang öffnet sich die riesige Wunde des Steinbruchs, über den eine Erläuterungstafel Aufschluss gibt. Auch die sehr unterschiedlichen, teilweise mit Eiszapfen behangenen Kalksteinschichten, die wie durch ein Fenster beobachtet werden können, sind näher erläutert. Bedeckt wird der Steinbruch von über zehn Meter starken Moränen des einstigen Lechgletschers. Eine am Unterstand angebrachte Orthofotokarte, herausgegeben vom Museumsverein der Stadt, lohnt eine nähere Betrachtung. Förster und Waldaufseher, Jäger, Hirten und Alpmeister haben dafür alte, oft schon in Vergessenheit geratene Namen zusammengetragen.

Gleich darauf passieren wir den hochkant aufgestellten Finsterschrofen. Der Weg beginnt nun wieder zu steigen.

Wenig später hat der Taurabach, ein ungestümer Sturzbach, eine enge Spalte in den Fels gefressen und stürzt an dieser Stelle als **Alpstrudelfall** ❸, 1106 m, in die gähnende Tiefe.

Wir wechseln die Bachseite und bummeln gelassen hinein ins Alptal. Bald nach den freien Böden des Vorderen Alphofs kommen wir zwischen dem Vilser Kegel und dem spitzen Roßberg zur **Vilser Alp** ❹. Im Hintergrund dominiert der breite Kamm des gleißenden Hahnenkopfs. Der Abstieg erfolgt auf dem Anstiegsweg.

DIE ZWEITKLEINSTE STADT TIROLS

Das Stadtrecht von Vils aus dem Jahr 1327, der nach Rattenberg zweitkleinsten Stadt Tirols und fünftkleinsten Stadt Österreichs an der Bundesstraße Pfronten – Reutte, schon um 1200 als Filis bekannt, geht auf Ludwig den Bayern zurück und gilt heute noch. Der vom gleichnamigen Gebirgsfluss entlehnte Stadtname bezieht sich auf das leicht dunkelfarbige, aus einem Tannheimer Moor herbeiströmende Wasser. Auch wenn man es heute nicht mehr glauben mag, Vils war in der »guten alten Zeit« ein bestens gesichertes Städtchen mit wehrhaften Mauern, stolzen Stadttoren und tief ausgehobenen Wassergräben.

Die Freiherren von Hohenegg übten ihre eigene Gerichtsbarkeit aus. Zuvor war die Ansiedlung in der Hand der Herren von Vilsegg. Heutzutage ähnelt das Außerferner Flussstädtchen am Nordostfuß des stolzen Roßbergs eher einer durchschnittlichen Landgemeinde. 1671 kam die Stadt als weiterhin bestehendes stiftkemptisches Lehen an das Haus Österreich. Daraus ergab sich das Kuriosum, dass der habsburgische Kaiser des Heiligen Römischen Reichs Deutscher Nation Lehensträger des Fürstabts von Kempten war.

Ab 1806 wurde Vils wieder zehn Jahre den Bayern einverleibt, seitdem gehört es zu Tirol. Ein Stück Mittelalter ist allerdings noch allgegenwärtig: die nördlich des Flusslaufs hoch thronende Burg Vilsegg. Auch das nahebei stehende, sehenswerte St.-Anna-Kirchlein aus dem 13. Jahrhundert, das älteste Vilser Bauwerk, und die denkmalgeschützte Hammerschmiede mit Wasserrad, früher Waffenschmiede der Burgherren, erinnern noch an die Hohenegg'sche Zeit.

Dank des Füssener Grenztunnels am Ende der A7 hat das fortwährend von unablässigen Verkehrslawinen gequälte Vils, das ja bereits vor langem Durchgangsort an der Handelsstraße von Italien nach Deutschland war, heute seine ursprüngliche Ruhe zurückbekommen.

Unweit des Stadtrands von Vils sockelt der Roßberg.

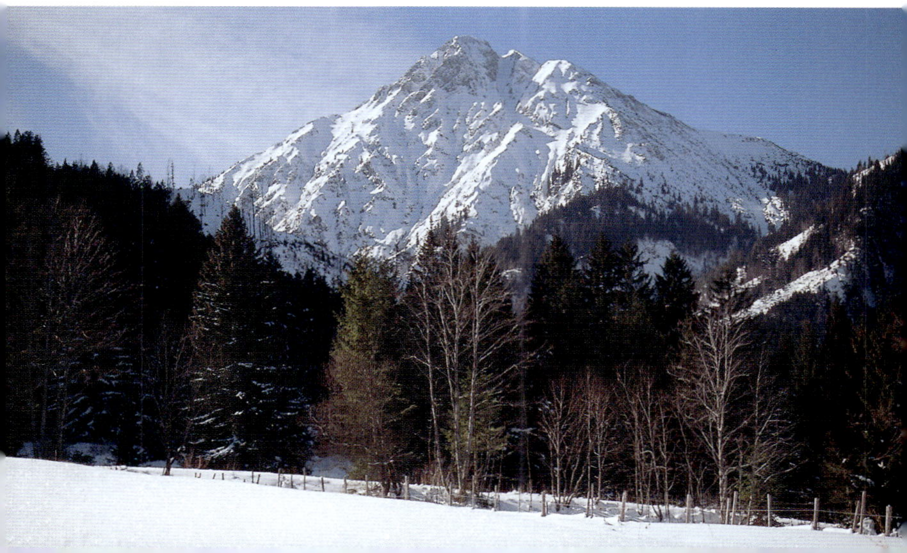

35 Otto-Mayr-Hütte, 1528 m

Von Roßschläg durch das Raintal

★★

Zu den Wettersteinkalk-Giganten im Herz der Tannheimer Berge

Um die wahrlich dramatisch auf das Gemüt des Winterwanderers wirkenden Nordwände der Tannheimer Hauptkette bestaunen zu können, eignet sich ein Gang durchs Raintal ganz ausgezeichnet. Es ist dies eines der wildesten Hochtäler zwischen Bodensee und Lech. Die dolomitenartige Ausstrahlung des Westtiroler Kältelochs nimmt uns auf dem gespannten Vorstoß ins Herz dieses attraktiven Gebirgsteils der Allgäuer Alpen von Anfang an gefangen und lässt uns dann auch die ganze Tour über nicht mehr los.

In wirklich atemberaubender Gestalt und Erhabenheit stehen sie da, die Gehrenspitze, der Kelleschrofen und die Fürstin Kellespitze sowie Gimpel und Rote Flüh, allesamt unverwechselbare Charakterberge. Bis zu 700 Meter Höhe wachsen diese Wettersteinkalkwände in den frostblauen Himmel. Ein Nichtkletterer kann sich kaum vorstellen, dass einige dieser recht zeitraubenden Kletterwege auch schon wiederholt im Winter bewältigt wurden. Man steht hier von Angesicht zu Angesicht mit einem Steilfels, auf dem sich im Gegensatz zu den vielerorts felsfreien Abdachungen über der nördlichen Talseite gerade mal hier und dort ein paar Krümel Schnee zu halten vermögen. Etwas mehr sammelt sich in Rinnen und Nischen sowie auf Vorsprüngen und Bändern, während die große Menge in die Karwannen und auf die Halden an den Bergsockeln abrutscht.

KURZINFO

Talort: Musau, 821 m. Gemeinde im unteren Lechtal am Nordrand der Tannheimer Berge, Tirol. Mit dem Zug von Kempten erreichbar. Tourismusverband Naturparkregion Reutte, A-6600 Reutte, Tel. +43 5672 62336, reutte.com.

Ausgangspunkt: Bushaltestelle an der Landstraße, am westlichen Ortsrand von Roßschläg, 840 m; Parkplatz am Gasthaus Bärenfalle nach dem östlichen Ortsende.

Gehzeit: Roßschläg – Musauer Alp 2.30 Std., Musauer Alp – Otto-Mayr-Hütte 0.50 Std., Abstieg 2.40 Std.; Gesamtgehzeit 6.00 Std.

Höhenunterschied: 440 Hm.

Anforderungen: Für die gesamte, bis auf das Finale nur mäßig steile Tour auf einem oft von Skitourengehern eingefahrenen oder von Fußgängern gespurten Alpweg sind meistens Schneeschuhe erforderlich.

Hangexposition: Nord bis Nordost und Südost bis Süd.

Lawinengefahr: Bei größerer Lawinengefahr muss stellenweise mit Selbstauslösung gerechnet werden.

Variante: Wer sich gut in Form fühlt, wird vielleicht auch noch die Besteigung der Großen Schlicke, 2059 m, in Erwägung ziehen. Zwischen der Otto-Mayr-Hütte und der benachbarten Füssener Hütte – nebenan steht noch die kleine Willi-Merkl-Hütte – geht's über einen anfangs freien, ab und an von Skifahrern benützten Hang empor. Es schließen sich steile Lichtungen an, bevor man sich links um einen kleinen Schrofenhang herum mogelt. Anschließend folgt auf den baumlosen Hängen Spitzkehre auf Spitzkehre hinauf zur Vilser Scharte, 1817 m, 1.10 Std.). Latschengassen führen nun meist nur noch wenig ansteigend unter der Kleinen Schlicke vorbei. Zuletzt schwingt sich die

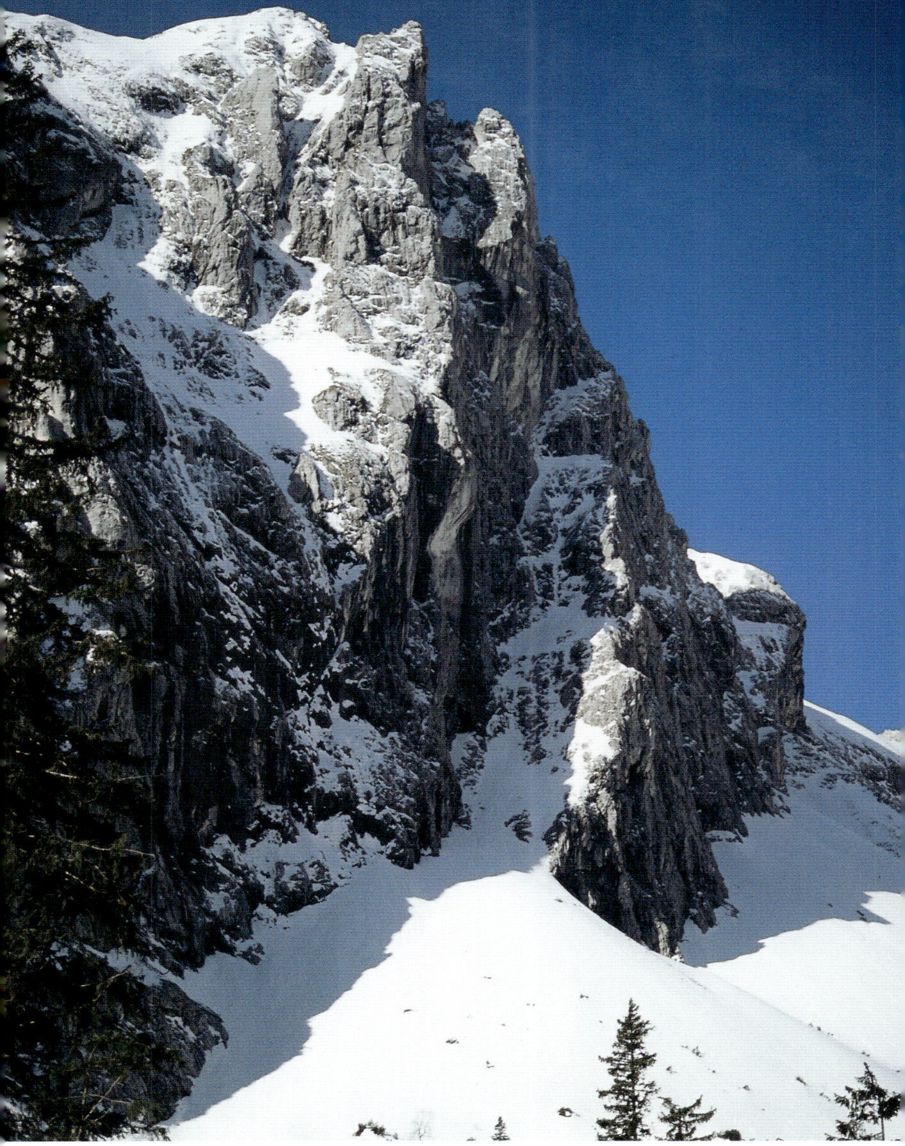

Hinter der Musauer Alp protzt der Gimpel.

Route wieder recht anspruchsvoll über das nach Südwesten ausgerichtete, leicht schrofige Dach zur aussichtsreichen Großen Schlicke empor (2.20 Std. ab Otto-Mayr-Hütte). Erforderlich sind Schneeschuhe, große Ausdauer und Erfahrung in der Spuranlage, wichtig ist auch ein früher Aufbruch vor Tagesbeginn. Schwierig, nur für Geübte bei zuverlässigen Verhältnissen, zeitweise Schneebrettgefahr vor allem auf der Schlussetappe.

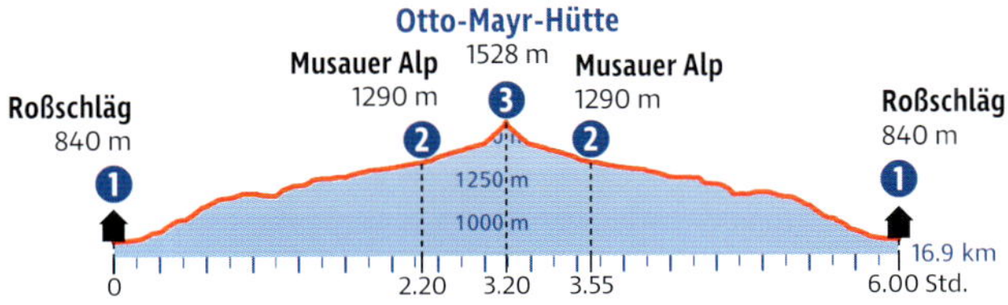

Vom Gasthaus Bärenfalle östlich von **Roßschläg** ❶ wandern wir, je nach Verhältnissen in einer ausgetretenen Fußspur oder mit Schneeschuhen, auf einer höchst selten mit dem Schneescooter gewalzten Forstwegtrasse über ein paar Kehren deutlich bergan durch Fichtenwald. An einer Gabelung richten wir uns nach der Beschilderung »Musauer Alm« und nehmen an der Verzweigung nach einem Flachstück die sogenannte Fahrstraße zu den Hütten, zur Linken die elegante Gehrenspitze. Bei ungünstigen Bedingungen wie großen Neuschneemengen oder frühzeitiger Erwärmung können mehrere Tourenpassagen von Lawinen bedroht sein.

Mit weiteren flachen Abschnitten geht's nun wenig oberhalb des Sababachs an einer Wildfütterung vorbei, hinein ins enge und im Winter wenig sonnenverwöhnte Raintal. Im weiteren Verlauf hält man direkt auf die überdimensionalen Wände von Kellespitze und Gimpel zu. Am Fuße des Kelleschrofens erreicht man in der Talsohle die auf einer kleinen Lichtung stehende, meistens eingeschneite **Musauer Alp** ❷, 1290 m. Weiterhin gemütlich taleinwärts spurend erkennen wir hoch über uns das Schlicke-Gipfelkreuz. Nicht weit nach der Alphütte, unter den kühnen Kelletürmen mit dem Löwenzahn, beachten wir den Wegweiser »Otto-Mayr-Hütte« und können so die nun ansetzenden Fahrwegschleifen abkürzen. Die Route leitet durch lockeren Wald – in fesselnder Nähe die Gimpel-Nordwand – und an einem kleinen Wasserfall vorbei linksschräg hinauf zu unserem Ziel, der **Otto-Mayr-Hütte** ❸.

Der Abstieg erfolgt auf dem Anstiegsweg.

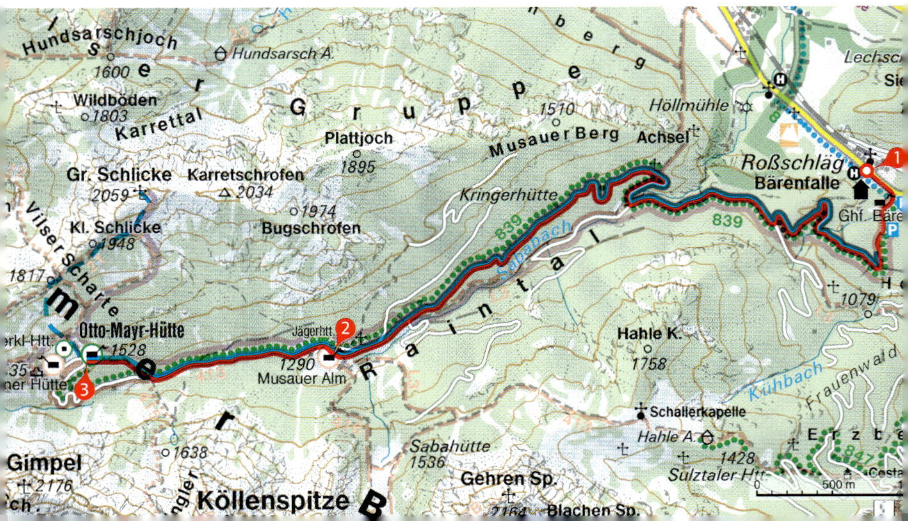

Bschießer, 2000 m

Durch das Stuibental

★★★

Spannender Zweitausender mit erstaunlichem 360-Grad-Panorama

Die Modeskitour durchs Pontenkar zum Ponten wird selbst bei größerem Schneezuwachs und unsicheren Bedingungen, jegliche Gefahr ignorierend, meistens gespurt und nicht selten pistenartig eingefahren. Der Sog des Herdentriebs. Wir wollen uns heute vorzeitig aus dem Strom dieser Allerweltsroute lösen und – selbstverständlich nach vorhergehendem Risikomanagement – den etwas anspruchsvolleren Bschießer durch eine seiner pfiffigen Steilmulden angehen. Es handelt sich hierbei, man darf es ruhig zugeben, wegen der beachtlichen Hangneigung um einen Grenzfall für Schneeschuhwanderer, selbst für »alte Hasen«. Bei widrigen Verhältnissen kann zudem jede dieser Routen eine nicht zu unterschätzende Lawinengefahr bergen, die erste (südlichste) Mulde in ihrer gesamten Länge, die mittlere und rechte vor allem im oberen Bereich.

Das schon während des Aufstiegs bewundernswerte Spitzenpanorama hält zu guter Letzt noch ein paar Bonuspunkte bereit. Die Allgäuer Hochalpen werden durch so »versteinerte Bonzen« vertreten wie die gekrümmte Urbeleskarspitze, den Sieger des alpinen Schönheitswettbewerbs namens Hochvogel, die Respekt verschaffende Marchspitze, den Regenten Krottenkopf, die grazile Trettachspitze und das charaktervolle Schlusslicht Biberkopf. Auf unserem Grenzkamm folgen der wohl geformte Ponten, das breitgelagerte Gaishorn und der Zackenkamm des Rauhhorns. Sogar das Städte-Kleeblatt Sonthofen, Immenstadt und Kempten bereichert den Vollkreisausblick.

KURZINFO

Talort: Schattwald, 1080 m. Streusiedlung im westlichen Tannheimer Tal, am Beginn der Oberjochstraße, Tirol. Mit dem Bus von Sonthofen erreichbar (Zug von Kempten). Tourismus-Information, A-6677 Schattwald, Tel. +43 5675 622080, tannheimertal.com.

Ausgangspunkt: Bushaltestelle in der Ortsmitte, 1080 m; Parkplatz an der Talstation der Wannenjochbahn.

Gehzeit: Schattwald – Mittlere Stuibenalp 1.15 Std., Mittlere Stuibenalp – Bschießer 2.25 Std., Abstieg 2.35 Std.; Gesamtgehzeit 6.15 Std.

Höhenunterschied: 920 Hm.

Anforderungen: Für den manchmal gespurten Wanderweg und die anschließende Piste zur Mittleren Stuibenalp und für den überwiegend von Skitourenge-

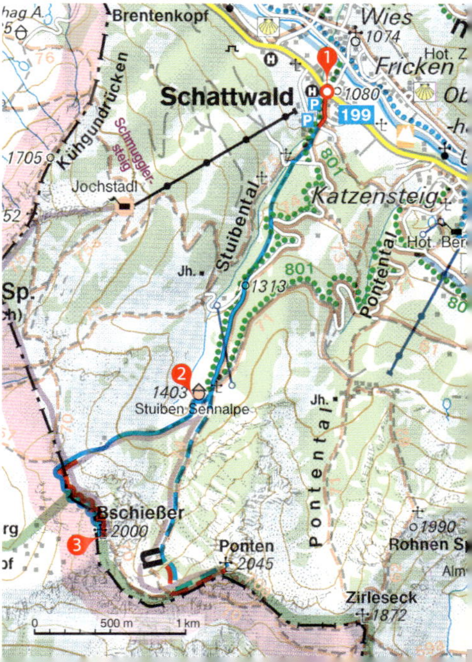

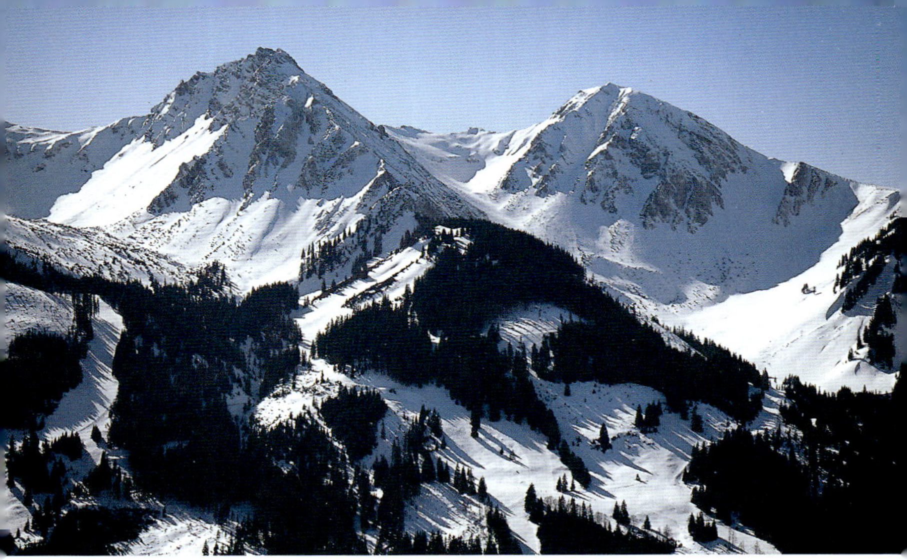

Ponten und Bschießer, dazwischen das Pontenkar.

hern gespurten Weiterweg einschließlich der unteren Steilmulde sind Schneeschuhe erforderlich. Der obere Muldenbereich und der oft verblasene, zuletzt anstrengende Gipfelaufstieg sind meistens ohne die Teller angenehmer. Nur für Geübte, Kondition und Erfahrung in der Spuranlage wichtig. Auf Gipfelwechte achten! Bis zur Mittleren Stuibenalp leicht.

Hangexposition: Nordwest, in der Steilmulde Nordost.

Lawinengefahr: Zeitweise herrscht in der Steilmulde Schneebrettgefahr.

Variante: Ein etwas weniger anspruchsvoller, aber dennoch eher als schwierig einzustufender und fast immer von zahlreichen Skitourengehern eingefahrener Aufstieg führt von der Mittleren Stuibenalp auf den Ponten, 2044 m (2.20 Std.). Das erst nur mäßig steile Pontenkar legt bald merklich an Steigung zu und verschmälert sich. Man spurt bis in den hintersten Winkel und hat daraufhin linksschräg eine kurze, ein bisschen unangenehme Steilstufe zu überwinden (ohne Schneeschuhe eventuell einfacher). Weniger anstrengend geht's dann empor zur Scharte, 1910 m (1.50 Std.), zwischen Ponten und Bschießer. Problemlos leitet der nicht besonders steile, oft verblasene Südwestrücken auf den Ponten. Eine wenige Meter breite, im Winter meist etwas heikel zu begehende Scharte trennt den Hauptgipfel vom Wintergipfel.

In **Schattwald** ❶ leitet uns von der Ortsmitte ein kurzes Sträßchen am Schattwaldbach aufwärts. Nachdem die Schneeteller angelegt sind, queren wir Richtung Bschießer eine Skiabfahrt und spuren oberhalb des Bachtobels wenig steil bergan durch das licht bewaldete Stuibental. Bald schaltet sich am Pistenrand ein Flachstück ein, auf die imponierende Bschießer-Nordseite zu. Wir kreuzen, wieder leicht steigend, den Stuiben-Schlepplift und erreichen die **Mittlere Stuibenalp** ❷, 1403 m, auch Stuibensennalp genannt.

Kurz danach verzweigt sich das Hochtal. Geradeaus setzt das Pontenkar an. Wir streben nun westlich am Krummholzgürtel unter unserem Gipfelziel entlang der rechts einer Felsrippe beginnenden, zweiten Steilmulde zu. Diese kann vor

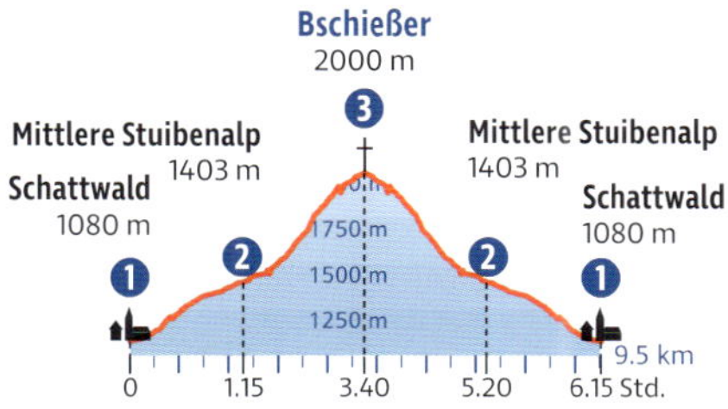

allem bei Triebschneeablagerungen schneebrettgefährdet sein. Talauswärts blickend erkennt man den Pirschling, links davon den Schönkahler. Im Osten ragen Breitenberg und Einstein auf.

Zunehmend steiler müht man sich – bei festgebackener Decke vorzugsweise ohne die Riesensohlen, die auch weiterhin eher hinderlich sind – in zahlreichen Spitzkehren empor zur bayerischen Grenze. Vom Ausstieg der Hochmulde lässt sich noch ein zweiter Breitenberg sehen, es ist jener neben der stolzen Rotspitze bei Hindelang. Links des makellosen Riedberger Horns reihen sich die Bregenzerwaldberge und der Säntis an. Aus dem Herzen des Tannheimer Tals entwächst das rassige Felsduo Gimpel und Kellespitze, die Rote Flüh im Vordergrund hebt sich, von hier aus betrachtet, kaum von ihren gewaltigen Nachbarn ab.

Nur noch mittelsteil geht's über den anfangs freien, wegen seiner der Hauptwindrichtung zugewandten Seite meistens verblasenen Latschenrücken hinauf zum oberen Rand der langen südlichsten Mulde. Die bullige Bastion des trapezförmigen Großen Daumens zwingt erneut zu einer Schaupause. Wieder anstrengender erweist sich der ab jetzt gerölldurchsetzte Nordhang zum **Bschießer** ❸. Das Gelände ist mit allermickrigsten, windgeplagten Fichtenstämmchen bestockt. Man bekommt fast das Erbarmen. Nicht mehr lange, dann kann man sich der unermesslichen Gipfelschau hingeben.

Der Abstieg erfolgt auf dem Anstiegsweg.

Hauptblickfang des Bschießer-Panoramas ist der Hochvogel.

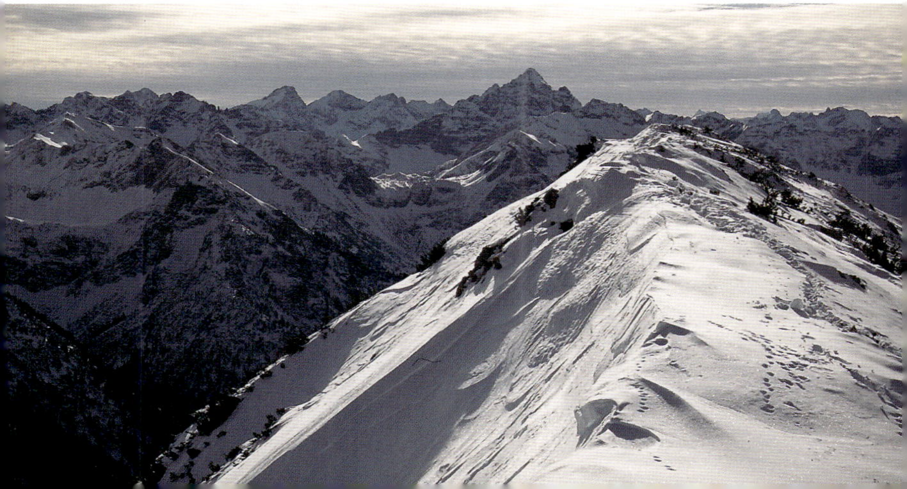

37 Rhonenspitze, 1990 m

Von Schattwald über den Nordrücken ★★★

Blendendes Riesendach mit kitzliger Abstiegsvariante

Die dem Allgäuer Hauptkamm vorgelagerte Rhonenspitze über dem westlichen Tannheimer Tal, auch Rohnenspitze geschrieben, prunkt mit ihrer Respekt einflößend abschüssigen Nordflanke. Ein blendendes Riesendach – ein Traum in Weiß. Standfeste Skikönner nehmen es bei allerbesten Voraussetzungen gerne unter die Kanten. Deutlich harmloser gestaltet sich da schon der Nordrücken, der diese Steilflanke westlich begrenzt. Hier öffnet sich auch für ambitionierte Schneeschuhgeher eine verlockende Möglichkeit.
Wegen des durchwegs wadenschindenden Gipfelaufstiegs aus dem Pontental ist die Unternehmung im Winter dennoch mit schwierig zu bewerten. Wenn es Frau Holle wieder mal recht gut gemeint hat, nimmt man von dieser Tour besser erst mal Abstand und wartet, bis sich die Situation etwas entschärft hat. Da jedoch Westwinde oftmals die Flockenpracht in die benachbarten Mulden fegen, ist es nichts Außergewöhnliches, dass man an manchen Tagen, die Plastikteller am Rucksack hängend, fast so »bequem« wie im Sommer über diesen zu Wiederholungen reizenden Elefantenrücken hinaufsteigen kann.
Wer auf dem packenden Aussichtsthron nach einem kleinen Adrenalinstoß spekuliert, wird prompt fündig. Der mitunter felsige Rhonenspitz-Südgrat lässt sich im mehr oder weniger ausgeaperten Zustand bei besonnener Vorgehensweise ohne besondere Schwierigkeiten überklettern. So gelangt man übers Zirleseck ins herrliche obere Pontental.

Am Bergfuß der Rhonenspitze: Wenn die ersten Sonnenstrahlen dem Ponten schmeicheln.

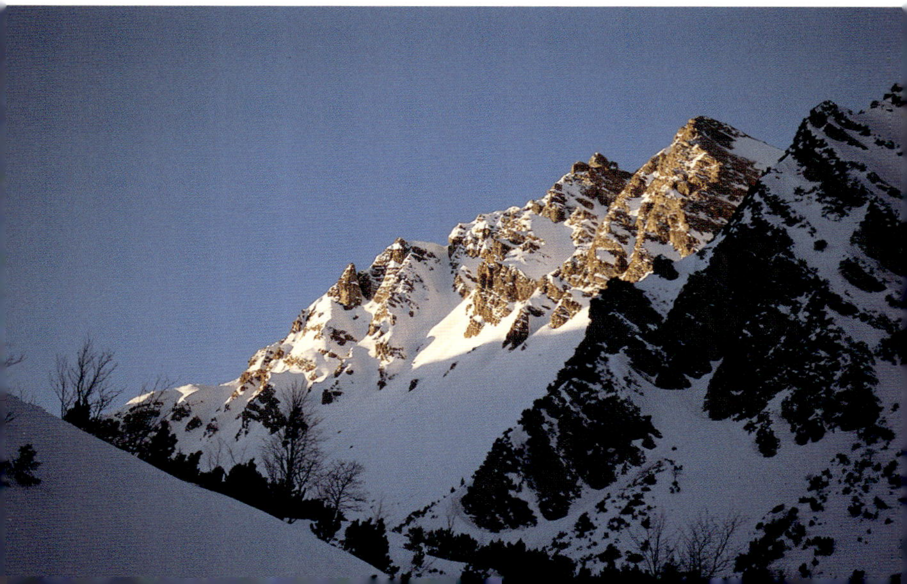

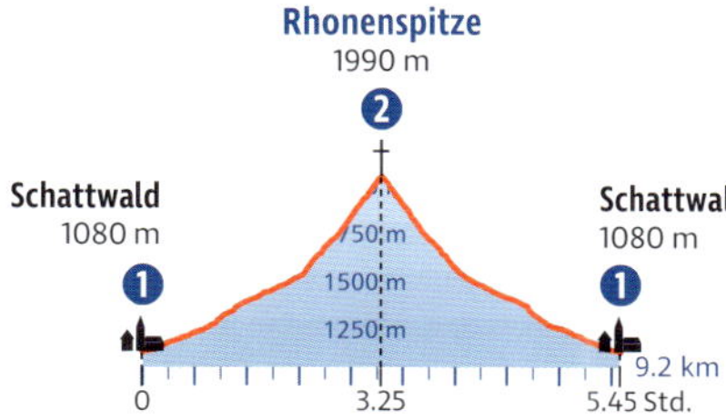

KURZINFO

Talort: Schattwald, 1080 m. Streusiedlung im westlichen Tannheimer Tal, am Beginn der Oberjochstraße, Tirol. Mit dem Bus von Sonthofen erreichbar (Zug von Kempten). Tourismus-Information, A-6677 Schattwald, Tel. +43 5675 622080, tannheimertal.com.
Ausgangspunkt: Bushaltestelle in der Ortsmitte, 1080 m; Parkplatz an der Talstation der Wannenjochbahn.
Gehzeit: Schattwald – Rhonenspitze 3.25 Std., Abstieg 2.20 Std.; Gesamtgehzeit 5.45 Std.
Höhenunterschied: 910 Hm.
Anforderungen: Für den Zugang ins Pontental sind die Piste schonende Schneeschuhe erforderlich, für den weiteren, manchmal gespurten Steilaufstieg seien sie zumindest empfohlen. Kondition und Erfahrung in der Spuranlage erforderlich, Gipfelrücken meistens verblasen. Nur für Geübte, bei Vereisung nicht empfehlenswert. Bis zum Bergfuß leicht.
Hangexposition: Nord.
Lawinengefahr: Für den Nordrücken sind sichere Verhältnisse Voraussetzung.
Variante: Wer den Abstieg übers Zirleseck wählt, steigt auf anfangs nur spärlich markierter Route durch eine abschüssige Schrofenmulde südseitig ab zu einer Scharte. An kleinen Felszacken mogelt man sich kurzzeitig ausgesetzt links vorbei. Mit geringem Gegenanstieg gewinnt man eine Zwischenerhebung. Jetzt hat man die Wahl: entweder in leichter Kletterei (I) gerade bergab durch eine kurze enge Felsrinne oder mehr links über einen felsigen Rücken (I) auf der Sommerroute. Beide Etappen sind recht steil und erfordern große Aufmerksamkeit. Über den weiteren Schrofenrücken ist nur noch selten Handanlegen erforderlich. Eine mäßig geneigte, seilgesicherte Rinne leitet zuletzt um einen Felskopf herum zum Zirleseck, 1872 m (0.45 Std.). Man steigt etwa in der Mitte in den bei ungünstigen Bedingungen schneebrettgefährdeten Steilhang ein und hält sich rechts, da Felsabbrüche den direkten Abstieg versperren. Nach dem Gang durch die flache Talsohle und einem nochmals deutlicher fallenden Latschenhang stößt man kurz vor Beginn der Piste wieder auf die Aufstiegsroute (Gesamtabstieg nach Schattwald 3.00 Std.). Schwierig, am besten bei ausgeapertem Gelände. Trittsicherheit und Orientierungssinn notwendig, kurze Seilsicherung. Nur für Geübte bei zuverlässigen Verhältnissen, nicht bei Vereisung!

In **Schattwald** ❶ leitet uns von der Ortsmitte ein kurzes Sträßchen am Schattwaldbach aufwärts. Anschließend halten wir uns erst mal, der Piste zuliebe in Schneeschuhen, an den Randbereich der Abfahrt. Ab der dritten Biegung lenkt uns die unterschiedlich steile Verbindungspiste zu den Rhonenliften. Bereits jetzt haben wir unser Gipfelziel vor der Nase. Schön sind der Taltiefblick und die Aussicht zum kecken Wettersteinkalk-Paar Gimpel und Rote Flüh. Nach einer Biegung rückt neben der Rhonenspitze der dreigipflige Ponten ins Blickfeld.

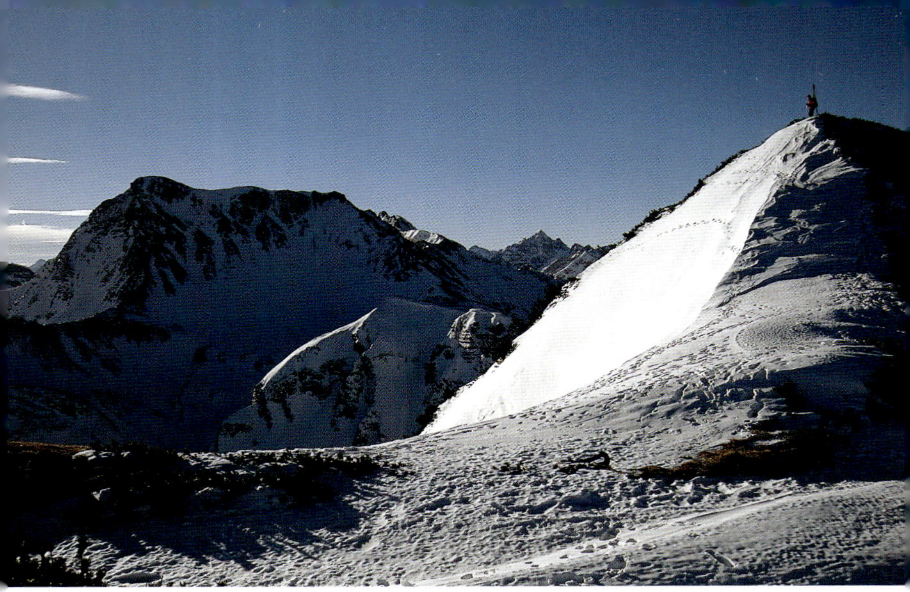

Hinter der Gipfelkappe taucht die Schattenflanke des Gaishorns auf.

Das untere Pontental wird gequert. Dann zeigt der Wegweiser »Zirleseck« in eine kurze schmale Schneise. Direkt unter der Rhonenspitze holen wir anschließend in einem Linksbogen aus und gelangen zuletzt steil empor zu einem Waldabsatz. Hier ist auf einen sicheren Schneedeckenaufbau zu achten. Mehrere Absätze durch die folgende Latschenzone gliedern den überwiegend steilen, weiterhin mit Krummholz und arg geschundenen Wetterfichten gekleideten Nordrücken.

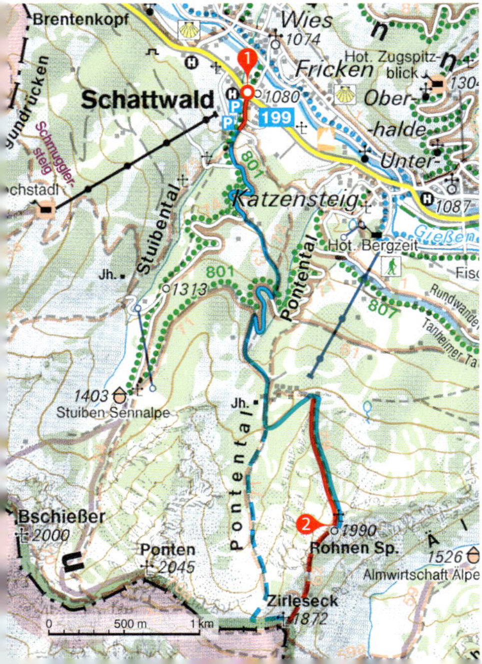

Hoch über dem Talgrund schenkt diese meistens abgeblasene und in diesem Fall auch ohne Schneeschuhe begehbare Sommerroute fortwährend eine vortreffliche Ausschau in die Tannheimer Berge, zur Rechten die Kühgundspitze. Im Schlussbereich zeigen die Latschen nur noch Zwergwuchs. Wenig oberhalb des Gipfelkreuzes empfängt uns auf dem höchsten Punkt der **Rhonenspitze** ❷ ein hinreißender Fernblick: das Wettersteingebirge, die Mieminger Kette, die Lechtaler Alpen und ein Stück neben der bulligen Gaishorn-Nordflanke der majestätische Hochvogel mit seinen »Adlerschwingen«. Der Abstieg erfolgt auf dem Anstiegsweg.

Pirschling und Schönkahler, 1688 m

38

Über den Berggasthof Zugspitzblick

★★

Schneeschuh-Gipfelpaar für Genießer

Fast wie ein Schwalbennest klebt die Hand voll Häuser von Oberhalde an der steilen Berglehne über dem Tiroler Kirchdorf Zöblen. Eines davon ist der Gasthof Zugspitzblick. Wegen der anmutigen Talblicke ist dieses gefragte Einkehrziel allein schon einen Ausflug wert. Ab dem hoch gelegenen Weiler ziehen sich nur noch Fährten des Wildes und eine einsame Schneeschuhspur, in der auch so mancher Halbschuhtourist neugierig ein Stück Richtung Bergwelt vorzustoßen versucht, durch den sonst unberührten weißen Teppich. Außer dem im Winter zumindest von dieser Seite unnahbaren Einstein scheint nördlich der Vils allerdings weit und breit kein Bergziel mehr aufzutauchen, so eifrig man auch danach spähen mag … Die beschauliche Umgebung ist nur mit schlichten Waldkuppen besetzt. Eigentlich ideal fürs Wandern auf den über die glitzernde Raureifoberfläche zischenden Tellersohlen. Und doch! Nach ein paar Schleifen setzt plötzlich ein echter Gipfelhang einen deutlichen Akzent ins weitläufige Hochland. Und hinter diesem noch einer! Pirschling und Schönkahler – das Tannheimer Schneeschuh-Gipfelpaar schlechthin, an dem nicht nur Einsteiger ihre helle Freude haben.

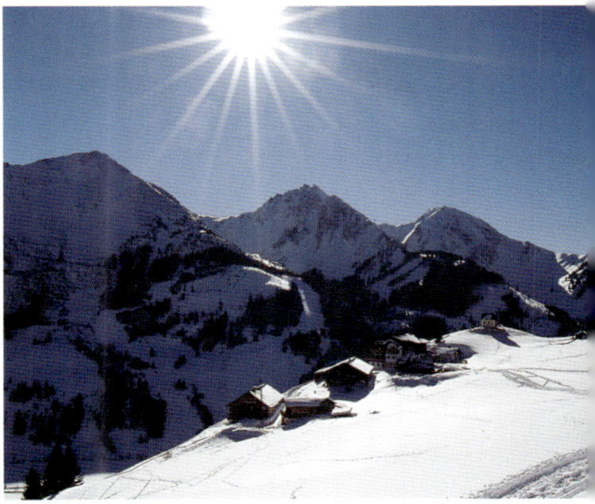

Ab dem Zugspitzblick verflacht sich die Genießerroute.

KURZINFO

Talort: Zöblen, 1087 m. Kleine Gemeinde im westlichen Tannheimer Tal, Tirol. Mit dem Bus von Sonthofen erreichbar (Zug von Kempten). Tourismus-Information, A-6677 Zöblen, Tel. +43 5675 622070, tannheimertal.com.
Ausgangspunkt: Bushaltestelle an der Kirche, 1087 m; Parkplatz am westlichen Ortsrand.
Gehzeit: Zöblen – Pirschling 2.10 Std., Pirschling – Schönkahler 0.35 Std., Abstieg 2.15 Std.; Gesamtgehzeit 5.00 Std.
Höhenunterschied: 690 Hm.
Anforderungen: Bis zum Berggasthof Zugspitzblick geräumtes Bergsträßchen. Für den nur mäßig bis mittelsteilen, oftmals gespurten Aufstieg über den Pirschling zum Schönkahler sind, abgesehen von der meist zu Beginn ausgetretenen Fußspur, Schneeschuhe erforderlich. Bis zum Zugspitzblick leicht.
Hangexposition: Süd.
Lawinengefahr: Selbst bei extremen Verhältnissen besteht für die gesamte Tour keinerlei Lawinengefahr.
Einkehr: Berggasthof Zugspitzblick (Tel. +43 5675 67690, zugspitzblick-tirol.com, ganzjährig geöffnet außer Anfang November bis Mitte Dezember, Übernachtungsmöglichkeit).

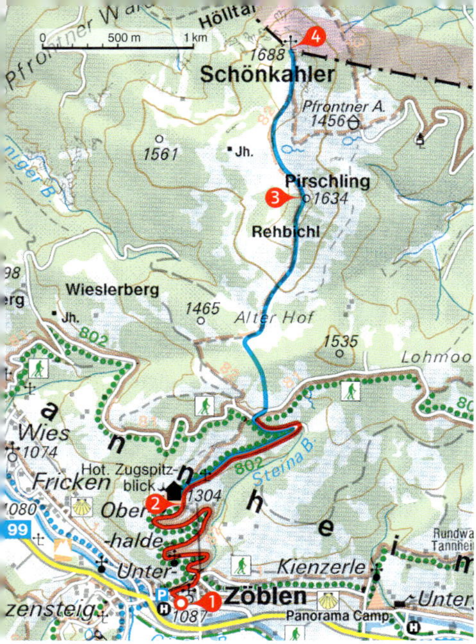

Vom Hotel Wildanger nahe der Kirche in **Zöblen** ❶ schlängelt sich ein schmales Bergsträßchen in mehreren Serpentinen am Weiler Unterhalde vorbei bergan zum **Berggasthof Zugspitzblick** ❷, 1280 m, in Oberhalde. Zu bestaunen gibt es bereits von hier die eine oder andere Berggestalt: im Osten den Gimpel und die Rote Flüh, über dem Dorf die schneebeladene Nordflanke der Rhonenspitze und rechts von dieser Ponten, Bschießer und Kühgundspitze. Darüber hinaus hat man die Möglichkeit, vom Wildbeobachtungsstand gleich neben der einfallsreichen Gasthofarchitektur bei der Fütterung stattliche Hirsche ins Visier zu nehmen.

Im Bereich des zur Winterzeit kaum erkennbaren, Richtung Schönkahler ausgeschilderten Forstwegs ist oft eine Schneeschuhspur angelegt. Über anfangs freies Terrain, am oberen Rand einer Wildschutzzone entlang, hält man flach auf den markanten Einstein zu. Bald hat uns der Wald verschlungen. Wenig später schwenkt unser Kurs, nun leicht steigend, westlich ab. Auf einer weiten Hochfläche mündet der Aufstieg von Schattwald ein. Der Wegweiser lenkt in eine schräg nach rechts ziehende Lichtung, die uns zu einer Kuppe bringt. Von dort geht es bergab in eine Mulde. Ein baumloser, nicht sonderlich steiler Südhang leitet anschließend auf das teilweise bewaldete Haupt unseres ersten Gipfelziels, auf den **Pirschling** ❸, 1634 m, mit Ausblick aufs Illertal.

Nach einer Zwischenrast stapfen wir kurz sanft bergab zu flachen Böden, aus denen sich ein ebenfalls gemütlicher Südhang mit einzelnen Fichtengruppen erhebt. Über diesen erreichen wir an der bayerischen Grenze unser Gipfelziel Nummer zwei, den etwas höheren **Schönkahler** ❹. Von oben überschaut am Breitenberg vorbei durch das Achtal unser Auge nun auch den Pfrontner Talkessel sowie den Hopfensee und den Forggensee. Und genau im Osten besticht die markante Pyramide des Aggenstein.

Der Abstieg erfolgt auf dem Anstiegsweg.

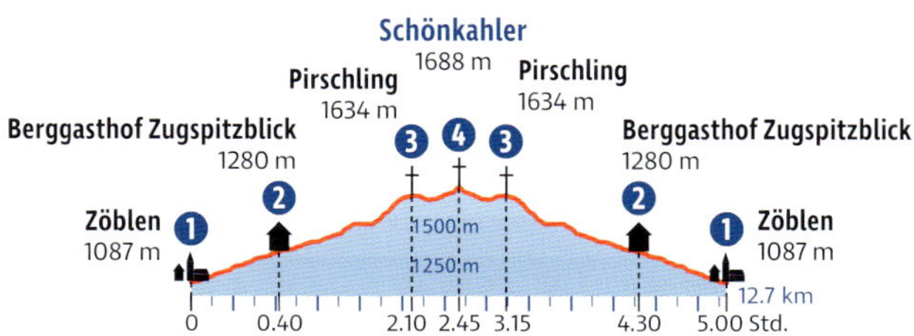

Lumberger Grat, 1850 m

39

Über die Sebenalp

★★★

Selten besuchte Buckelböden mit eigenwilliger Ausstrahlung

Zwischen den beiden berühmten Modegipfeln Aggenstein und Rote Flüh versammeln sich in einer Hufeisenform ein paar bereits zur Sommerzeit wenig besuchte Bergspitzen und Graterhebungen. Wer steigt schon auf einen Seichenkopf oder einen Lumberger Grat? Am ehesten bekommen noch die beiden zum Verwechseln ähnlich klingenden Nachbarn Sebenspitze und Sefenspitze Besuch. Noch viel einsamer ist es dort oben über dem eiskalten Talbecken des Haldensees allerdings, wenn die schrofigen Gesellen ihren weißen Pelzkragen umgeschlagen haben. Winterschlaf – im wahrsten Sinne des Wortes. Ziele für empfindsame Gemüter, die gerne in die vor lauter Stimmenvakuum schon wieder hörbare Stille hineinlauschen. Oder sind es gar die beschwingten Gedanken, die da kaum wahrnehmbar knistern?

Wer es gewohnt ist, in einer vorgegebenen Spur seinem Tourenziel entgegenzustreben, der wird allenfalls auf der Route über die Sebenalp zum Brentenjoch oder auf die Sefenspitze verwöhnt werden. Über die seltsamen Buckelböden auf die aussichtsreichen Höcker des Lumberger Grates, der Gratverbindung vom Seichenkopf zur Sefenspitze, muss – oder, besser gesagt, darf – man sich seine Ideallinie in der Regel schon selber austüfteln.

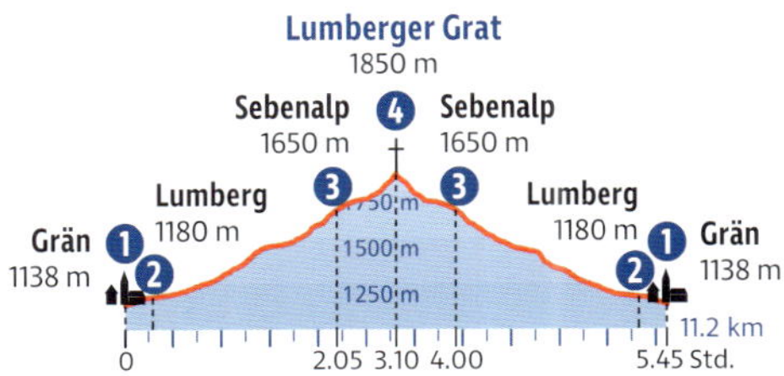

KURZINFO

Talort: Grän, 1138 m. Nahe dem Haldensee gelegene Gemeinde im Tannheimer Tal, Tirol. Mit dem Bus von Sonthofen aus erreichbar (Zug von Kempten). Tourismus-Information, A-6673 Grän-Haldensee, Tel. +43 5675 622040, tannheimertal.com.

Ausgangspunkt: Lumberger Hof im nördlichen Ortsteil, 1150 m; Parkplatz am Ortsende.

Gehzeit: Grän – Sebenalp 2.05 Std., Sebenalp – Lumberger Grat 1.05 Std., Abstieg 2.35 Std.; Gesamtgehzeit 5.45 Std.

Höhenunterschied: 710 Hm.

Anforderungen: Bis zum Ortsteil Enge geräumtes Sträßchen. Für den teils mäßig-, teils mittelsteilen und die überwiegende Zeit gespurten Weg zur Sebenalp, anfangs auf fast immer ausgetretenem Forstweg, sind Schneeschuhe und Orientierungssinn nötig, ebenso für den zuletzt steileren, normalerweise ungespurten Aufstieg zum Lumberger Grat.

Hangexposition: West und Nord.

Lawinengefahr: Bei extremen Verhältnissen können die Querungen am Nordfuß des Seichenkopfs sowie unter der Sebenspitze eventuell lawinengefährdet sein.

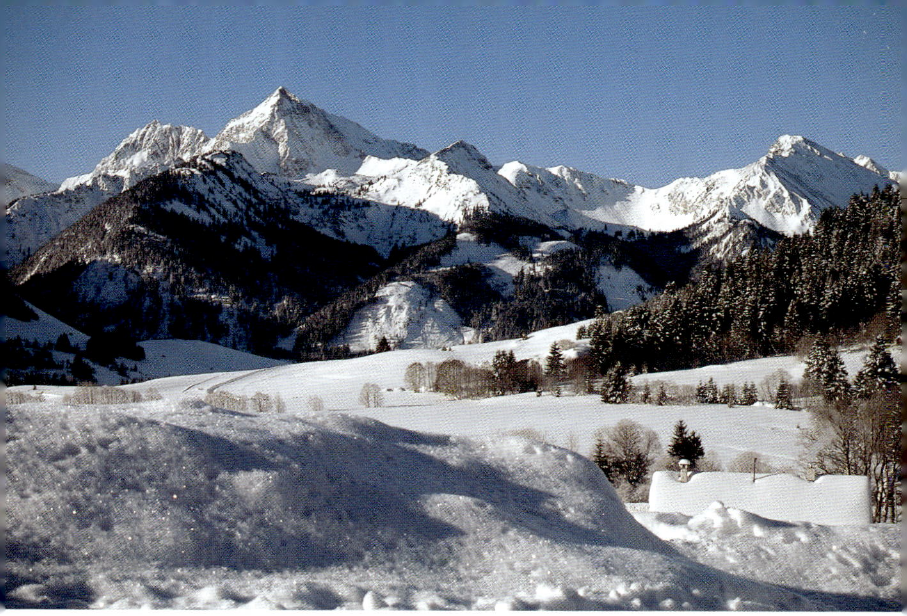

Die letzten Häuser hinter uns, präsentiert das Gaishorn seine spitze Ostseite, zur Rechten die Rhonenspitze.

Vom Hotel Lumberger Hof, beim Campingplatz im nördlichen Ortsteil von **Grän** ❶, folgen wir dem geräumten Sträßchen bergauf zu den nahen Häusern von **Lumberg** ❷, 1180 m. Unter dem Seichenkopf vorbei wandern wir direkt auf den elegant geformten Aggenstein zu. Kurz vor dem Ortsteil Enge schwenken wir auf den Richtung Bad-Kissinger-Hütte beschilderten und fast immer ausgetretenen Forstweg ab, der durch einen kaum ansteigenden Taleinschnitt führt.

Man bleibt dem Fahrweg treu, bis nach der weiten Rechtsschleife auf etwa 1340 Meter Höhe die schmale Sommerroute kreuzt. Dort verlässt man den Weg, auf die Beschilderung »Sebenalpe« achtend, geradeaus in eine schmale, mittelsteile Schneise. Dieser Abkürzer kreuzt wenig später nochmals den bekannten Forstweg. Bald legt sich die Steigung zurück. Wenn noch keine Spur angelegt ist, erfordert der verschwiegene Hüttenanstieg einen gesunden Orientierungssinn.

Wir halten uns stets an die kaum ansteigende rechte Seite des scharf eingeschnittenen, nach kräftigen Schneefällen oder größeren Windverfrachtungen möglicherweise lawinengefährdeten Tales. Wo sich der Wald lichtet, tritt rechter Hand der felsige Bergstock des Seichenkopfs heran. Vor uns erkennen wir das Gipfelkreuz des Brentenjochs.

Auf einer Höhe von zirka 1480 Meter enden links die Felsabbrüche. Nun ist das Wechseln des Seebachgrabens gut möglich. Wer Glück hat, findet sogar den Steg. Über einen kleinen Hang geht's erstmals merklich bergan. Zwischen einzelnen Bäumen hindurch halten wir wieder flacher auf die Sebenspitze zu und erreichen kurz darauf die tief verschneite **Sebenalp** ❸, 1650 m. Der Gipfelaufstieg ist, von hier be-

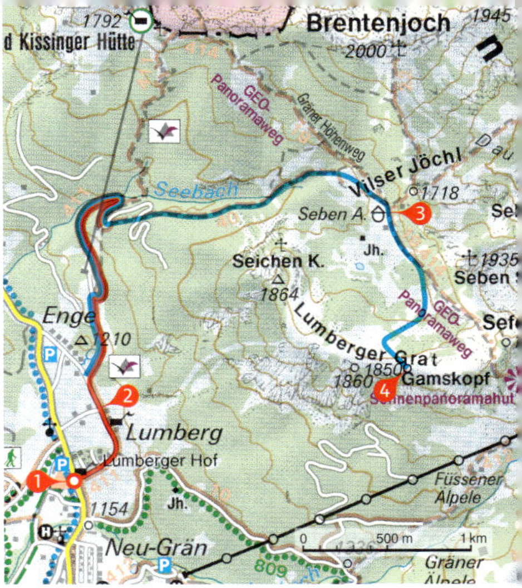

trachtet, bereits im Zickzack vorgegeben.

Anschließend spuren wir in südlicher Richtung geradeaus durch eine kleine Mulde und umgehen den tiefen Taleinschnitt in einem weiten Bogen unter der Sebenspitze vorbei. Auf diesem Abschnitt verläuft im Sommer der Tannheimer Höhenweg. Besonders bei starker Durchfeuchtung ist eine Selbstauslösung von Lawinen in der Steilflanke nicht ganz auszuschließen. In diesem Fall kann man der Gefahr aber mit Höhenverlust durch den Taleinschnitt aus dem Weg gehen.

Nun halten wir über das reizvoll kupierte, deutlich steigende Gelände auf die tiefste Einsattelung des Lumberger Grates zu. Zuletzt strebt man links dem harmlosen, aber überraschend aussichtsreichen **Lumberger Grat** ❹ entgegen. Anregend nah imponieren die westlichen Tannheimer Kalkzinnen. Auch die glänzenden Gestalten um den Vilsalpsee wissen auf sich aufmerksam zu machen. Der nicht ganz so einfach zugängliche höchste Punkt des Lumberger Grates liegt mit 1923 m östlich unserer Kuppe, vor dem Sattel zur Sefenspitze. Auch westlich von unserem Gipfelchen gibt es eine geringfügig höhere Erhebung, 1860 m.

Der Abstieg erfolgt auf dem Anstiegsweg.

Ein kaum besuchter und verhältnismäßig hoher, aber dennoch problemloser Winterberg: der Lumberger Grat (Punkt 1850 m am linken Bildrand).

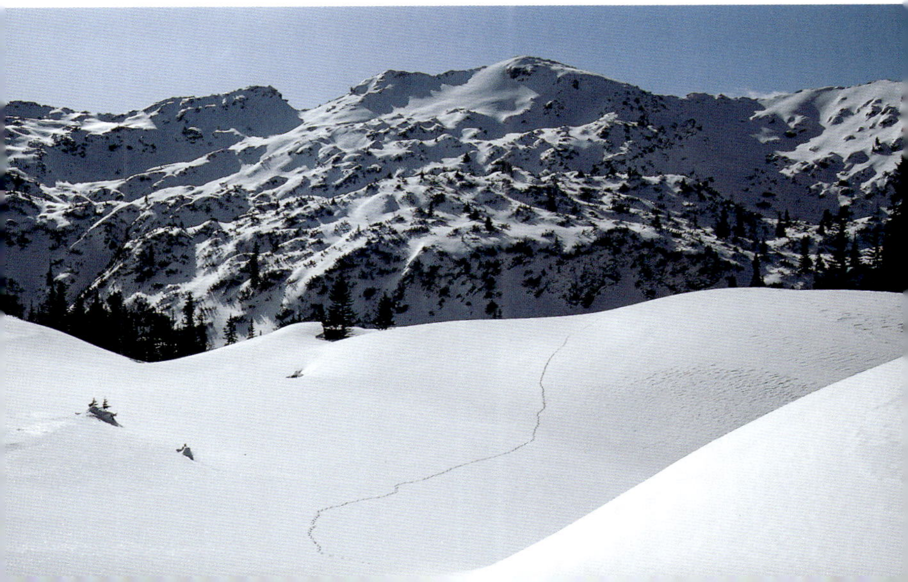

40 Obere Strindenalp, 1682 m

Durch das Strindental

★★

Hochtal-Erlebniswanderung in den Vilsalpseebergen
Es ist schon ein recht bewegender Gang vom Dorf am erstarrten und dick bestäubten Spiegel des Haldensees hinauf zur weltabgeschiedenen Oberen Strindenalp in der südseitig ans Tannheimer Tal angrenzenden Vilsalpseegruppe. Im Sommer kaum mehr als ein ausgedehnter Alpweg-Spaziergang, zählt diese Route wegen des langen, von einem ernsten Bergrund eingefassten Strindentals und dem ein wenig heiklen Talschluss bereits zu den größeren winterlichen Unternehmungen in den Allgäuer Bergen.
Blickfang während der spannungsgeladenen Hochtal-Wanderung, meist in Gesellschaft einiger Skitourengeher, ist vor allem das reich gegliederte Felsmassiv des Litnisschrofens mit seinen festlich ausgekleideten Karwannen. Vergleichsweise zu seiner nicht sonderlich imponierenden Höhe wirkt der Wettersteinkalk-Koloss hochalpin. Später ist es die Eindruck schindende Sulzspitze, die immer wieder hartnäckig an unserem Sportsgeist kratzt. Welcher leidenschaftliche Gipfelsammler erliegt nicht dieser würdevollen Ausstrahlung? Bestens trainierte und erfahrene Winter-Bergwanderer mögen sich mit ihr anlegen. Als Skitourenziel bringt sie jedoch eindeutig mehr Spaß, vor allem auf dem Rückweg.

Imposante Felsgestalt: die Rote Flüh über dem erstarrten Haldensee.

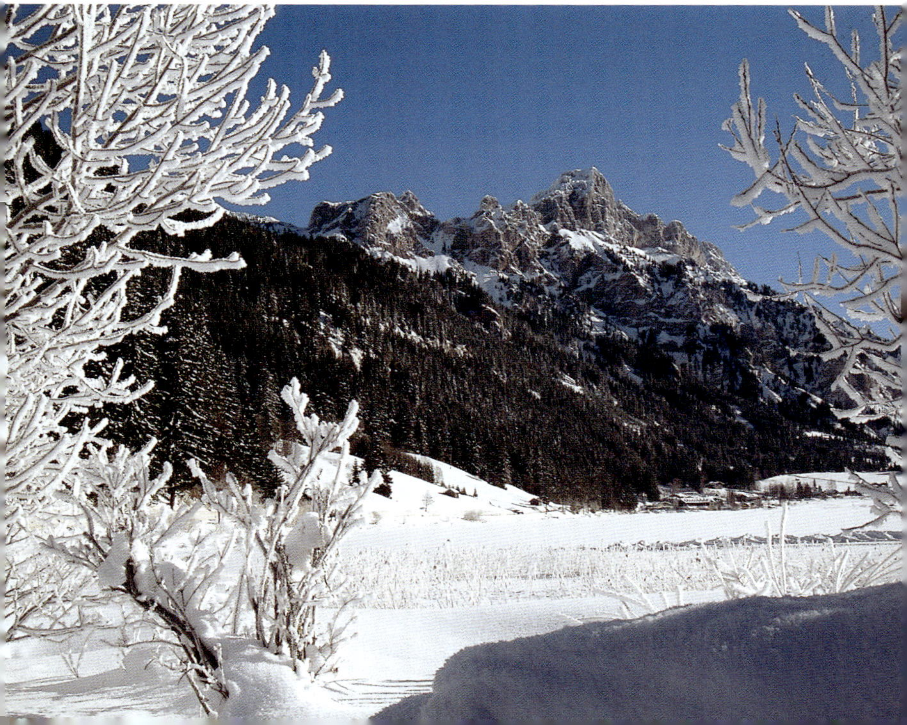

KURZINFO

Talort: Grän, 1138 m. Nahe dem Haldensee gelegene Gemeinde im Tannheimer Tal, Tirol. Mit dem Bus von Sonthofen aus erreichbar (Zug von Kempten). Tourismus-Information, A-6673 Grän-Haldensee, Tel. +43 5675 622040, tannheimertal.com.
Ausgangspunkt: Bushaltestelle in der Ortsmitte von Haldensee, 1130 m; Parkplatz.
Gehzeit: Haldensee – Untere Strindenalp 1.25 Std., Untere Strindenalp – Obere Strindenalp 1.10 Std., Abstieg 2.10 Std.; Gesamtgehzeit 4.45 Std.
Höhenunterschied: 550 Hm.
Anforderungen: Bis zur Strindenbachbrücke geräumter Wanderweg. Für den Waldweg zu Beginn sowie für den ungeräumten, aber bis zum Talschluss fast ständig von Skitourengehern eingefahrenen Alpweg können Schneeschuhe vorteilhaft sein. Am anschließend Kondition und Erfahrung in der Spuranlage fordernden Steilhangabkürzer und auf dem ungespurten Weg zur Oberen Strindenalp sind sie unverzichtbar, bei Hartschnee am Steilhang allerdings nicht zu verwenden (in diesem Fall am einfachsten dem Fahrweg folgen).
Hangexposition: West über Nord bis Ost.
Lawinengefahr: Bei extremen Verhältnissen kann das Strindental und der letzte Abschnitt zur Oberen Strindenalp von Lawinen bedroht sein.

Wir spazieren von der Ortsmitte in **Haldensee ❶** zum Oberdorf und achten am Ortsende auf das Schild »Edenbachalm«. Hinter der Strindenbachbrücke mühen wir uns über eine Schleife auf dem in der Regel von Skitourengehern gespurten Steig empor zur Hängeschulter des frostigen Hochtals.
Nach Neuschneezuwachs wird man bereits am Beginn des Aufstiegs lieber zu den Schneeschuhen greifen. Aus dem Engetal reckt sich schlank der Aggenstein empor. Schon bald stoßen wir auf den Alpweg vom Haldensee.
Vor uns zeichnet nun der Litnisschrofen-Ostgrat seine scharfe Begrenzungslinie gegen den tiefblauen Winterhimmel ab. Ganz rechts erkennt man die Strindenscharte mit der leuchtenden Sulzspitze. Das gemütlich ansteigende Waldtal ermöglicht einen stetigen Schritt. Tief unter uns brodelt und schimpft der mit brillanten Eisformationen geschmückte Wildbach. Er muss sich seinen Weg durch den engen Felseneinschnitt zwischen allerlei Hindernissen hindurch bahnen.

Bereits hier, unter den Steilhängen des Westausläufers der Krinnenspitze, sind sichere Verhältnisse erforderlich. Auch im weiteren Verlauf ist nach anhaltenden Schneefällen oder rascher Tageserwärmung wiederholt mit Lawinenabgängen zu

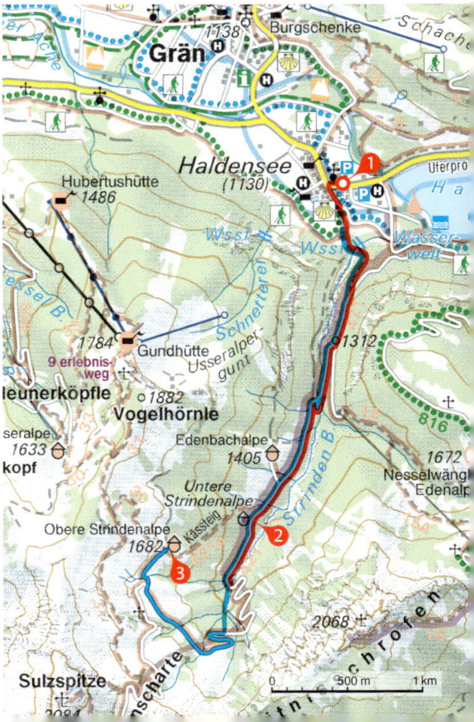

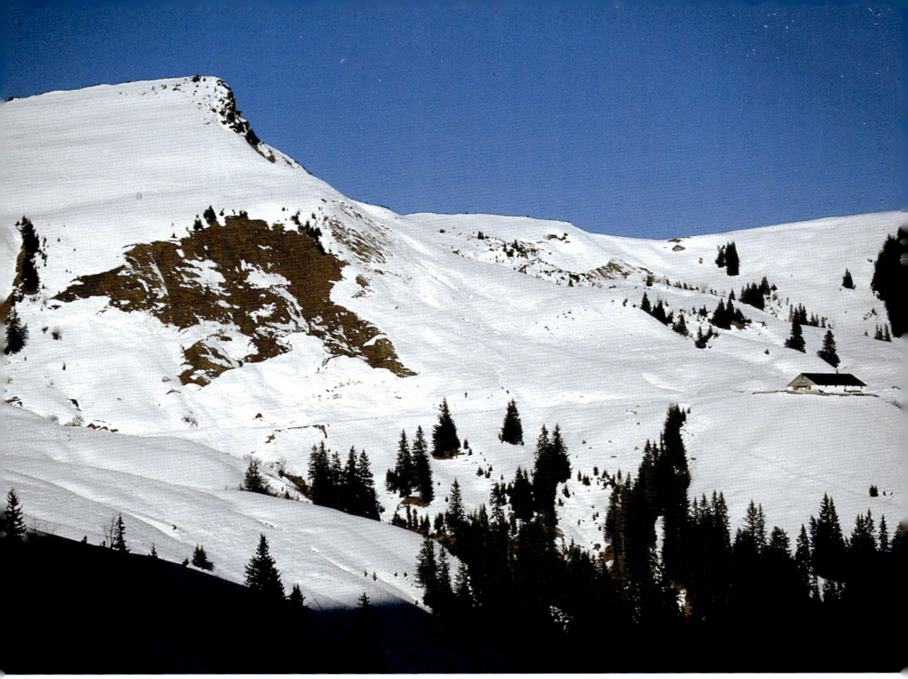

Auf einer sonnigen Terrasse steht die Obere Strindenalp.

rechnen. An einer Gabelung halten wir uns Richtung Strindenalpe und wechseln auf die rechte Bachseite. Etwas abseits steht die Edenbachalp. Wo sich das Tal ein wenig weitet, sind ein paar Seitenbäche zu überschreiten. Dann ist die **Untere Strindenalp** ❷, 1440 m, erreicht.
Noch eine Weile halten wir uns an den flachen Alpweg in den licht bewaldeten und von Felswänden eingerahmten Talschluss. Dort folgen wir gleich den Böden bis in die hinterste Ecke und können so ein paar Wegkehren abkürzen und außerdem den Lawinenstrichen vom Litnisschrofen weitgehend ausweichen. Skispuren geben im weiteren Verlauf die Richtung vor.
Nach einem grimmigen Steilhang, der bei festgebackenem Schnee die Riesentreter in den Rucksack verbannt, stößt man an der Waldgrenze wieder auf den bald ungespurten, nach einer Serpentine westlich abschwenkenden Alpweg. Meist flach bummeln wir zum Schluss, unter der prächtigen Sulzspitze ein paar Bachmulden querend und nochmals kurz der weißen Gefahr ausgesetzt, hinüber zu einem Bergrücken, auf dem die **Obere Strindenalp** ❸ steht.
Der Abstieg erfolgt auf dem Anstiegsweg.

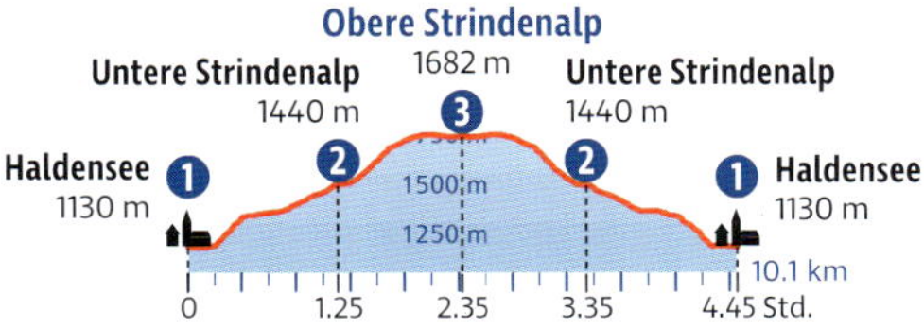

Rauth, 1140 m

Durch das Tannheimer Tal

★★

Beglückender Talgang im Banne dolomitenartiger Kalkburgen

Haufenweise Pulverschnee und eine saubere Luft. Das als schönstes Hochtal Europas gepriesene industriefreie Tannheimer Tal umfängt den Besucher auch zur kalten Jahreszeit mit seinen vielfältigen Reizen. Ein Märchenland für Romantiker. Da sind zum einen – und man muss sie natürlich in erster Reihe nennen – die fast wie Dolomitenkönige unvermittelt emporschießenden Felsklötze. In atemberaubender Kühnheit ziehen sich Kletterrouten durch das verhältnismäßig wenig dem Verfall preisgegebene Gemäuer. Diese finden dank ihrer sonnigen Exposition auch zu einer Jahreszeit, in der sich auf der anderen Talseite die Skifahrer tummeln, ihre eifrigen Bewerber.

Zum anderen fällt die noch wenig verbaute, echte Erholung bietende Talsohle auf: Die Langläufer kommen nicht umsonst von weither angereist. Genügend Natur also. Und mitten durch diese Traumkulisse haben die cleveren Tiroler Tourismusköpfe für Genusswanderer einen beispielhaften Winter-Panoramaweg angelegt. Der durchwegs abseits des Verkehrs verlaufende Entdeckungskurs zeigt immer wieder auf überzeugende Art und Weise den noch ursprünglichen Talcharakter auf. Und dieser entspannende Weg führt eindringlich vor Augen: Im Tannheimer Tal sind die Berge auch von unten schön.

Vor der Wildbachverbauung war das Gemeindegebiet von Nesselwängle allerdings wiederholt alles andere als eine Idylle. Schwere Vermurungen suchten das Dorf heim. Immer wieder traten die Sturzbäche aus ihren Rinnen und richteten schwere Verwüstungen an. Noch um die Mitte des 19. Jahrhunderts waren die Schäden so schlimm, dass die Regierung den Einwohnern nahe legte, ihr Dorf zu verlassen und auszuwandern. Doch hartnäckig wie die Tiroler sind, haben sie auch diese Zeiten überstanden und sich dauerhaft zu wehren gewusst.

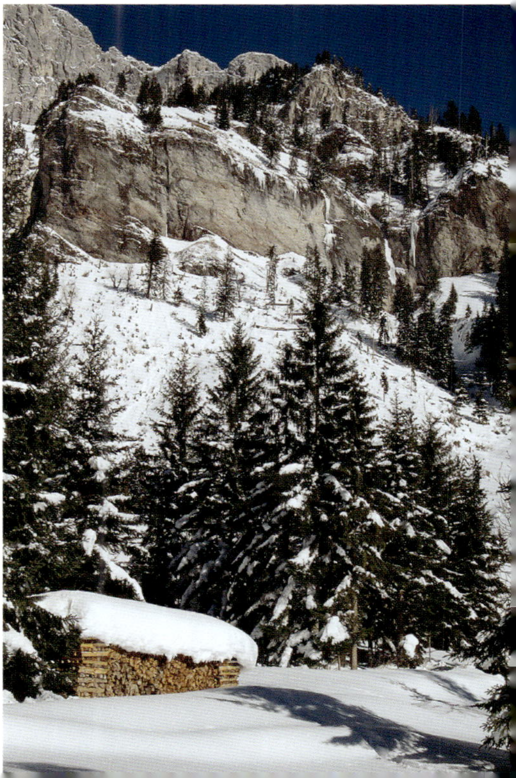

Auf dem Winterwanderweg von Haller nach Nesselwängle beeindrucken die Felsabstürze des Hochwiesler.

KURZINFO

Talort: Nesselwängle, 1136 m. Gemeinde im Tannheimer Tal, Tirol. Mit dem Bus von Sonthofen erreichbar (Zug von Kempten). Tourismus-Information, A-6672 Nesselwängle, Tel. +43 5675 622050, tannheimertal.com.
Ausgangspunkt: Bushaltestelle am östlichen Ortsrand von Haller, 1135 m; Parkplatz.
Gehzeit: Haller – Nesselwängle 0.50 Std., Nesselwängle – Rauth 0.55 Std., Rückweg 1.45 Std.; Gesamtgehzeit 3.30 Std.
Höhenunterschied: 200 Hm.
Anforderungen: Die komplette Tour mit nur leichten Steigungen verläuft auf Winterwanderwegen und Dorfsträßchen.
Hangexposition: Reine Talwanderung.
Lawinengefahr: Abgesehen von gemeindlichen Sperrungen in absoluten Ausnahmefällen ist dieser Vorschlag bedenkenlos begehbar.
Einkehr: In Nesselwängle und Rauth.
Kinder: Die gesamte Route ist für Kinder geeignet.

Der Regent des Tannheimer Tals, die Kellespitze, ihr zur Seite Babylonischer Turm und Kelleschrofen.

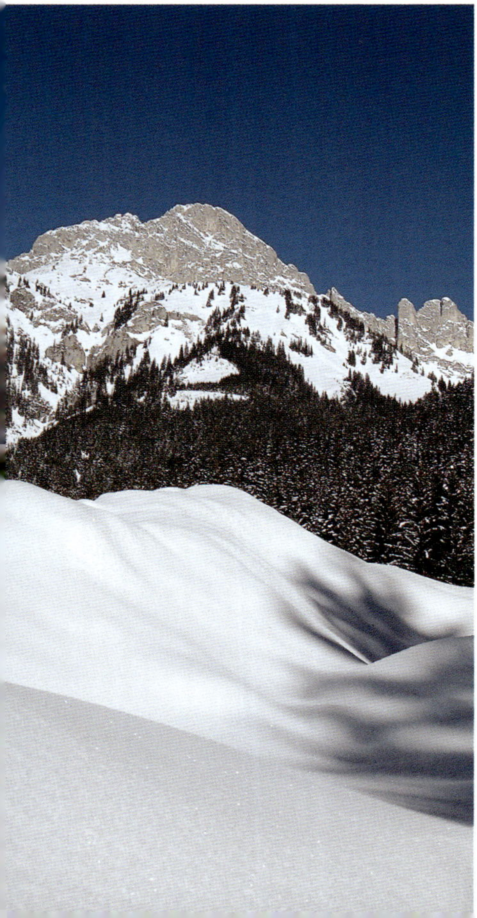

Bei der Kapelle nahe dem östlichen Ortsrand von **Haller** ❶ weist uns unter dem kühn auf einem Felsenriff positionierten Alpengasthof Adlerhorst die Beschilderung »Nesselwängle« auf einen geräumten Güterweg. Gelassen schlendern wir bergan auf die strenge, felsgepanzerte Rote Flüh zu. Wo der Weg zum Adlerhorst abzweigt, folgt man dem flachen Winterwanderweg durch lichten Wald.
Langläuferscharen ziehen über den schier endlos ausgerollten, präparierten Schneeteppich des Haldensees, überragt von Vogelhörnle und Neunerkopf. Im Hintergrund bauen sich Iseler und Kühgundspitze auf, während auf der südlichen Talseite, uns direkt gegenüber, der leuchtende First der Krinnenspitze besticht. Im Osten markiert nun ein Sendeturm den Gipfel des Hahnenkamms. Rechts davon setzt sich die Gaichtspitze in Szene. Nach dem Überqueren einer Skipiste tritt ein weiteres Schaustück auf die Bühne. Es sind nun die abenteuerlichen Wandpartien des Flüh-Nachbarn Hochwiesler, die das staunende Auge beschäftigen. Der Hauptkurs bringt uns nach **Nesselwängle** ❷, 1145 m.

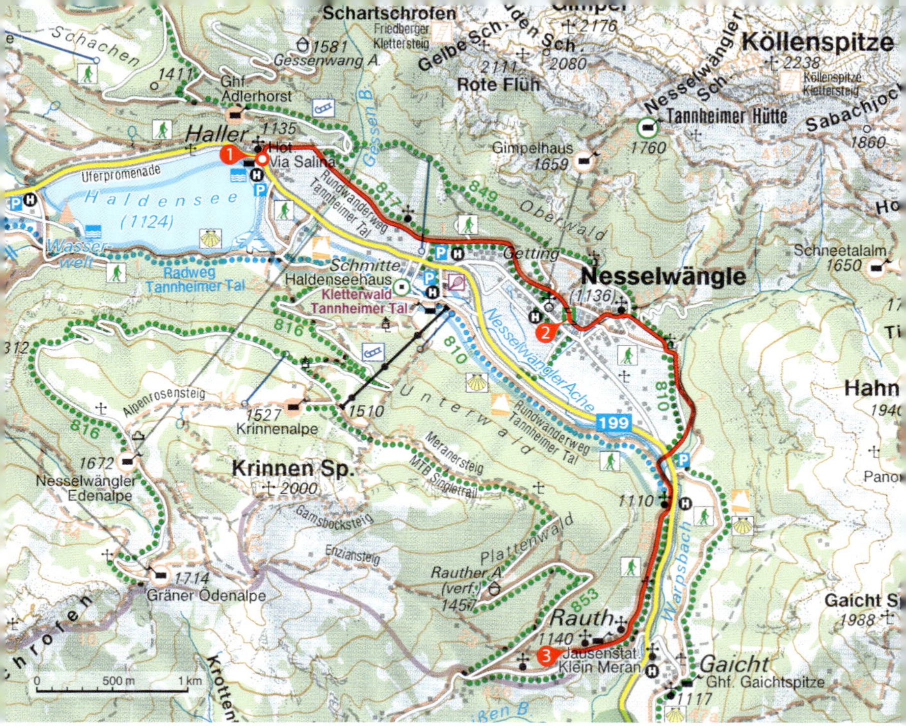

Beim Kindergarten orientieren wir uns am Wegweiser »Schneetal Alm«. Nach dem kleinen Anstieg zur Kapelle ist die jetzt fallende Winterwanderroute Richtung Gaicht beschildert. Hinter dem Hochwiesler, an dessen Fuß das Gimpelhaus steht, tritt der stolze Gimpel in Erscheinung. An diesen schließt sich der Zackengrat über den Kleinen Gimpel zur breit gelagerten Kellespitze an, der höchsten Zinne der Tannheimer Berge. Und auf dem Weiterweg hinunter zur Bundesstraße hebt hinter der Gaichtspitze die in ihrem zentralen Bereich selbst im Sommer kaum jemals aufgesuchte Liegfeistgruppe der Lechtaler Alpen die Stimmung noch um eine letzte Dosis. Wie bereichernd kann doch eine gelungene Talwanderung sein! Wir wechseln die Fahrbahn und nehmen am nahebei einmündenden Warpsbach die Fußgängerbrücke über die Nesselwängler Ache. Daraufhin schlendern wir, anfangs ebenfalls auf einem Winterwanderweg und ab einer verschneiten Kapelle auf dem schmalen, stets geräumten Sträßchen, hinauf zum Weiler **Rauth** ❸. Dort kann man sich im freundlichen Wirtshaus am Ende des Tannheimer Tals für den Rückweg stärken.

Auf demselben Weg geht es wieder zurück.

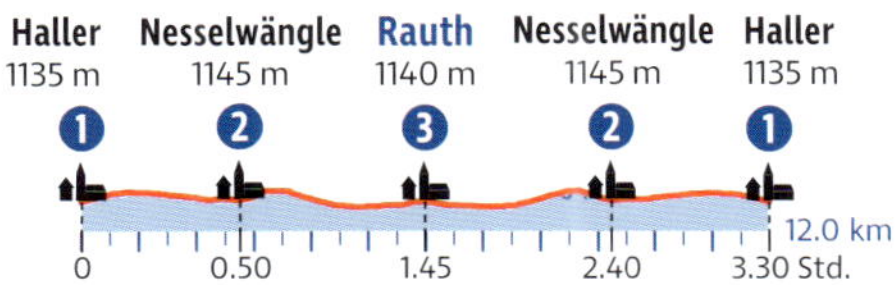

42 Beichlstein, 1164 m

Durch das untere Lechtal

★★

An einem der letzten Wildflüsse der Alpen

Frech stellt sich dem bei Vorderhornbach ungestüm nordwärts strebenden Lech ein im Vergleich zu den Bergriesen rundum eigentlich kaum ernst zu nehmender Buckel in den Weg. Es ist der Beichlstein, auch Baichlstein oder Baikelstein genannt. Hartnäckig drängt der Dreikäsehoch – seine Gipfelhöhe schafft nicht mal die 1200-Meter-Marke – die herantanzende Flut ab und lässt sie auf die an der Öffnung des Namloser Tals angesiedelte Gemeinde Stanzach zuspülen. Drei Merkmale fallen angesichts seiner bescheidenen Höhe auf: die mit einem Gipfelkreuz geschmückte Felskante, west- und ostseitig teilweise lotrecht abstürzende Felswände und ein exzellenter Taltiefblick.

Doch bevor wir uns mit diesem liebenswerten Waldhöcker anfreunden, lässt erst mal die lockere Schneewanderung durchs abwechslungsreiche untere Lechtal, eines der naturbelassensten Täler Mitteleuropas mit weiten Umlagerungsstrecken und schutzwürdigen Lebensgemeinschaften, Hochgefühle aufkommen. Die stimmungsvolle Genießerroute zwischen den vielgestaltigen Allgäuer und Lechtaler Bergen führt mitunter direkt am Lech entlang, einem der letzten unregulierten Flüsse der Alpen. Trotz jahrhundertelanger Uferbefestigungen zum Schutz der Talwiesen darf der Fluss auf langen naturnahen Abschnitten frei walten und gestalten. Ständig verändert der Lech mit dem Transport ungeheurer Geröllfrachten sein Gesicht, verlegt immer wieder Flussarme und erhält somit eine faszinierende Auenlandschaft am Leben.

Nahe dem Beichlstein bannt die Klimmspitze den Blick.

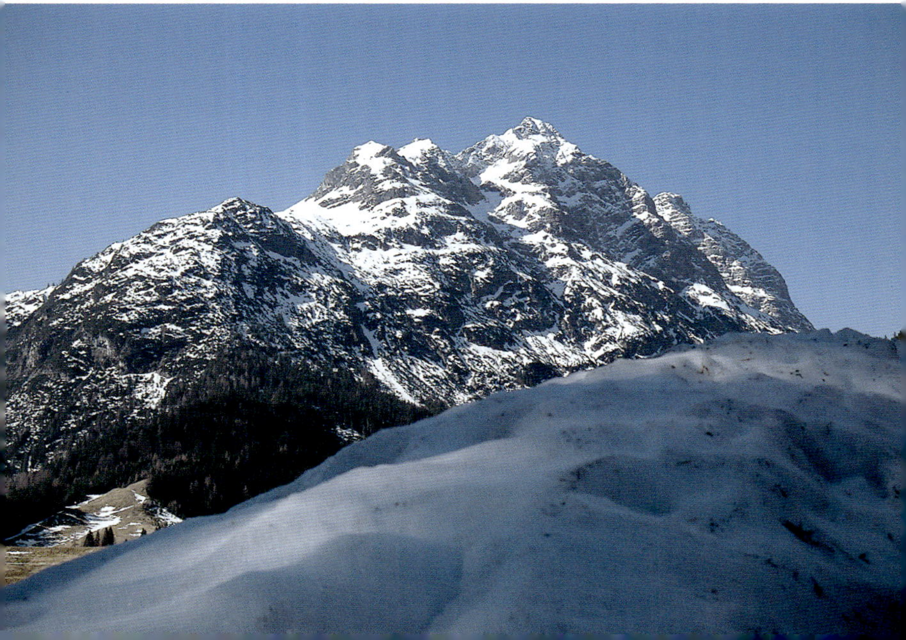

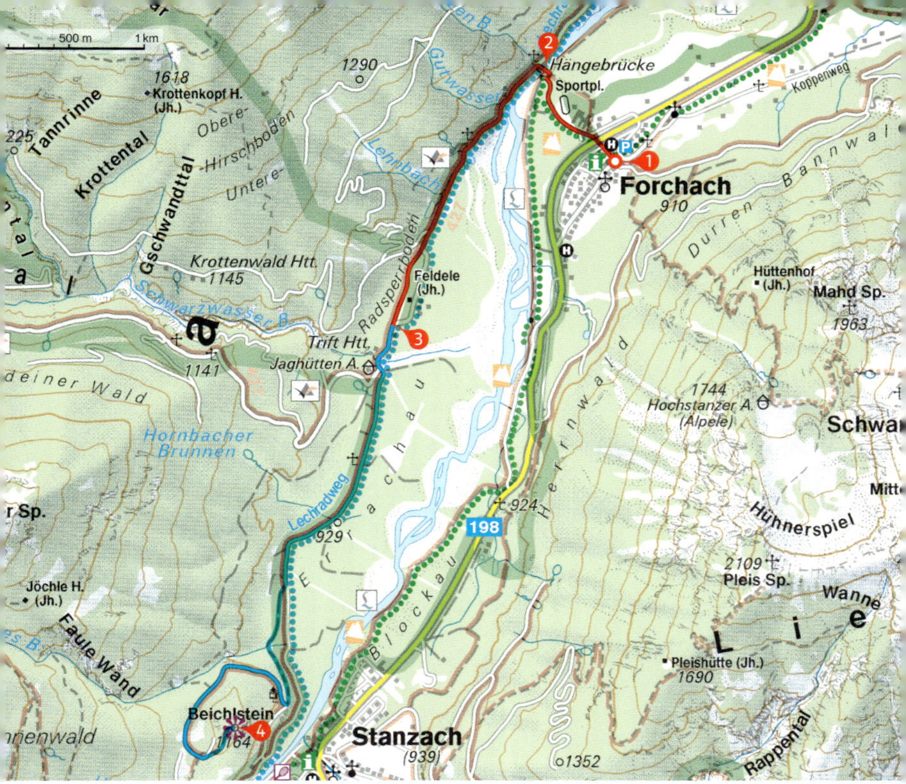

KURZINFO

Talort: Forchach, 910 m. Im vorderen Lechtal, Tirol. Bus von Reutte (Zug von Kempten). Tourismusverband Lechtal, A-6652 Elbigenalp, Tel. +43 5634 5315, lechtal.at.

Ausgangspunkt: Bushaltestelle am Feuerwehrhaus, 910 m; Parkplatz an der Info-Tafel beim Alpengasthaus Sonne.

Gehzeit: Forchach – Jagdhaus Feldele 0.40 Std., Jagdhaus Feldele – Beichlstein 1.45 Std., Rückweg 2.05 Std.; Gesamtgehzeit 4.30 Std.

Höhenunterschied: 250 Hm.

Anforderungen: Bis zum Jagdhaus Feldele geräumte Forstwege. Für den selten gespurten Weiterweg mit kurzem steilem Gipfelaufstieg sind Schneeschuhe erforderlich. An der Gipfelkante Absturzgefahr! Bei Hartschnee nicht geeignet. Bis zum Jagdhaus Feldele leicht.

Hangexposition: Am Gipfel Nordost und Südwest.

Lawinengefahr: Auf dem Schlussaufstieg können bei extremen Bedingungen kleine Schneerutsche abgehen.

Kinder: Der geräumte Forstweg zum Jagdhaus Feldele ist für Kinder geeignet.

Am Alpengasthaus Sonne in **Forchach** ❶ zeigt der Wegweiser »Hängebrücke« die Richtung. Nach dem Ortsende geht's unter der Lechtal-Bundesstraße hindurch zum Sportplatz, wo uns ein geräumter Forstweg aufnimmt. Die 75 Meter lange, auch bei behutsamem Schritt anregend mitschwingende **Hängebrücke** ❷, 910 m, trägt uns sicher über die eiskalt aus dem schattigen Gebirgstal herbeirauschenden Lechfluten. Dem Ostufer entragt hinter Stanzach die schöne Pyramide der

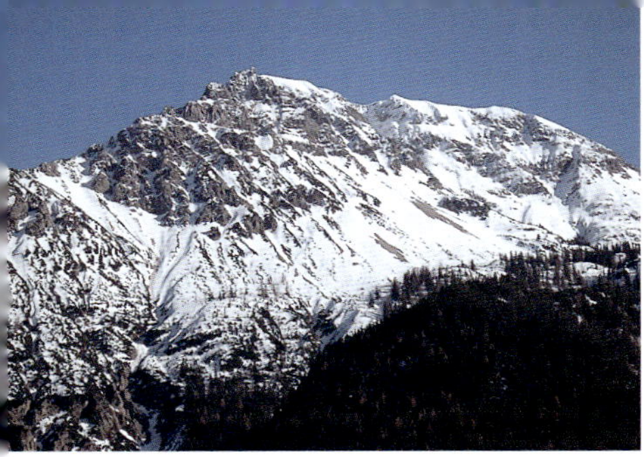

Mittagspitze vom Beichlstein.

Mittagspitze, während sich über dem breiten Lechbett die stattliche Klimmspitze in Pose setzt. Zur Rechten erheben sich Grubachspitze und Saldeinerspitze.

Wir schwenken nun bei einem kleinen Wasserfall in die Route Via Alpina ein, einen geräumten Forstweg, der uns wenig oberhalb des wilden Flusslaufs durch einsamen Winterwald leitet. Beim Feldkreuz Ölofen entfernt sich der Entspannungskurs vom Lech. Wir tauchen hinein in die geheimnisvolle Errachau, eine unverbaute Fluss- und Auenlandschaft mit ökologisch bedeutsamen Flächen: Weiden-Tamariskengebüsch und Kalkflachmoore. Eine fesselnde Wildnis, frisch wie kurz nach der Erschaffung der Erde und jetzt im Winter eine einzige Märchenwelt. Die fremdländisch anmutende Tamariske ist ein typischer Besiedler von Wildflussstandorten. Über freie Böden bummelnd kommen wir zum **Jagdhaus Feldele ❸**, 920 m. Hier endet der Winterdienst der Gemeinde. Auf dem nahen Schuttfächer des Schwarzwasserbachs recken sich Wacholder bis zu Baumgröße empor.

Mit den Schneeschuhen ausgerüstet spurt man anschließend über die Schwarzwasserbachbrücke und danach längere Zeit durch dichten Jungwald. Am Wänglerboden verlässt man die nach Vorderhornbach weiter führende Sommerroute Richtung Wiesbach und steigt mit Rückblick zur ansprechenden Leilachspitze leicht bergan durch eine Schneise. Bald quert der weiß-blau markierte Alte Pfarrsweg den aus der Schlucht unter der Faulen Wand hervorquellenden Wiesbach. Der Verlauf des Wanderwegs ist daraufhin im Wald gut erkennbar.

An der Wegtafel Antonius – unter uns spitzelt das Kirchlein von Stanzach durchs Gezweig – begeben wir uns auf den mit »Baichlstein« ausgeschilderten Forstweg. Von einem Schlucht-Tiefblick überschaut man begeistert die weite Errachau. Jetzt ist noch eine Schleife erforderlich, nordöstlich um unser Bergziel herum. Ab einem Aussichtspunkt, wo sich kurz vor dem Fahrwegende neben dem Kreuzspitzkamm über Elmen auch die Pfeilspitze zeigt, ist es nur noch ein Katzensprung steil über einen Bergsporn und zuletzt wenig links davon zum **Beichlstein ❹** empor. Bei stark durchfeuchtetem Schnee könnten auf dem Schlussstück kleinere Rutsche abgehen. Rote Baummarkierungen erleichtern die Orientierung.

Der Abstieg erfolgt auf dem Anstiegsweg.

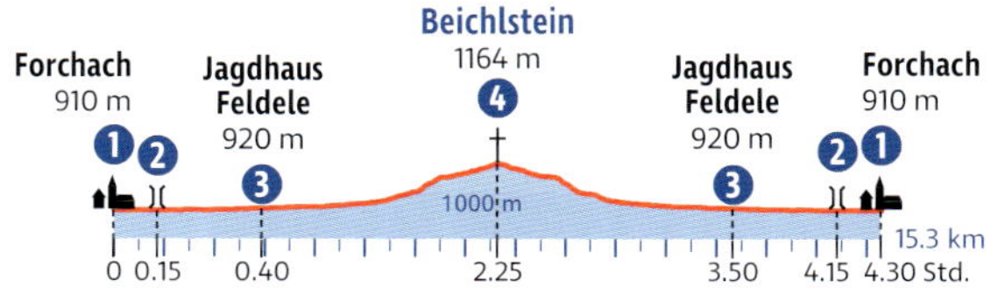

Schwabeggalp, 1699 m

Aus dem Hornbachtal

★★★

Die hünenhaften Felsgestalten der Hornbachkette im Visier

Es mutet seltsam an. Man muss erst in einem Riesenbogen umständlich um die Allgäuer Alpen herumfahren und vom Tiroler Lechtal aus in ein unwirtliches Seitental eindringen, um einen der allerwildesten und dramatischsten Winkel dieses Gebirges erleben zu können. Der Grund: Das Lawinenloch des hinteren Oytals und der Übergang übers Hornbachjoch, 2020 m, sind für Winterwanderer ebenso tabu wie der ziemlich riskante Zugang vom Prinz-Luitpold-Haus über die Balkenscharte, 2157 m, und den Fuchsensattel, 2039 m. Aber Gebirgskämme fragen eben – Gott sei's gedankt – nicht nach menschlicher Logik, nach deutschem Ordnungssinn.

Einer der mächtigsten, geschlossensten und gipfelreichsten Gebirgskämme der Nördlichen Kalkalpen ist die Hornbachkette mit der höchsten Allgäuer Erhebung, dem Großen Krottenkopf, 2657 m. Wer diese ernsthafte Welt aus kitzliger Nähe wie von einer eigens dafür geschaffenen Schaubühne aus bestaunen möchte, braucht nur vom heimeligen Bergbauerndörfchen Hinterhornbach zu der nicht weit von der überdimensionalen Südostwand des Hochvogels entfernten Schwabeggalp hinaufzuwandern. Möglichst im Tiefwinter, dann zieht die allgewaltige Bergnatur noch ein paar zusätzliche Register. Trotz des waldreichen und harmlosen Aufstiegs handelt es sich hierbei um ein ungemein spannungsgeladenes Vorhaben im Banne wahrlich zyklopischer Felsberge. Und das überraschend Erfreuliche dabei ist die Tatsache, dass man den lauernden winterlichen Gefahren geradewegs ins dämonische Auge sehen kann, sich ihnen aber nirgends auszusetzen braucht.

KURZINFO

Talort: Hinterhornbach, 1101 m. Kleines Dorf im Hornbachtal, einem westlichen Seitental des Lechtals, Tirol. Kein Busanschluss. Tourismusverband Lechtal, A-6652 Elbigenalp, Tel. +43 5634 5315, lechtal.at.

Ausgangspunkt: Gufelbrücke am Ortsende, 1146 m; Parkplatz (zu Fuß von Vorderhornbach 1.50 Std.).

Gehzeit: Hinterhornbach – Schwabeggalp 2.30 Std., Abstieg 1.45 Std.; Gesamtgehzeit 4.15 Std.

Höhenunterschied: 550 Hm.

Anforderungen: Für den nur ab und an von einer spärlichen Fußspur durchzogenen Güterweg und den etwas anstrengenden Schlussaufstieg zur Schwabeggalp sind Schneeschuhe erforderlich.

Hangexposition: Süd.

Lawinengefahr: Auf dem oberen Routenabschnitt besteht eine geringe Lawinengefahr (kleinere Rutsche). Allerdings kann die Straßenzufahrt nach Hinterhornbach bei ungünstigen Verhältnissen gesperrt sein.

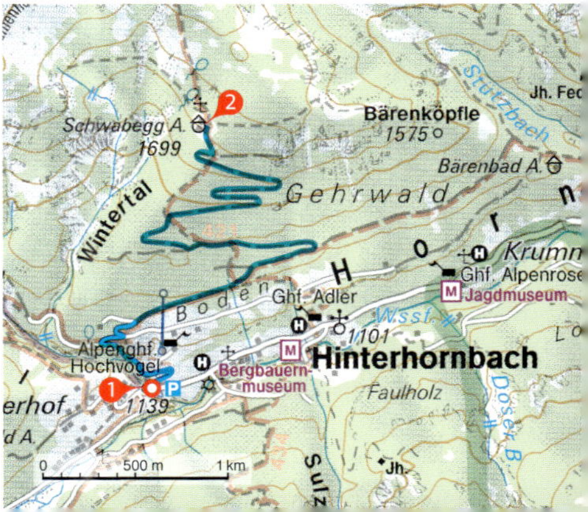

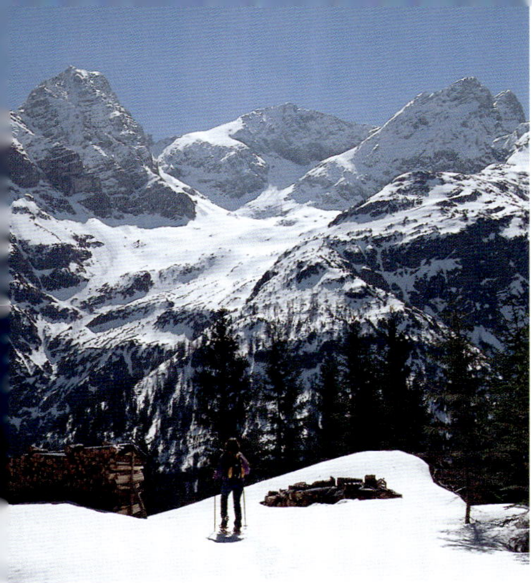

Urbeleskarspitze, Bretterspitze und Gliegerkarspitze mit Urbeleskar.

Von der Gufelbrücke am Ortsende von **Hinterhornbach** ❶ windet sich der mit »Schwabeck« beschilderte, nur durch die erste Schleife geräumte und ab dem düster-frostigen Schluchtausgang des Jochbachtals gelegentlich von dem einen oder anderen Fußgänger dürftig gespurte Güterweg empor durch den Bergwald. Jenseits des Hornbachufers baut sich das atemberaubende, fast schon erdrückende Felsgemäuer der zu den Allgäuer Alpen gehörenden Hornbachkette auf mit himmelnahen Zinnen und Hörnern.

An der Verzweigung nach der vierten Kehre halten wir uns geradeaus. Immer wieder gibt das Fichtengeäst den Blick frei auf die gewaltigen Hauptdolomit-Felskolosse. Ganz links die Klimmspitze, dann die Schwellenspitze, der wiederum Wasserfallkarspitze, Elferspitze und Zwölferspitze folgen.

An der folgenden Wegteilung bestätigt uns das Schild, dass wir uns auf dem richtigen Kurs befinden. Der Wegverlauf ist stets gut erkennbar. In ausholenden Schleifen und stets angenehmer Steigung geht's bergan durch den Gehrwald. Wo zum ersten Mal kurz die Monarchengestalt des Hochvogels über den Baumwipfeln in Erscheinung tritt, wächst die Spannung. Hier gabelt sich die Route nochmals.

Wir wählen den oberen Wegverlauf. Wenige Meter nach der Kehre, wo der gebänderte Hochvogel seine behäbige Südseite zeigt, schwenken wir vom Fahrweg ab und haben durch Latschen noch einen steilen Schlussaufstieg über wenige Spitzkehren zu bewältigen, bevor wir die beiden winzigen Hütten der **Schwabeggalp** ❷ erreichen. Über dem Talschluss des Jochbachtals markieren die beiden kecken Höllhörner die tirolisch-bayerische Grenze. Doch am meisten beschäftigt uns das zackige Panorama der jetzt in ihrer gesamten Länge einsichtbaren Hornbachkette bis zum alles überragenden Großen Krottenkopf. Wer sich hier behaglich niederlässt, den kümmert kein »höher« und »weiter« mehr. Nur rundum zufrieden sitzen und in diese große Stille hinein lauschen möchte man, einfach staunen und auf keine Uhr schauen.

Der Abstieg erfolgt auf dem Anstiegsweg.

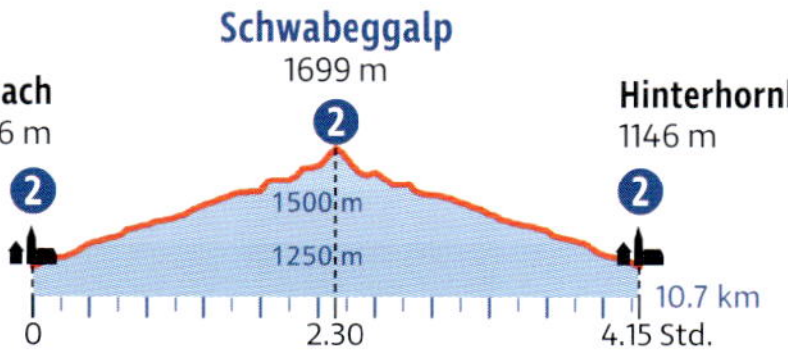

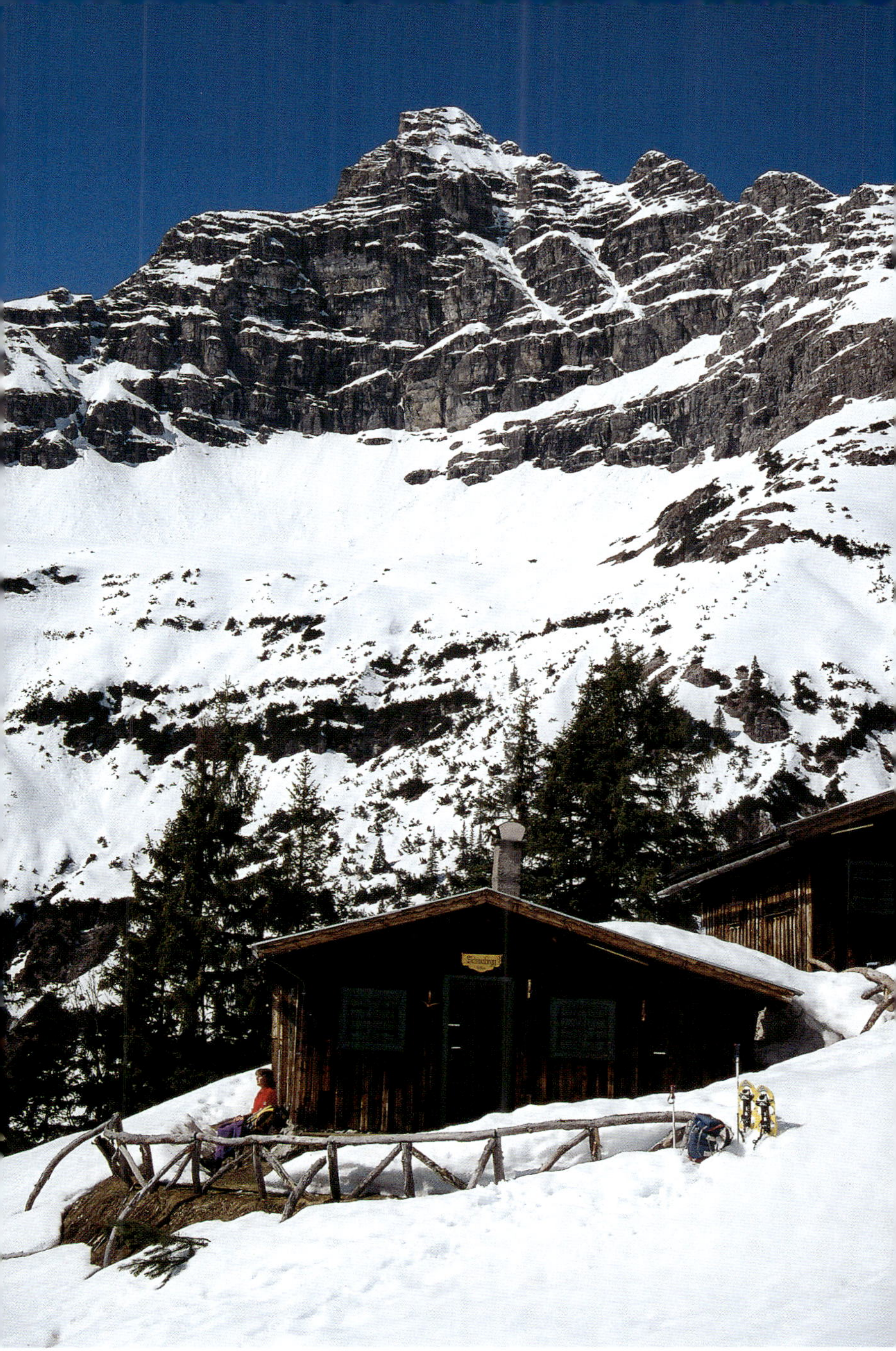

Eine königliche Schauwarte: die Schwabeggalp zu Füßen des gewaltigen Hochvogels.

44 Mutte, 2187 m

Über die Bernhardseck-Hütte

★★★

Wie ein schwereloser Tanz zwischen zwei Welten

Die zwischen dem oberen Lechtal und dem scharf eingekerbten Bernhardstal in über 1800 Meter Höhe auf einem sicheren Bergrücken thronende Bernhardseck-Hütte darf wohl als eines der schönsten ganzjährigen Hüttenziele zwischen Bodensee und Lech gelten. Der anschließend problemlose Aufstieg zum Aussichtsberg Mutte (genau genommen »Auf der Mutte«) lockt im Sommer mit schier endlosen Arnikawiesen. Während des Winters sind es die auf die Rothornspitze zustrebenden, inmitten dieser hochalpinen Umgebung auffallend weichen Formen, auf die der nach lichten Höhen und jungfräulichen Bergimpressionen Süchtige einfach nicht verzichten kann. Beseligende Aufschwünge, mehr als 1000 Meter über den aus dem Lechquellengebirge herbeieilenden Fluten des Lechs. Es ist wie ein schwereloser Tanz zwischen zwei Welten – fast ein wenig unwirklich.

Alles was in der näheren und weiteren Umgebung Rang und Namen hat, wertet den unersättlichen Rundblick auf. Unmittelbar im Norden begeistert die Hornbachkette: ganz links der Ramstallkopf, im Gefolge die königliche Spitze des Großen Krottenkopfs, der Hermannskarturm und dahinter die Hermannskarspitze sowie die stattliche Figur der Marchspitze, die Ilfenspitzen und über der Hermann-von-Barth-Hütte die bizarre Wolfebnerspitze, um nur die allernächsten zu nennen. Ein Wetteifern um die ersten Plätze auch in den Lechtaler Alpen. Da steht über dem Talschluss des Madautals der einzige Dreitausender der gesamten Nördlichen Kalkalpen, die forsche Parseierspitze. Ein ganz besonderes architektonisches Meisterwerk verkörpert die unverwechselbare Felskrone der Lechtaler Wetterspitze, links davon die keinesfalls zu übergehende Freispitze …

In seiner wirklichen Größe erfassen kann dieses geheimnisvolle Reich zwischen Himmel und Erde nicht mal, wer selbst hinaufsteigt, schaut und darüber nachsinnt. Und noch aus einem anderen Grund ist diese Tour einzigartig. Man wird, abgesehen vom bescheidenen Aufstieg zur Einkehr Kasermandl über dem schluchtartigen Ausgang des Bernhardstals, so weit das Auge auch zu reichen vermag, kein weiteres ungefährliches Winterziel entdecken, das wirklich nennenswert wäre.

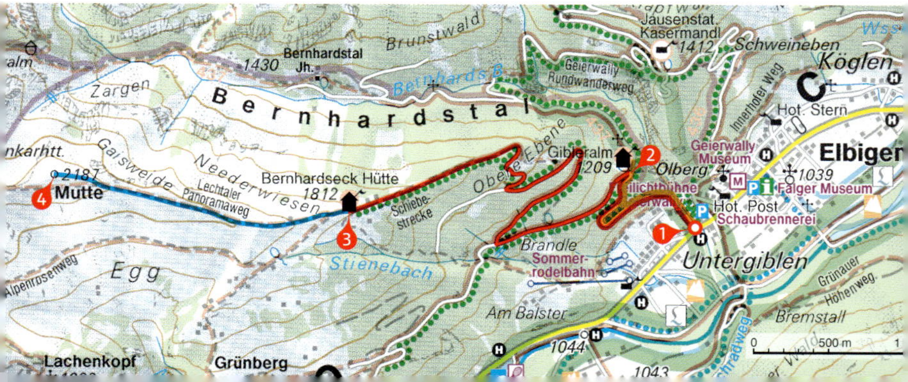

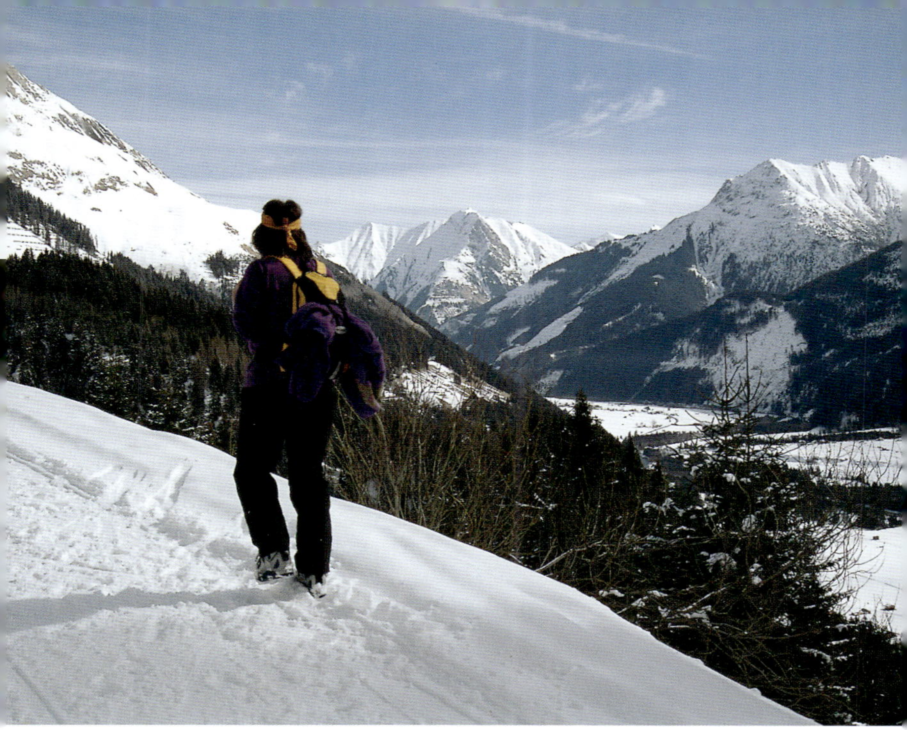

Der gewalzte Forstweg zur Bernhardseck-Hütte schenkt immer wieder Tiefblicke ins Lechtal.

KURZINFO

Talort: Elbigenalp, 1039 m. Hauptort des oberen Lechtals am Ausgang des Bernhardstals, Tirol. Mit dem Bus von Reutte erreichbar (Zug von Kempten). Tourismusverband, A-6652 Elbigenalp, Tel. +43 5634 5315, lechtal.at.

Ausgangspunkt: Bushaltestelle am Sporthotel Alpenrose, 1065 m; Parkplatz.

Gehzeit: Elbigenalp – Gibler Alp 0.35 Std., Gibler Alp – Bernhardseck-Hütte 2.05 Std., Bernhardseck-Hütte – Mutte 1.50 Std., Abstieg 3.15 Std.; Gesamtgehzeit 7.45 Std.

Höhenunterschied: 1120 Hm.

Anforderungen: Zur Gibler Alp geräumter, zur Bernhardseck-Hütte gewalzter Forstweg. Für den gelegentlich gespurten Gipfelaufstieg mit zwei steileren Aufschwüngen sind Schneeschuhe und Ausdauer erforderlich. Auf Wechten achten! Bis zur Gibler Alp leicht.

Hangexposition: Ost bis Südost.

Lawinengefahr: Bei bedachter Spuranlage besteht am Gipfelaufstieg selbst unter ungünstigsten Bedingungen nur eine geringe Lawinengefahr.

Einkehr: Gibler Alp (Tel. +43 5634 6124, im Winter von Weihnachten bis Mitte April geöffnet, Montag Ruhetag), Bernhardseck-Hütte (Tel. +43 676 6089716, bernhardseck.at, im Winter von Weihnachten bis Anfang April geöffnet, Montag Ruhetag, Übernachtungsmöglichkeit, Schneeschuhverleih).

Kinder: Die Rodelstrecke von der Gibler Alp ist für Kinder geeignet, verlangt aber wegen der fehlenden Randbefestigung entlang steiler Berghänge große Vorsicht. Nicht bei Vereisung!

Rodel: Rodelstrecke von der Gibler Alp nach Elbigenalp (auf eigene Gefahr, keine abgenommene Bahn).

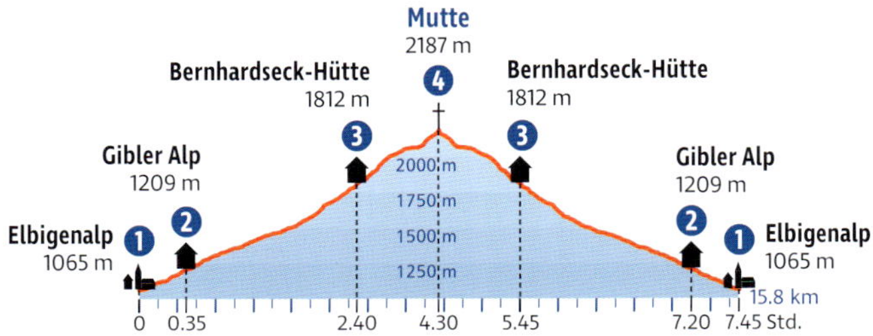

Vom Sporthotel Alpenrose in **Elbigenalp** ❶ gehen wir auf dem zur Bernhardseck-Hütte beschilderten Sträßchen bergan zum Ortsrand. Dort beginnt ein als Rodelbahn benutzter, stets geräumter Forstweg. Schon bald öffnet sich der Wald. Auf der anderen Talseite beeindruckt das behäbige Massiv der mehrgipfligen Ruitelspitze. Taleinwärts lenkt die Grießtaler Spitze den Blick auf sich, rückblickend die Lichtspitze. In einer Schleife wandert man gemütlich hinauf zur **Gibler Alp** ❷, 1209 m.
Weiter geht's auf einer vom Schnee-Scooter gewalzten Spur. Über der Einkehr besticht das schneidige Felstrapez der Rotwand, an deren jäher Bergflanke sich der Schnee meist nur im Bereich von Lawinenverbauungen zu halten vermag. Während einer weit ausholenden Forstweg-Serpentine setzt sich kurz vor einer Wildfütterung über dem Madautal die glatt geschliffene Freispitze in Pose. Im oberen Bereich folgen noch wenige enge Kehren und zuletzt drei knackige Steilaufschwünge zur **Bernhardseck-Hütte** ❸, 1812 m, mit Snowboard-Camp. Neben dem in vorzüglicher und zudem völlig lawinensicherer Lage auf einer Schulter positionierten Alpengasthof drängen sich ein paar Wochenendhüttchen. Wer übernachten will, kann zwischen urigen Zimmern und beheizten Schlaffässern wählen (Schlafsackmitnahme).

Wir ziehen nun in aller Seelenruhe unsere einsame Schneeschuhspur über den genussreichen Höhenrücken des lang gezogenen Kammes. Mit etwas Glück hat uns die Arbeit schon ein Vorgänger abgenommen. Die vielen Prachtgipfel und sanft gewellten Hochkare, aber auch die anregende Schau in die Tiefe, zu den brettlebenen Böden des Lechtals und im Gegensatz dazu ins v-förmige Bernhardstal, lassen uns immer wieder innehalten.
Nach einem Jagdhüttchen verschmälert sich der nun steilere Rücken. Wenn man auf die Wechten achtet und den beiderseits abschüssigen Bergflanken aus dem Weg geht, begibt man sich selbst bei starken Verfrachtungen kaum in die Gefahr, ein Schneebrett loszutreten. Ab einer weiteren Schulter setzt sich, man kann es kaum glauben, die völlig unbeschwerte Höhenbummelei fort. Der Rücken zeigt sich wieder geräumiger, im weiteren Verlauf sogar flach. Erst ganz zum Schluss folgt kurzzeitig noch ein deutlicher Aufstieg zur **Mutte** ❹.
Ab hier senkt sich der Kamm. Den abenteuerlichen, riskanten Weiterweg zu dem mit extremem, steilem Grasgelände aufwartenden Gipfelpaar Rothornspitze und Strahlkopf überlassen wir gerne den erfahrenen Winterbergsteigern.
Der Abstieg erfolgt auf dem Anstiegsweg.

Wankerfleck-Kapelle, 1148 m

Durch das Halblechtal und Lobental

★★

Erstarrte Seeaugen im Winterschlaf haltenden Kenzengebiet

Wenn der Kenzenbus nach den ersten Schneefällen im Gebirge seinen Fahrbetrieb von Halblech zur Kenzenhütte eingestellt hat, kehrt unter der sich immer mehr versteckenden Spätherbstsonne ins formenreiche Ostallgäuer Bergland jenseits des Lechs die große Stille ein. Erst wachsen die Schatten der anfangs meist nur zaghaft überzuckerten Ammergauer Gipfelgestalten in die Länge. Doch bald ziehen sich in dem riesigen Naturschutzgebiet auch die Anmarschwege zu alpinen Zielen zeitlich hin. So bleibt der ohnehin kaum nennenswerte Wintertourismus, zumindest was den Westteil des Ammergebirges betrifft, zugunsten der jetzt besonders empfindlich auf Störungen reagierenden Tierwelt wie Raufußhühner und Gamswild im Großen und Ganzen auf die Waldtäler beschränkt.

Die unterste Wasserkraftanlage im Lobental ist die Talsperre Reiselsberg mit dem Reiselsbergbach als Auslauf. Dieser kleinere der beiden vom »gezähmten« Lobentalbach gespeisten und vom Naturschutzgebiet ausgenommenen Stauseen bildet die erste der insgesamt vier hintereinander folgenden Kraftanlagen. Hinter diesem unteren Stausee hat dort, wo heute das Kraftwerk Klamm steht, während des Ersten Weltkriegs eine vom Rosstallköpfl abgegangene Mure den Lobentalbach eine Zeitlang aufgestaut. Der obere, namenlose See ist fast einen Kilometer lang.

Die Gipfelregion um den Wankerfleck gilt es im Winter nicht nur wegen der schutzbedüftigen Tierwelt, sondern auch wegen Lawinengefahr zu meiden.

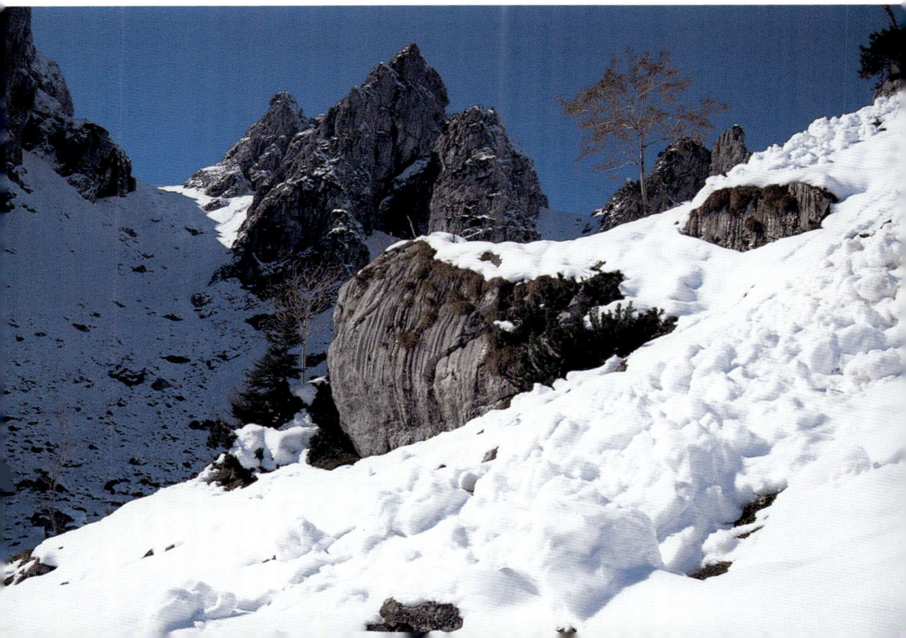

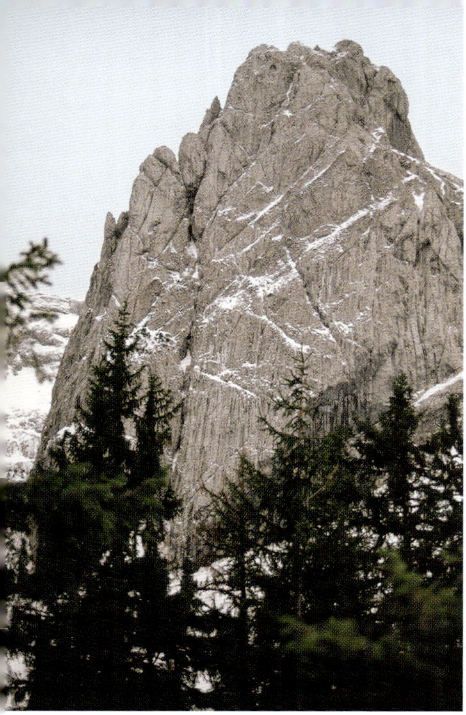

Hinter der Wankerfleck-Kapelle fesselt die Geiselstein-Nordostwand.

KURZINFO

Talort: Halblech, 818 m. Feriendorf am Fuß der Trauchberge, Ostallgäu. Erreichbar mit dem Bus von Füssen (Zug von Marktoberdorf). Gästeinformation, D-87642 Halblech, Tel. +49 8368 285, halblech.de.

Ausgangspunkt: Bushaltestelle in der Ortsmitte, 818 m; Parkplatz.

Gehzeit: Halblech – Reiselsbergsperre 1.30 Std., Reiselsbergsperre – Wankerfleck-Kapelle 1.35 Std., Abstieg 2.55 Std.; Gesamtgehzeit 6.00 Std.

Höhenunterschied: 330 Hm.

Anforderungen: Bis zum oberen Stausee leichte und in der Regel geräumte Forstwegroute, anschließend zumindest Fahrspuren vom Forstdienst. Abwechselnd flach und mäßig steigend, zeitweise vereiste Passagen.

Hangexposition: Alle Hangrichtungen im Bereich der Talsohle.

Lawinengefahr: Außer nach ausgiebigem Neuschneezuwachs oder starker Erwärmung besteht nur die Gefahr meist kleinerer Schneerutsche.

Beim Gasthof Adler in **Halblech** ❶, nahe der Bushaltestelle Ortsmitte, und an der Halblechbrücke weist die Beschilderung »Kenzenhütte« den Weg. Am vereisten Ufer wandern wir auf dem kaum spürbar ansteigenden und meistens geräumten Forststräßchen durch den frostigen Winterwald das enge Halblechtal einwärts. An der **Reiselsbergbrücke** ❷ mit Unterstand, wo der Reiselsbergbach in den Halblech mündet, wählen wir die Lobentalroute zur Kenzenhütte, da die Hauptroute recht vereist sein kann. Ein ebenso gemütlicher und in der Regel für den Wirtschaftsverkehr freigehaltener Forstweg entführt uns nun ins höchst einsame Seitental. Bei der **Reiselsbergsperre** ❸, 932 m, leuchtet die Schneehaube des Grubenkopfs, ihm zur Rechten der Firstberg. Am Lobentalbach hinauf zum Oberen Stausee, 1035 m, steigt der Weg in Richtung Kenzenhütte deutlicher an. Von der Staumauer geht es mit Blick zum elegant geformten Geiselstein am Ostufer des Sees entlang zur Wegverzweigung in der Nähe der kleinen Lettenfleckhütte. Dort

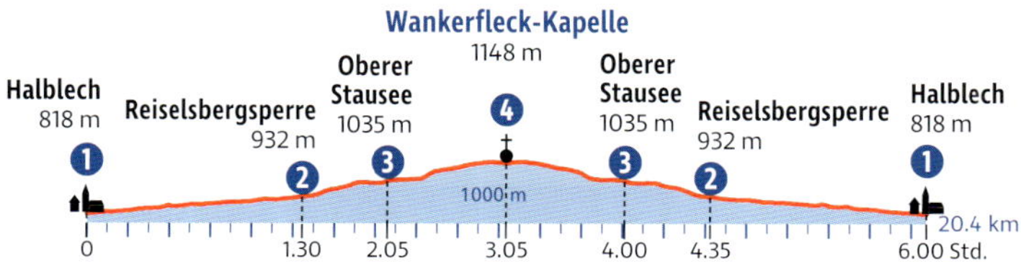

strömen der Lobentalbach und der den nahen Bockstallsee entwässernde Bockstallbach zusammen. Wir wählen die scharf links abbiegende Strecke. Hier weist unser Fahrweg gewöhnlich nur noch Spuren von Forstfahrzeugen auf und mündet bald darauf in das Sträßchen zur Kenzenhütte. Über die nun zunehmend weiteren Ebenwald-Lichtungen folgt das letzte Flachstück zur Kenzenbachbrücke mit der **Wankerfleck-Kapelle 4**, 1148 m, einer offenen Gedenkkapelle zu Ehren verunglückter Bergsteiger.

Von dem ergreifenden Tourenziel am äußersten Rand des Allgäus beeindruckt neben der atemberaubenden Geiselstein-Nordostwand besonders das im Frostschatten Eiseskälte ausströmende Bollwerk der Hochplatte. Der weitere Weg würde am Bergwachthüttchen und dem Kenzen-Jagdhaus vorbei zu der ab Ende Oktober unbewirtschafteten Kenzenhütte emporleiten.

Der Abstieg erfolgt auf dem Anstiegsweg.

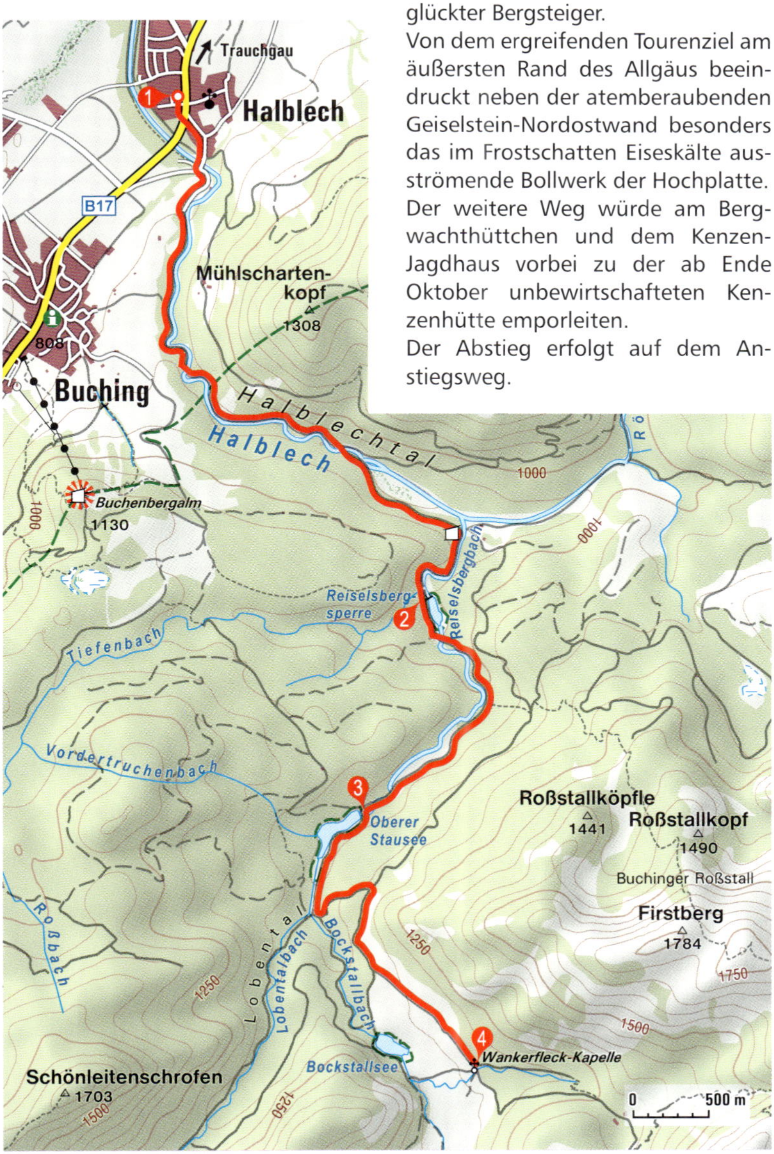

46 Drehhütte, 1210 m

Über die Rodelbahn

Spaßige Kurvenfahrt nach gemütlicher Spritztour

Geräumte Winterwege gibt es in den Ammergauer Bergen nur sehr wenige. Umso mehr überrascht die laufend gepflegte Rodelbahn von der nahe dem Tegelberg bei Schwangau gelegenen Drehhütte. Es ist dies eine der gefragtesten Kufenpisten des gesamten Allgäus. Der Startpunkt zu der spritzigen Abfahrt fällt mit der urgemütlichen Einkehr über dem Bannwaldsee zusammen. Ein Zusatzservice des Hüttenwirts ist der Rodelverleih. Wer keinen eigenen Schlitten hat, nimmt einen der Leihrodel, den man einfach hinterher am Wanderparkplatz abstellen kann. Ein ideales Unternehmen für diejenigen, die für einen Winterausflug nur ein paar wenige Stunden zur Verfügung haben. Bringt man dagegen mehr Zeit mit, spaziert man den Weg in aller Ruhe wieder zurück oder zieht die etwas anspruchsvollere Runde über die am Wochenende geöffnete Rohrkopfhütte in Erwägung.

KURZINFO

Talort: Schwangau, 796 m. Heilklimatischer Kurort am Forggensee, Ostallgäu. Mit dem Bus von Füssen erreichbar (Zug von Marktoberdorf). Tourist Information, D-87645 Schwangau, Tel. +49 8362 81980, schwangau.de.

Ausgangspunkt: Bushaltestelle an der Tegelbergbahn, 821 m; Parkplatz.

Gehzeit: Tegelbergbahn – Drehhütte 1.40 Std., Abstieg 1.20 Std.; Gesamtgehzeit 3.00 Std.

Höhenunterschied: 390 Hm.

Anforderungen: Die gesamte, nur mäßig steile Tour verläuft auf geräumten Winterwegen.

Hangexposition: Nord.

Lawinengefahr: Auf der ganzen Route besteht keinerlei Lawinengefahr.

Einkehr: Drehhütte (Tel. +49 8362 9303633, drehhuette.de, ganzjährig geöffnet, Montag Ruhetag).

Kinder: Die Rodelbahn von der Drehhütte ist für Kinder geeignet.

Rodel: Lohnende Rodelbahn von der Drehhütte zum Wanderparkplatz. Rodelverleih (Tegelbergbahn).

Variante: Wer diese Spritztour erweitern will, der kann den Abstieg über die Rohrkopfhütte wählen, auf dem meist eine Fußspur ausgetreten ist. Kurz vor der Drehhütte geht es dabei über eine Waldschleife hinauf zu einem Bergrücken und flach in Kürze zur Rohrkopfhütte, 1320 m (0.35 Std., Einkehr) an der Skiabfahrt vom Tegelberg. Die nun Richtung Schwangau ausgeschilderte Route im Bereich eines Wanderwegs leitet durch Fichtenwald talwärts zur Wegteilung im Sattel vor dem Hornburggipfel. Zuletzt führt der erkennbare Verlauf eines Forstwegs nordwärts zurück zur Aufstiegsroute nahe am Wanderparkplatz (2.10 Std. ab Drehhütte zur Tegelbergbahn). Mittelschwer, eventuell Schneeschuhe erforderlich, geringe Lawinengefahr.

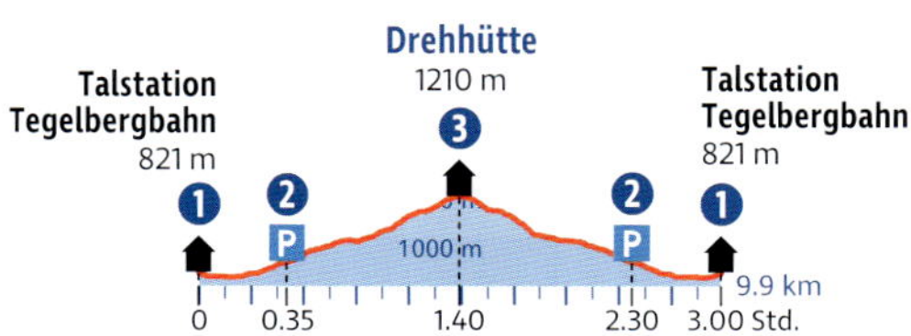

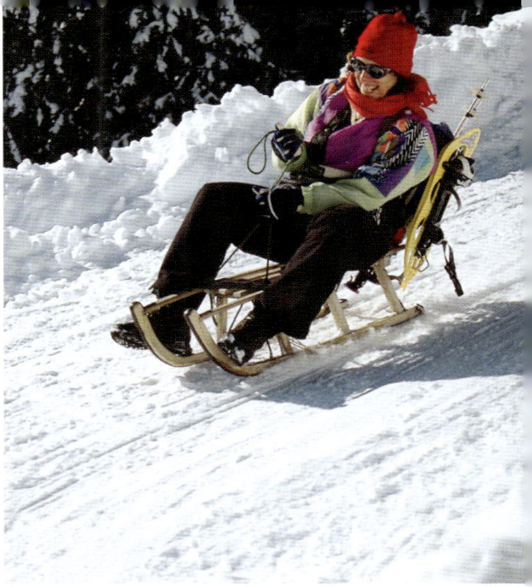

Mit dem Schlitten ist man im Nu wieder im Tal.

Wir spazieren von der **Talstation der Tegelbergbahn** (1) kurz das Zufahrtssträßchen bergab und schlagen noch vor der Lußbachbrücke den Winterwanderweg Richtung Drehhütte ein. Eindrucksvoll ist der Blick zu den Tegelberg-Abstürzen mit dem Gelben Wandschrofen. Über sanft geneigte Hänge erreicht man unter dem Waldschopf der Hornburg vorbei den **Wanderparkplatz** (2) am Beginn der Rodelbahn.

Der geräumte Forstweg leitet gemütlich bergan durch lockeren Wald. Wir halten freundlicherweise den Fahrbahnrand ein, um den jauchzenden Kufenflitzern den Abfahrtsspaß nicht zu sehr zu trüben. An einer Gabelung folgt man weiterhin dem kurvigen Schlittenkurs. Nicht mehr lange, dann ragt nach Überschreiten des Hammergrabens über den schneebeladenen Baumwipfeln der mit einem Kreuz geschmückte Branderschrofen auf.

Nun betreten wir das Naturschutzgebiet Ammergauer Alpen. Kurzzeitig öffnet sich der Blick auf den im Winter trockengelegten Forggensee. Der Kesselgraben wird noch gequert, dann trifft man bereits bei der **Drehhütte** (3) ein. An der wettergebräunten Fassade des auf einer kleinen Lichtung stehenden, urigen Blockhauses, einer früheren Holzfällerunterkunft, hängen verschiedene Hornträger-Trophäen. Eine Einkehr, die einen vor der Hütte wie innen gleichermaßen anspricht. Als keckes Felsgipfelchen reckt ganz in der Nähe das Spitzigschröfle seine verfrorene Nase in die klare Schneeluft. Der breite Berg zur Rechten ist der Latschenschrofen.

Der Abstieg erfolgt auf dem Anstiegsweg.

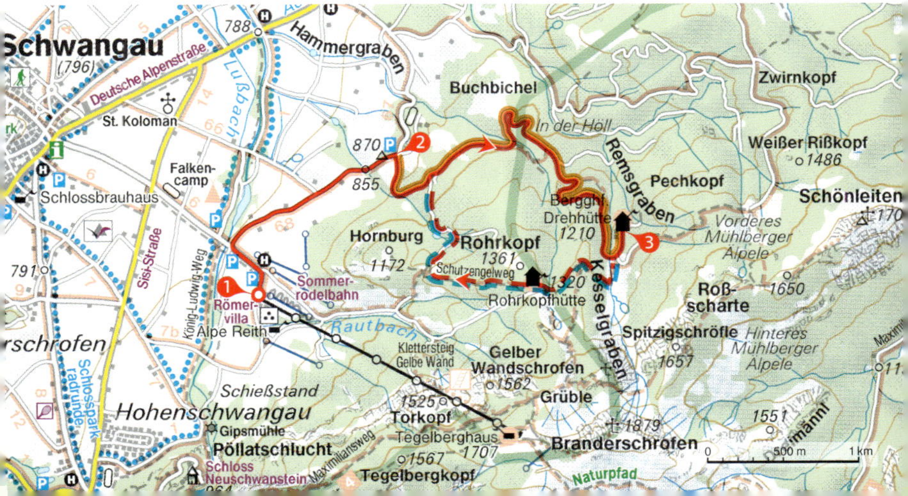

47 Ochsenälpeleskopf, 1905 m

Durch das Pöllattal

★★★

Schneidiges Winterziel über dem Ammerwald

Auf dem Schützensteigsattel, dem Übergang vom Lechstädtchen Füssen in den Tiroler Ammerwald, fußt ein magisch anziehender Schneedom, gleichmäßig verteilt vier Grate entsendend: der trotz seiner ansehnlichen Höhe nicht allzu bekannte Ochsenälpeleskopf. Andere Namen sind Ochsenkopf, Alpeleskopf oder auch Hirschfäng. Eine seiner Schneiden verbindet ihn mit dem etwa gleich hohen südlichen Nachbarn, dem Kreuzkopf. Der im unteren Bereich in einen geräumigeren Rücken übergehende Ostgrat lockt ab und an die Skitourengeher und neuerdings auch vereinzelte Schneeschuhwanderer.

Der schnellere Zugang verläuft vom Hotel Ammerwald an der Planseestraße über den Schützensteig, der deutlich spannendere von Hohenschwangau über die Bleckenau, was so viel wie »Au mit vielen Huflattichblättern« bedeutet. Da jedoch der Bleckenau-Bus Winterschlaf hält, hat man erst mal das lange Pöllattal vor sich liegen, eines der wildesten Allgäuer Hochtäler. Die verschwiegene Route durchzieht das riesige alpine Naturschutzgebiet Ammergebirge und hinterlässt besonders während der leisen Monate des Jahres unvergessliche Eindrücke. Wer sich im dick vermummten Steilgelände auf den modernen Kunststofftatzen wohl fühlt, in Sachen Lawinen nicht ganz unbedarft ist und dazu ausgedehnte Bergtage zu schätzen weiß, der wird an diesem Grenzgipfel (im doppelten Sinne) seine helle Freude haben.

Schloss Neuschwanstein, Tegelberg und Hoher Straußberg von Hohenschwangau.

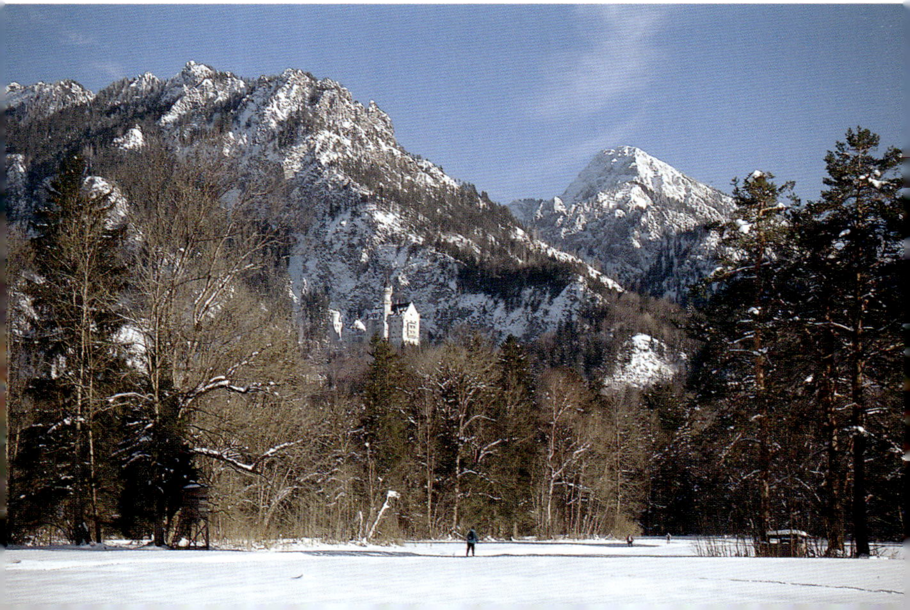

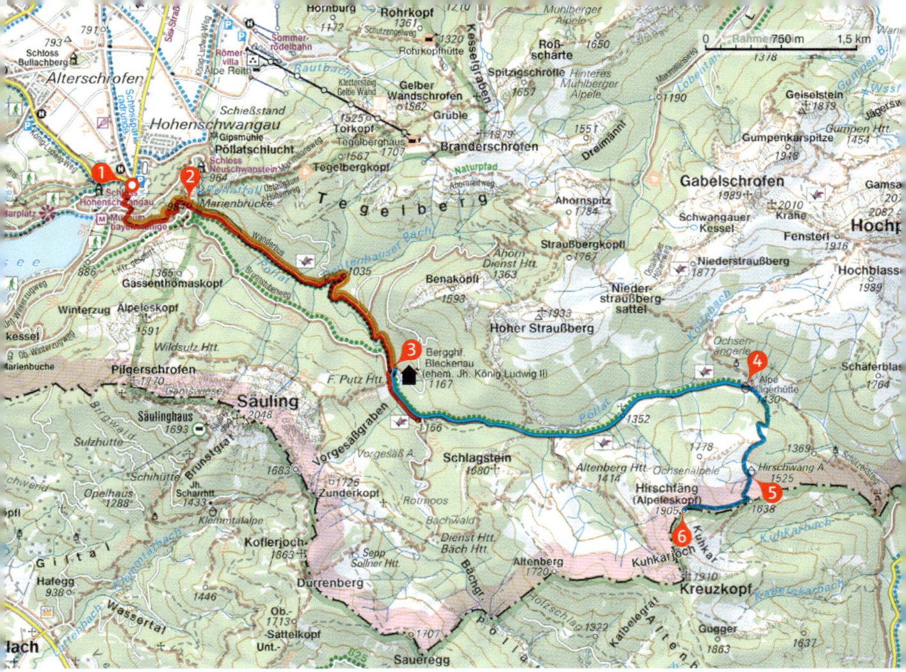

KURZINFO

Talort: Hohenschwangau, 800 m. Am Alpsee mit den Königsschlössern gelegener Ortsteil von Schwangau, Ostallgäu. Mit dem Bus von Füssen erreichbar (Zug von Marktoberdorf). Ticket-Center, D-87645 Hohenschwangau, Tel. +49 8362 930830, hohenschwangau.de.

Ausgangspunkt: Bushaltestelle am Ortsanfang, 800 m; Parkplatz.

Gehzeit: Hohenschwangau – Berggaststätte Bleckenau 1.40 Std., Berggaststätte Bleckenau – Jägerhütte 1.20 Std., Jägerhütte – Ochsenälpeleskopf 2.05 Std., Abstieg 3.55 Std.; Gesamtgehzeit 9.00 Std.

Höhenunterschied: 1110 Hm.

Anforderungen: Wanderweg und Forststräßchen zur Berggaststätte Bleckenau geräumt. Für den Forstweg weiter zur Jägerhütte und den gelegentlich von Skitourengehern gespurten, anstrengenden Aufstieg über die Hirschwängalp und den Ostrücken sind Schneeschuhe unverzichtbar. Der sehr steile Gipfelgrat zwingt bei hartem Schnee manchmal zum Ablegen. Vorsicht beim Überwinden der Wechte! Nur für Geübte, Erfahrung in der Spuranlage, große Ausdauer und Trittsicherheit notwendig. Wegen der Tourenlänge ist ein früher Start vor Tagesanbruch wichtig, am besten erst ab Mitte Februar unternehmen. Bewusste Rücksichtnahme auf die zur kalten Jahreszeit besonders empfindlich auf Störungen reagierende Tierwelt. Bis zur Berggaststätte Bleckenau leicht, zur Jägerhütte mittelschwer.

Hangexposition: Am Gipfel Nordost bis Ost.

Lawinengefahr: Zur Jägerhütte besteht nach großem Neuschneezuwachs die Gefahr von Selbstauslösung. Der Gipfelaufstieg ist zeitweise schneebrettgefährdet.

Einkehr: Berggaststätte Bleckenau (Tel. +49 8362 8809878, www.berggasthaus-bleckenau.de, im Winter außer in den Weihnachts- und Osterferien nur am Wochenende geöffnet).

Kinder: Die Rodelbahn von der Berggaststätte Bleckenau ist für Kinder geeignet.

Rodel: Lohnende Rodelbahn mit längerem flachen Zwischenstück von der Berggaststätte Bleckenau (Rodelverleih) nach Hohenschwangau.

Von **Hohenschwangau** ❶ folgt man erst dem Anliegersträßchen Richtung Neuschwanstein, bis man auf den geräumten und als Rodelbahn genutzten Fußweg zum **Aussichtspunkt Jugend** ❷ abzweigen kann. Am Aussichtspunkt mündet der Weg in das ebenfalls freigehaltene Forststräßchen. Nach einem kleinen Höhenverlust steigt die Route entlang der Pöllat und unter dem massigen Berghaupt des Säuling vorbei, das Bachufer wechselnd, nur noch unmerklich bergan. Erst die wenigen Windungen hinauf zur **Berggaststätte Bleckenau** ❸, 1167 m, bringen unseren Kreislauf wieder ein wenig in Schwung.

Wir lassen das Wirtshaus, einst Jagdhaus von König Max II. von Bayern, links liegen und folgen geradewegs dem anfangs flachen, meistens von Skitourengehern gespurten Sträßchen Richtung Jägerhütte, wobei kurz hintereinander noch zwei Mal die Pöllat gequert wird. Während der stillen Jahreszeit begegnet man in diesem sommers über von Spaziergängern und Bergwanderern recht frequentierten Hochtal kaum einer Menschenseele. Höchstens dem Jäger oder ein paar Gleichgesinnten.

Man kommt anschließend unter der beeindruckenden Nordwand des Zunderkopfs vorbei. Zwischen Hohem Straußberg und Schlagstein schwingt sich der Weg spürbar in die Höhe. Erst entlang der Pöllat-Quellwasser legt sich die Neigung bald nach einem letzten Uferwechsel wieder zurück. Von der Brücke bei einem Unterstand lohnt sich der Blick in die geheimnisvolle Tiefe einer kleinen Klamm. Hinter uns zeichnet sich der Säuling-Ostgrat ab. Bald nach einer Lichtung unter dem Ochsenälpeleskopf ist die nur im Sommer bewirtschaftete **Jägerhütte** ❹, 1420 m, erreicht.

Gleich hinter der Hütte zweigen wir Richtung Ochsenälpeleskopf ab und folgen wenig später dem schwach erkennbaren Verlauf eines Ziehwegs. Im Nordwesten erhebt sich der Niedere Straußberg. Oberhalb mittelsteiler, schmaler Lichtungen hält man während eines Flachstücks direkt auf die Respekt einflößende Nordostflanke des Gipfelziels zu. Prächtig sind die Ausblicke zu den massigen Geierköpfen über dem Ammerwald und zur wuchtigen Zugspitze. Hinter uns blendet die Südabdachung der Krähe.

Nur noch ein Katzensprung ist es von der **Hirschwängalp** ❺, 1565 m, über zwei Bachgräben und licht bewaldete Hänge linksschräg zu einer Schulter am Fuß des steilen Ostrückens. Bei etwa 1750 Meter Höhe verschmälert sich der Rücken zum Grat. Nur bei besten Verhältnissen sollte man dieses vor allem nach grö-

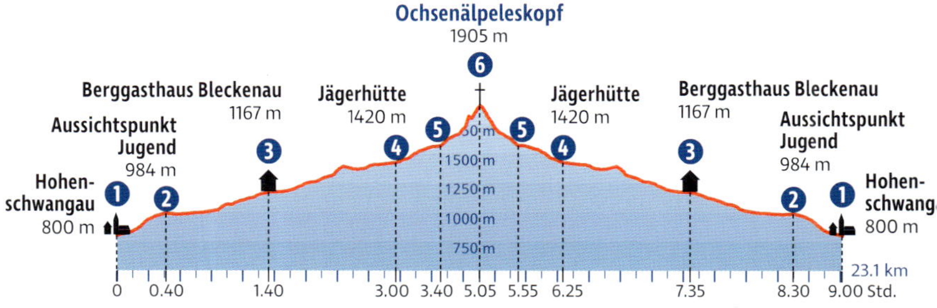

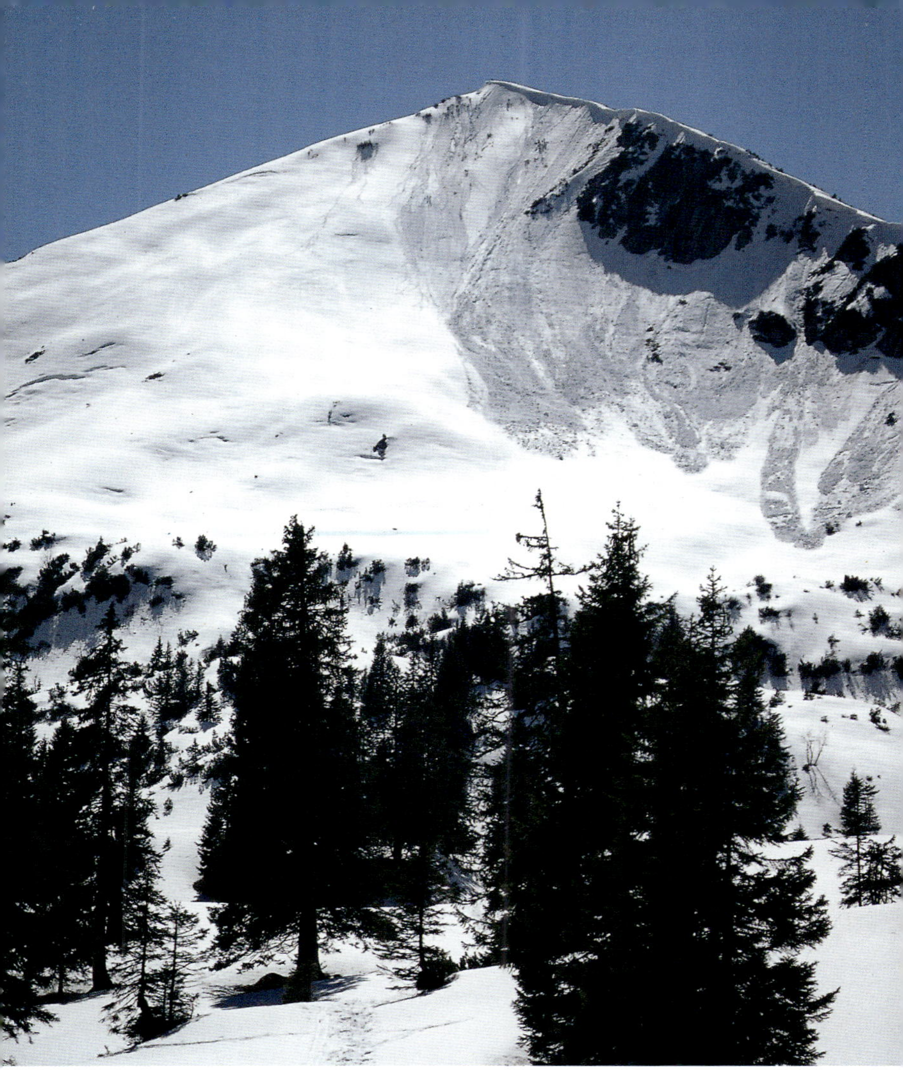

Die Respekt einflößende Nordflanke des Ochsenälpeleskopfs, links unser Aufstiegsgrat.

ßeren Verfrachtungen, aber auch bei starker Erwärmung schneebrettgefährdete Terrain betreten. Wer sich angesichts der Steilheit, zudem bei harter Schneedecke, nicht ganz wohl fühlt, lässt die Schneeschuhe am besten zurück und kämpft sich zu Fuß die letzten Meter hinauf zur Gipfelwechte auf dem **Ochsenälpeleskopf** ❻. Je nach Größe der Wechte ist bei entsprechender Vorsicht ein Umgehen auf der Südseite erforderlich. Im Süden ragt der benachbarte Kreuzkopf auf. Der Weitblick vom Gipfel bis in die zentralen Lechtaler Alpen bleibt unvergesslich.
Der Abstieg erfolgt auf dem Anstiegsweg.

48 Dürrebergalm, 1438 m

Über den Urisee

★★

Reuttener Aussichtsloge mit Pfiff

In einer begnadeten Lage auf einer Lichtung unter den bewaldeten Sattelköpfen lädt die Dürrebergalm die Touristen, vor allem aber auch die Einheimischen, zu einer beschaulichen Schneewanderung hoch über dem Reuttener Talkessel. Wer an einem Bilderbuch-Sonntag dieses beliebte Ausflugsziel im Triangel zwischen Tannheimer Bergen, Ammergebirge und Lechtaler Alpen aufsucht, der wird das Gefühl nicht los, dass sich hier fast halb Reutte zu einer Hüttenmahlzeit versammelt hat. Auf der Speisekarte stehen Tiroler Hausmannskost und selbstgemachter Kuchen, Kässpatzen gibt's auf Vorbestellung. Alles scheint sich zu kennen, schnell entwickelt sich eine Mordsgaudi: »Griaß enk …«

Aber der rege Zulauf ist ja auch verständlich: Welcher dem Marktflecken nahe gelegene Hüttenstandpunkt könnte der Dürrebergalm schon das Wasser reichen? Nach dem langen Waldaufstieg überrascht aber auch der recht umfassende Ausblick im südlichen Halbkreis. Es ist wirklich ein Logenplatz von der allerfeinsten Sorte. Und wer sich die Mühe gemacht hat, seinen Schlitten heraufzuziehen, der kann sich nach dem beglückenden Schauen in der regenerierenden Höhenluft ausgelassen den Fahrtwind um die Ohren blasen lassen: »Pfüat enk«.

Ausblick von der Dürrebergalm in die Tannheimer Berge.

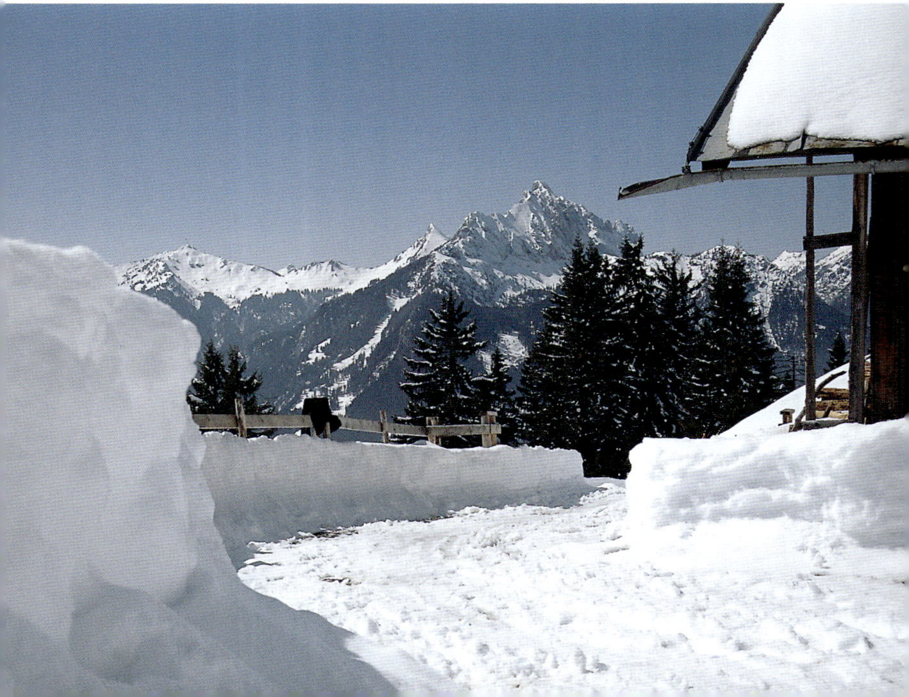

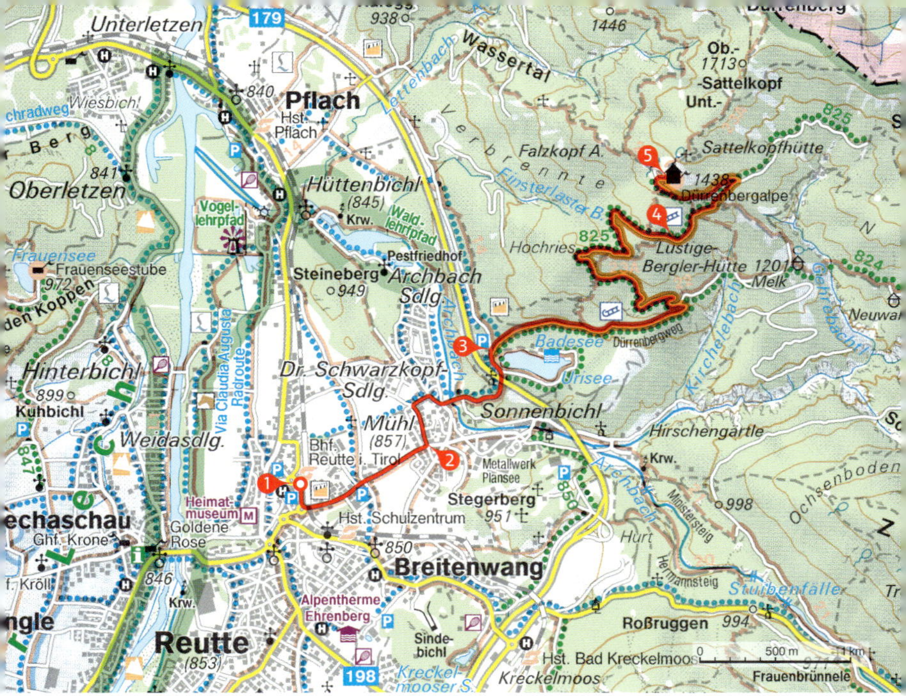

KURZINFO

Talort: Reutte, 858 m. Lechgemeinde am Nordrand der Tannheimer Berge, Tirol. Mit dem Zug von Kempten erreichbar. Tourismusverband Naturparkregion Reutte, A-6600 Reutte, Tel. +43 5672 62336, reutte.com.
Ausgangspunkt: Bahnhof, 850 m; Parkplatz.
Gehzeit: Reutte – Urisee 0.45 Std., Urisee – Dürrebergalm 1.55 Std., Abstieg 2.05 Std.; Gesamtgehzeit 4.45 Std.
Höhenunterschied: 580 Hm.
Anforderungen: Bis zum Urisee Gehsteige und ruhige Sträßchen. Der nur mäßig steile Aufstieg zur Dürrebergalm verläuft auf einem geräumten Winterweg.
Hangexposition: Süd.
Lawinengefahr: Auf der gesamten Tour besteht selbst bei extremen Verhältnissen keinerlei Lawinengefahr.
Einkehr: Dürrebergalm (Tel. +43 664 5339772, duerrenberg-alm.at, geöffnet ab 27.12., Montag und Dienstag Ruhetag, Betriebsruhe im Februar wie Tiroler Semesterferien und bei sehr schlechtem Wetter).
Kinder: Die Rodelabfahrt von der Dürrebergalm ist für Kinder geeignet.
Rodel: Rodelmöglichkeit von der Dürrebergalm zum Urisee.

Wir starten am Bahnhof in **Reutte ❶**, passieren das Raiffeisen-Lagerhaus und spazieren vom Kreisverkehr auf die Ammergauer Berge zu, nach **Mühl ❷**, 857 m. Linker Hand macht der Säuling mit dem Zwölf-Apostel-Grat zum Pilgerschrofen auf sich aufmerksam. Hinter uns fallen besonders die wuchtige Thaneller-Felspyramide und die schnittige Gehrenspitze ins Auge. Der Wegweiser »Urisee« dirigiert uns in eine Einbahnstraße. Rechts in eine Querstraße einschwenkend kommt man zur Sparkasse. Bei dieser geht es über die Archbachbrücke. Anschließend bringt uns ein ansteigendes Sträßchen unter der

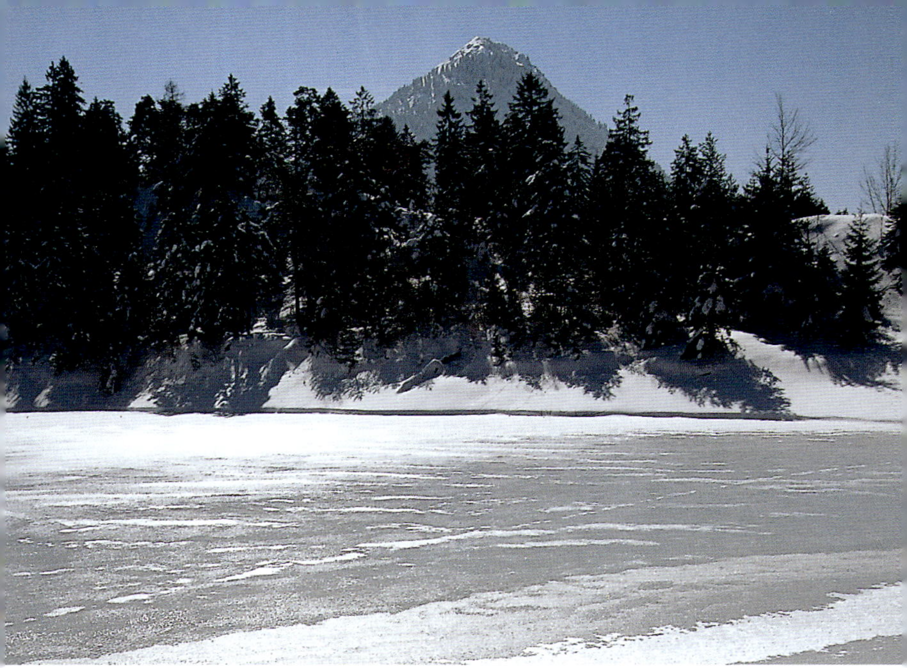

Spätwinterliche Sonnenwärme lässt den Eisspiegel des Urisees schmelzen.

Bundesstraße hindurch zum **Urisee** ❸, 910 m. Der eisüberzogene See blinkt in einer nur wenige Meter tieferen Waldsenke.

Die Beschilderung »Dürrenberg-Alpe« lenkt uns zum Beginn eines auch als Rodelabfahrt beliebten, geräumten Forstwegs. Nicht lange, dann öffnet sich hinter dem Tauernberg das Pitzental und gewährt Einblicke zu den höchsten Erscheinungen der Ammergauer Alpen. Im weiteren Verlauf mischen sich breitkronige Kiefern ins Fichtengrün. Die Steigung über eine weit ausholende Schleife ist recht angenehm. Zwischendurch schweift das Auge über den Reuttener Talkessel hinein zur Liegfeistgruppe der Lechtaler Alpen und zur entfernteren Hornbachkette am Südostrand der Allgäuer Alpen.

An einer Gabelung bleiben wir der flacheren Hauptroute treu. Kehre folgt auf Kehre. Später passiert man die **Lustige Berglerhütte** ❹, 1300 m. Nach einem abschließenden Riesenbogen erreicht man schließlich die **Dürrebergalm** ❺, von der man nicht so schnell wieder loszubringen ist.

Der Abstieg erfolgt auf dem Anstiegsweg.

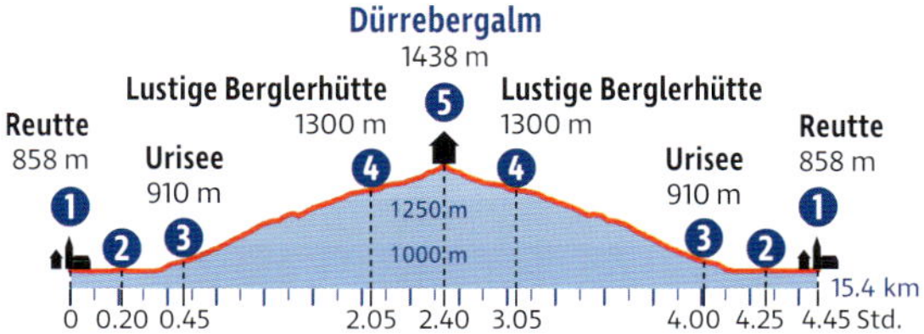

Großes Pfuitjöchle, 2196 m

Von Lähn über die Südwestseite

★★★

Sonniges Höhenerlebnis im südlichen Ammergauer Hauptkamm

Die beiden Pfuitjöchle im höchsten Kamm der Ammergauer Alpen bieten gefragte Skirouten. Da auf halber Höhe aufgelockerte Fichtenbestände die sonnseitige Abfahrt mit oft »faulem« Schnee etwas behindern, stellt sich die Frage, ob diese beiden Ausdauer verlangenden Winterziele nicht für Schneeschuhwanderer besser geeignet sind. Während das etwas leichter erreichbare Kleine Pfuitjöchle unmittelbar östlich des Plattbergs, wie schon der Name sagt, einen Kammeinschnitt darstellt, weiß sich das unkorrekt benannte Große Pfuitjöchle im Winter durchaus Respekt zu verschaffen. Die Prachtaussicht des nach Norden hin fast 1000 Meter über zerborstene Runsenflanken abstürzenden Schrofengipfels, höchster Berg dieser Tourensammlung, umfasst insgesamt neun Gebirgsgruppen, neben den fast gesamten Ammergauer Alpen selbst: Estergebirge, Karwendel, Wetterstein, Mieminger Kette, Stubaier und Ötztaler Alpen, Lechtaler und Allgäuer Alpen.

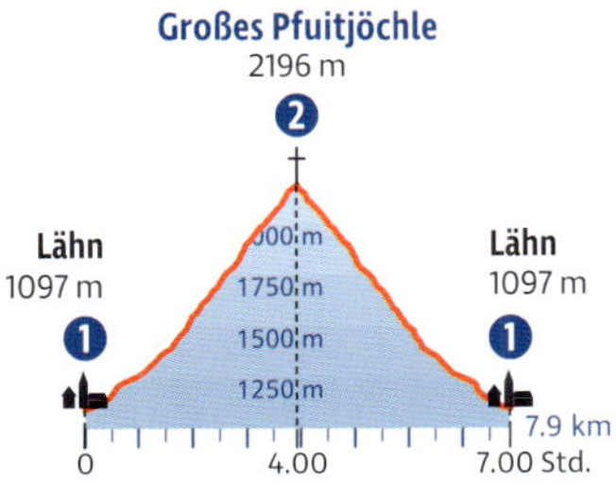

KURZINFO

Talort: Lähn, 1112 m. Ortsteil der Gemeinde Bichlbach am höchsten Punkt der Außerferner Region Zwischentoren, Tirol. Mit dem Zug von Garmisch und Kempten erreichbar. Tourismusbüro, A-6621 Bichlbach, Tel. +43 5673 20000500, zugspitzarena.com.

Ausgangspunkt: Bahnhaltestelle in Lähn, 1097 m; Parkplatz an der Kirche.

Gehzeit: Lähn – Großes Pfuitjöchle 4.00 Std., Abstieg 3.00 Std., Gesamtgehzeit 7.00 Std.

Höhenunterschied: 1100 Hm.

Anforderungen: Für den von Anfang an weglosen, erst mäßig steilen, dann sehr lange mittelsteilen bis steilen und beinahe immer von Skitourengehern vorgegebenen Aufstieg für Geübte sind Schneeschuhe, Orientierungssinn sowie Durchhaltevermögen erforderlich; nach der Forstwegquerung, über der Karschwelle und am Gipfel kurzzeitig abschüssiges Gelände (bei hartem Schnee besser ohne Schneeschuhe, ggf. Leichtsteigeisen verwenden). Auf der Schulter unter dem Gipfel auf Wechten achten!

Hangexposition: Süd bis Südwest.

Lawinengefahr: Im Gipfelbereich zeitweise schneebrettgefährdet, Tour nicht bei Selbstauslösungsgefahr unternehmen.

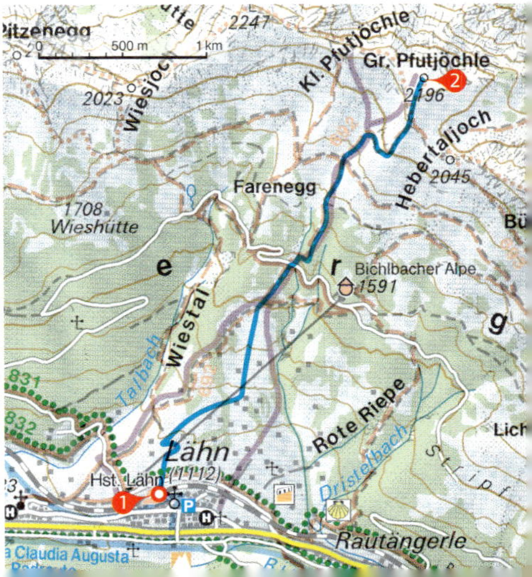

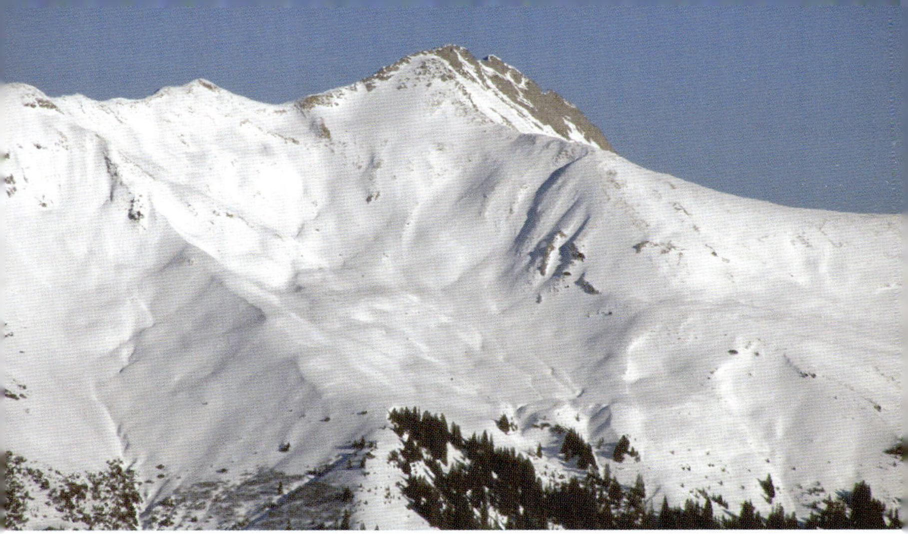

Der Aufstieg zum Felsgipfel Großes Pfuitjöchle verläuft über den Rücken.

Gleich an der Bahnhaltestelle des zweimal von Lawinen völlig zerstörten Dörfchens **Lähn** ❶, was nichts anderes als »Lawine« bedeutet, queren wir die Geleise und stapfen über einen freien Hang hinauf zu einem Absatz. Bereits von hier bestechen im Osten die protzigen Felsmassive der Mieminger Kette, hinter uns öffnet sich die schaurige Lawinenkerbe der Bleispitze. Eine meist breite, nur mäßig steile Lichtung zieht rechtsschräg, häufig von Skitourengehern eingefahren, an alten Heuschobern vorbei auf den breit gelagerten Grat der Upsspitze zu. Ganz links zeigt sich über einer Schulter unser noch recht fernes Gipfelziel.

Ab der Bergstation eines kleinen Materiallifts folgen gerade empor links eines Grabens anstrengende Sonnenlichtungen. Nach einem ersten Walddurchschlupf legt sich das Gelände zurück, unser Berg rückt deutlich näher. Wenig später versichert uns der Wegweiser »Bichlbacher Alm«, dass wir uns auf der richtigen Route befinden. Hinter einer weiteren kurzen Waldenge kreuzen wir die zur nahen Alm verlaufende Forstwegtrasse.

Nun ist nach rechts ein lichter, kleiner Steilhang zu queren. Anschließend geht es ein Stück zwischen niedrigen Fichten einen kräftig ansteigenden Bergsporn empor. Nicht mehr lange, dann gestalten weite, befreiende und weniger steile Idealhanglagen das Höherspuren angenehmer. An der Karschwelle unter der Gratverbindung Plattberg – Großes Pfuitjöchle bietet sich die einzige vernünftige, doch abschüssige Gelegenheit, zwischen schneebrettgefährdeten Flanken rechts zu einer Schulter zu gelangen. Auch der stark sonnenbeschienene obere Südrücken fordert nochmals vollen Einsatz. Von der letzten, mit Wechten bepackten Schulter nehmen wir, am besten ohne die Steighilfen, geradewegs das schrofige, aber gut gestufte, oft verblasene **Große Pfuitjöchle** ❷ in Angriff. Im Vordergrund brüstet sich rechts der Zugspitze der Daniel, der höchste Gipfel der Ammergauer Alpen.

Der Abstieg erfolgt auf dem Anstiegsweg.

Galtjoch, 2109 m

50

Von Rinnen über die Ehenbichler Alm

★★★

Berauschender Schneeschuhberg in der Liegfeistgruppe

Im Norden der formenreichen Lechtaler Alpen lockt nahe dem Skidorf Berwang das Galtjoch als sanftmütige Vorhut zum ernsteren Felsenreich seit jeher die Skitourengeher. Doch längst haben auch die modernen »Trapper« der Alpen die Qualitäten dieses Traumbergs entdeckt: bequeme Forstwege sowie ungefährliche Idealhänge, betörende Schwungformen vollbringend, und eine weit schweifende Rundschau für Götter. Vor allem die einsamen, in Hufeisenform angeordneten Schneegrate der Liegfeistgruppe, von der Steinkarspitze über die bullige Knittelkarspitze und einige selbst im Sommer den ewigen Dornröschenschlaf haltende Zacken bis hinüber zur Schwarzhanskarspitze und zum Hallanderberg, entblättern uns ihre ganze Pracht. Im Nordosten baut sich hinter dem nahen Thaneller der mächtige Südwall der Ammergauer Alpen auf mit Kohlbergspitze und Daniel als Begrenzungspfosten. Natürlich ist das füllige Zugspitzmassiv mit von der Partie. Direkt im Osten dominiert der Rote Stein und ein Stück rechts von ihm zeigt sich der Loreakopf. Auch der Westen jenseits des Lechtals hat mit den Allgäuer Alpen einiges zu bieten: die Hornbachkette, der rassige Hochvogel, die Vilsalpseegruppe sowie die Tannheimer Berge.

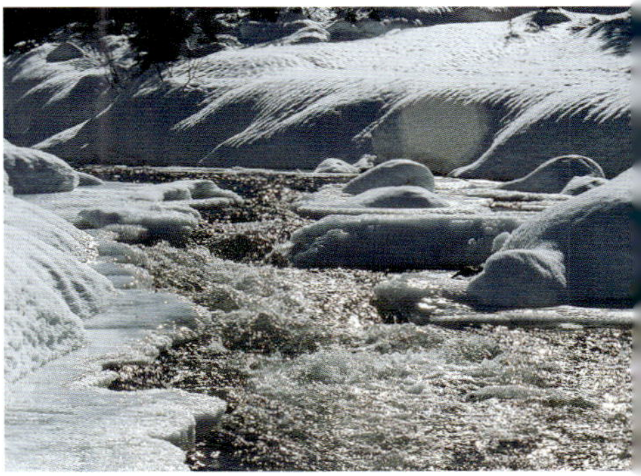

Erst müssen die kalten Fluten des Rotlechs überschritten werden.

KURZINFO

Talort: Berwang, 1342 m. Wintersportdorf in den nördlichen Lechtaler Alpen, Tirol. Mit dem Bus von Bichlbach aus erreichbar (Zug von Kempten oder Garmisch). Tourismusbüro, A-6622 Berwang, Tel. +43 5673 20000400, zugspitzarena.com.

Ausgangspunkt: Bushaltestelle in Rinnen, 1262 m; Parkplatz am südlichen Ortsende.

Gehzeit: Rinnen – Ehenbichler Alm 2.20 Std., Ehenbichler Alm – Galtjoch 1.45 Std., Abstieg 2.55 Std.; Gesamtgehzeit 7.00 Std.

Höhenunterschied: 1060 Hm.

Anforderungen: Für den Wanderweg zur Rotlechbrücke sowie für den Forstweg zu den Rotbachhütten und den Zugang zur Ehenbichler Alm – beides meist gewalzt – können Schneeschuhe vorteilhaft sein. Für den mittelsteilen Gipfelaufstieg sind sie in jedem Fall notwendig. Kondition erforderlich.

Hangexposition: Nordost bis Südost.

Lawinengefahr: Bei besonnener Spuranlage besteht auf der Route selbst bei widrigen Verhältnissen kaum Gefahr.

Einkehr: Ehenbichler Alm (Tel. +43 676 3511681, www.ehenbichler-alm.com, im Winter von Weihnachten bis Ostern geöffnet, Montag und Dienstag Ruhetag, Übernachtungsmöglichkeit nach Voranmeldung).

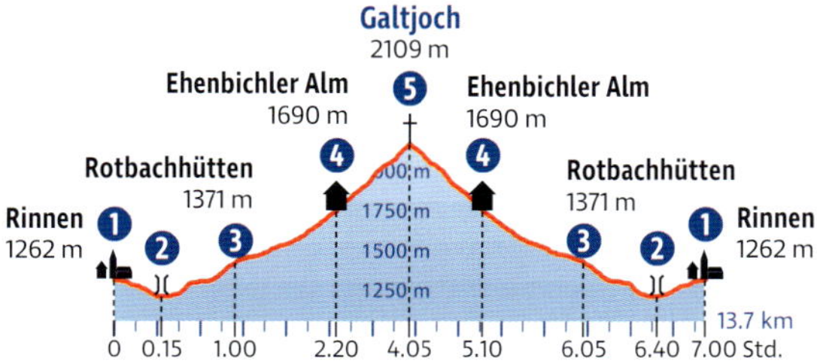

Von der Bushaltestelle in **Rinnen** ❶ gehen wir erst mal zum südlichen Dorfrand. Dort folgen wir Richtung »Kelmen« einem fallenden, geräumten Fahrweg. Ab einem Ferienhaus geht's auf dem mit »Ehenbichler-Alm« beschilderten, gewöhnlich gespurten Wanderweg in einer Serpentine durch den Wald hinunter, bevor ein Forstweg kurz bachaufwärts zur **Rotlechbrücke** ❷, 1157 m, führt. Gegenüber haben wir auf dem nun steigenden, meist gewalzten Winterweg den Rotbach als Begleiter. Nicht mehr lange, dann tauchen die **Rotbachhütten** ❸, 1371 m, auf.

Wir halten uns bequemerweise erst noch an den Verlauf des Fahrwegs und folgen später weiterhin der Motorschlittenspur erneut durch Wald, der nur selten von kleinen Lichtungen unterbrochen wird und sich im oberen Teil etwas lichtet, zur verschwiegenen **Ehenbichler Alm** ❹, 1690 m. Nun spuren wir westlich zwischen den letzten Bäumen hindurch und über die einladend freien untersten Hänge der Abendspitze sowie durch reizvolle Mulden auf den herrlichen Ostrücken unseres Gipfelziels zu. Hier ist bei extremen Bedingungen wie etwa Triebschneeansammlungen oder Durchfeuchtung der Abgang eines Schneebretts nicht ganz auszuschließen. Wer jeglicher Lawinengefahr aus dem Weg gehen will, der wechselt frühzeitig den Graben zu einem noch gemächlicheren und völlig harmlosen Terrain.

Über den Ostrücken spuren wir mit zunehmenden Traumausblicken problemlos empor zu einem Vorgipfel und schließlich in Kürze aufs **Galtjoch** ❺. Stundenlang könnte man dort oben sitzen und träumen. Von alten und neuen Zielen.

Der Abstieg erfolgt auf dem Anstiegsweg.

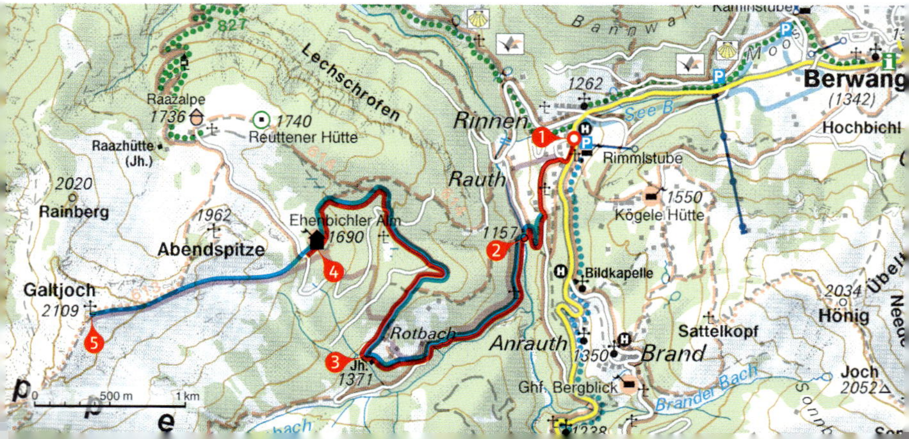

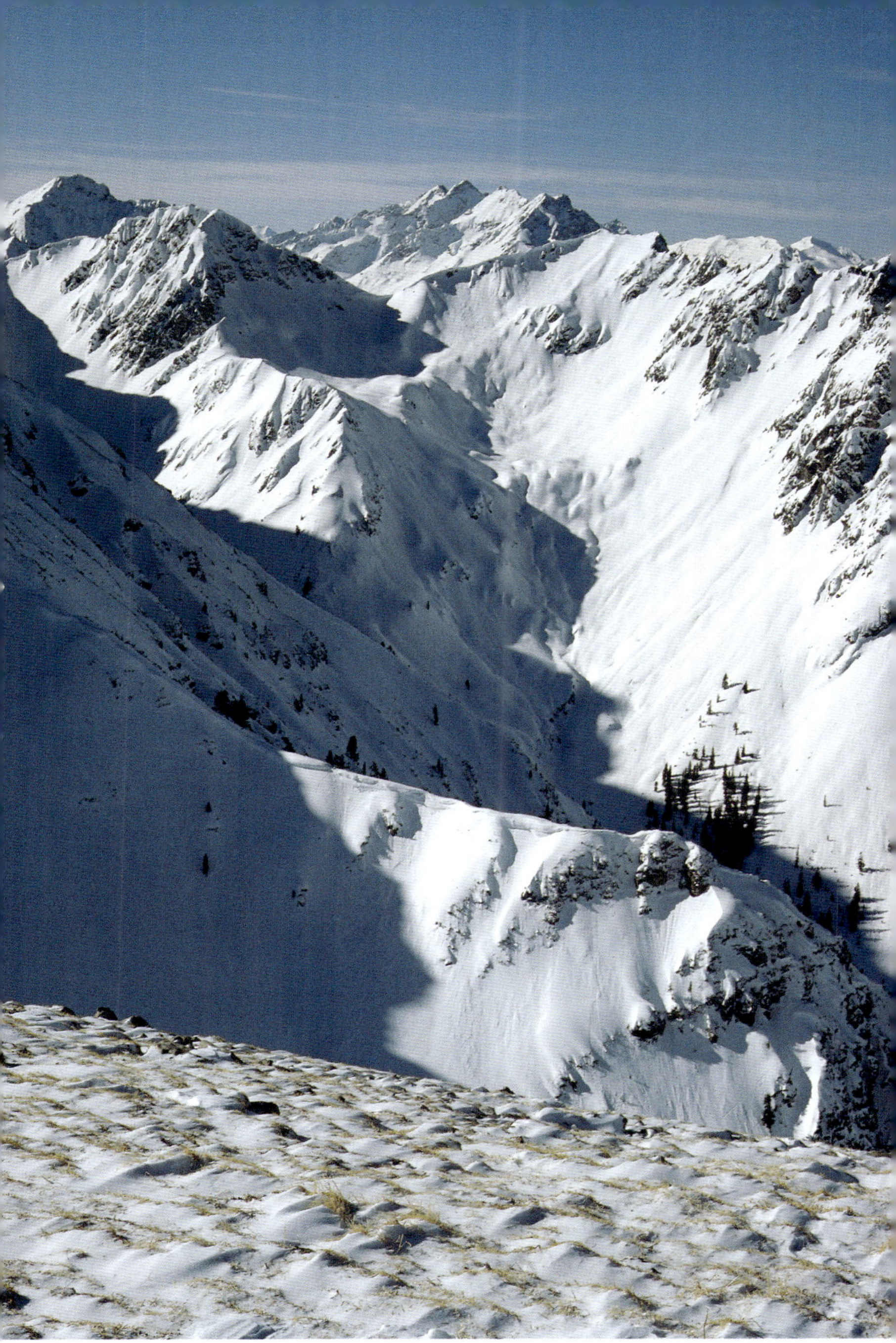

Ab dem Galtjoch breitet sich endlose Stille aus: die Liegfeistgruppe in den nördlichen Lechtaler Alpen.

Stichwortverzeichnis

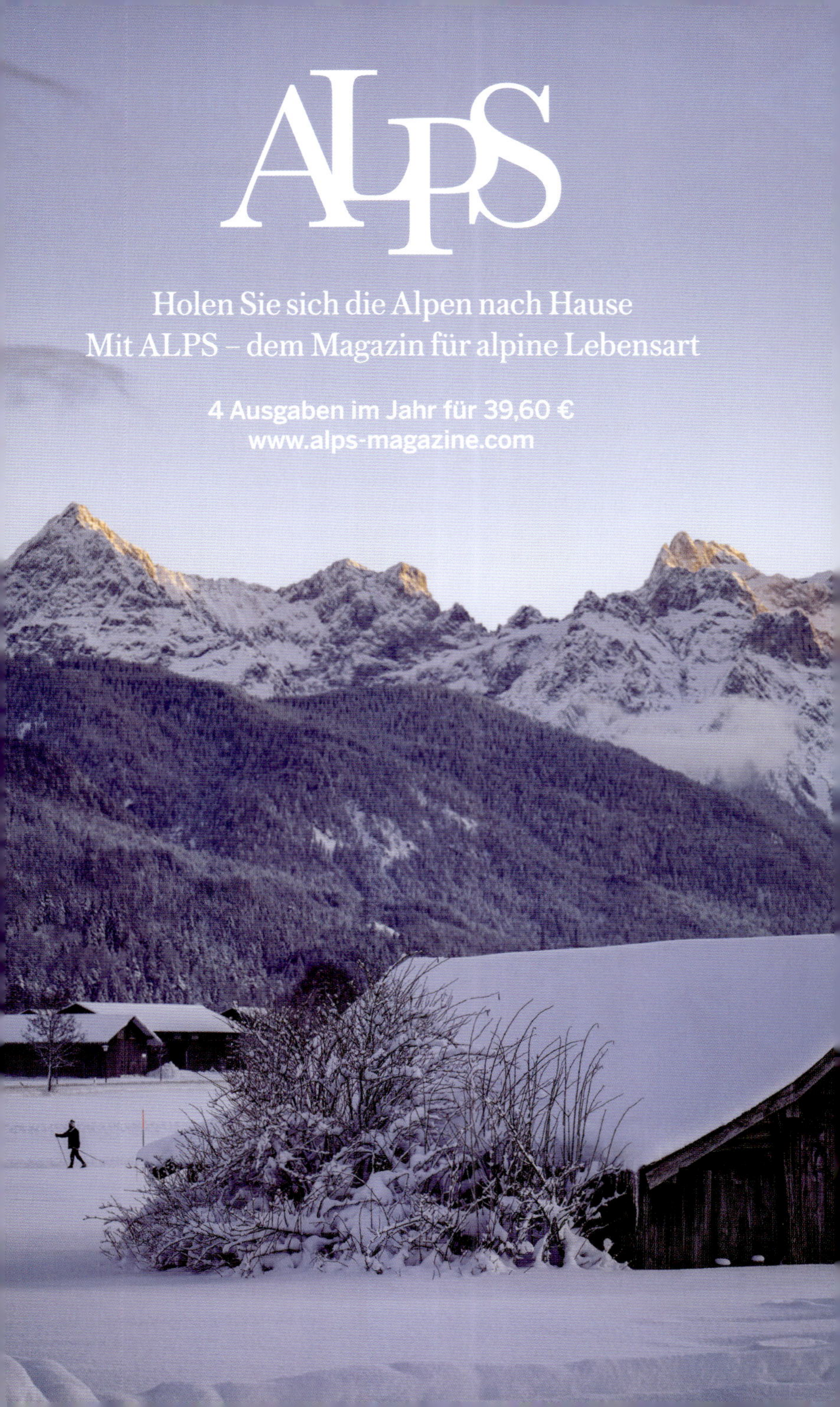
ALPS
Holen Sie sich die Alpen nach Hause
Mit ALPS – dem Magazin für alpine Lebensart
4 Ausgaben im Jahr für 39,60 €
www.alps-magazine.com

Impressum

Titelbild:
Jenseits des Wildentals bestechen die Grate des Elferkopfs.
Bild Seite 1:
»Weihnachtlich glänzet der Wald« im Rohrmooser Tal bei Oberstdorf.
Bild Seite 20/21:
Die Allgäuer Hochalpen von der Walser Hammerspitze aus betrachtet.

Alle Fotos von Herbert Mayr, ausgenommen das Foto auf S. 95 (Christian Laukel).

Der Autor:
Herbert Mayr, geboren 1953, studierte Vermessungswesen und arbeitet heute als freier Buchautor im Ostallgäu. Zu seinen Hauptaktivitäten zählen Bergsteigen, Wandern und Radfahren. Seit rund 40 Jahren ist der Naturenthusiast den winterlichen Bergen verfallen. Von ihm sind rund 50 Rad- und Wanderführer erschienen, beim Rother Bergverlag unter anderem die Wanderbücher »Allgäuer Wanderberge« und »Vorarlberg« sowie »Alp- und Hüttenwanderungen Allgäuer Alpen«.

Kartografie:
Wanderkarten im Maßstab 1:50.000 und 1:75.000 sowie Übersichtskarten © Freytag & Berndt, Wien, außer Karte zu Tour 45: Geodaten © OpenStreetMap und Mitwirkende, kartografisches Design: Freytag & Berndt Prag, freytagberndt.cz

Werk-Nr.: 3029

6., überarbeitete Auflage 2024

ISBN 978-3-7633-3423-0

FSC www.fsc.org MIX Papier | Fördert gute Waldnutzung FSC® C147178

Alle Angaben dieses Buches wurden vom Autor nach bestem Wissen recherchiert und vom Verlag mit größtmöglicher Sorgfalt überprüft. Für die Richtigkeit der Angaben kann jedoch – soweit gesetzlich zulässig – keine Haftung übernommen werden.
Wir bitten dafür um Verständnis und freuen uns über jede Anregung und Berichtigung zu diesem Rother Wanderbuch:

Rother Bergverlag · Keltenring 17 · D-82041 Oberhaching
Tel. +49 89 6086690 · leserzuschrift@rother.de · rother.de